DER PREDIGER

DER PREDIGER

adeo

Inhalt

Gewidmet IHM,
der mich von Anfang an geliebt hat

Prolog

Der Regen zwingt ihn dazu, langsam zu fahren. Früher hat er auf dieser Straße das Gaspedal durchgedrückt. Heute bewegt er sich mit seinem Opel Astra nur schleichend vorwärts, vorsichtig, als müsste er sich ducken. Obwohl ihn hier vermutlich niemand mehr erkennen würde nach so vielen Jahren. Hinter der nächsten Biegung müsste er den kleinen Ort, das Ziel seiner Reise, endlich sehen können.

An die Backsteinkirche erinnert er sich sofort, dahinter liegt der Friedhof. Zwei Querstraßen weiter parkt er, nimmt vom Beifahrersitz den Strauß mit sieben Rosen und ein Paket. Es sieht aus wie ein Stapel Schulhefte, regenfest in Folie eingehüllt.

Die Gräber sind kreisförmig um das dunkelrote, verwitterte Gebäude angelegt. Reihe um Reihe läuft er ab, liest Namen, Jahreszahlen und manchmal einen Satz der Erinnerung. Eine alte Frau mit krummem Rücken klaubt Blütenblätter von der Umfriedung eines Grabes. Mit einem stummen Gruß geht er an ihr vorbei und wagt es nicht aufzublicken.

Vielleicht gibt es das Grab, nach dem er sucht, inzwischen nicht mehr, und er kommt um diese letzte Begegnung herum? Erleichterung und Enttäuschung kämpfen in ihm. Gerade weil er so lange mit sich gerungen hat, ob er die weite Fahrt überhaupt auf sich nehmen und noch einmal hierherkommen soll, wäre es ernüchternd, wenn am Ende alles umsonst gewesen wäre.

Martas Eltern waren Bauern. Unweit von hier sind sie sich damals das erste Mal auf dem riesigen Hof der Familie begegnet. Ihr Vater war ihm gegenüber von Anfang an misstrauisch. Zwar freundlich, aber eben auch distanziert, als hätte er geahnt, dass etwas nicht stimmt. Gemeinsam sind Marta und er durch die Wiesen gelaufen, haben sich oben am Waldrand das erste Mal geliebt. Bald darauf hat er sie für immer mitgenommen. Und sie ist ihm freudig gefolgt. Fort von zu Hause, weit, weit weg. Über vierzig Jahre ist dies her.

Er war ihre große Liebe, alles hätte sie für ihn gegeben. Und er hat sie ausgelöscht, weil sie ihn vom ersten Augenblick an seine Mutter erinnerte. Kein guter Gedanke. Ein Schmerz, der sich tief in seine Seele eingegraben hat.

Zum Glück hat es inzwischen aufgehört zu regnen. Nur vereinzelt rieseln noch Tropfen vom Blätterdach der alten Buche, an deren Fuß er schließlich haltgemacht hat, direkt vor einem schmalen, ringsum von kleinen weißen Kieselsteinen gesäumten Grab. Darauf befindet sich ein stilisiertes Herz, aus Granit geschnitten. Buchstaben und Zahlen sind nicht eingraviert, sondern auf dünnen Stegen angebracht. Er liest noch einmal ihren Namen, darunter zwei Jahreszahlen.

Vorsichtig legt er die Rosen ab, dazu das Paket. Er hat alles aufgeschrieben, die ganze Geschichte. Die Zeit ist gekommen: Das Netz aus Lügen wird endlich reißen.

I

Aus der Scheiße meines Lebens soll Gold werden

Kapitel 1

Mehr als ein Stück Dreck?

Dem Baby im Mutterleib geht es gut. Noch jedenfalls. Gedämpfte Geräusche nimmt der Kleine wahr, ab und an beunruhigen ihn auch gewisse Laute. Dann fühlt er sich durch das stete Schlagen des Mutterherzens getröstet. Abgeschirmt von der Außenwelt und jenseits von Gut und Böse ist ihm noch einerlei, was sein Leben für ihn bereithält.

Seine Mutter heißt Bernadette. Zwei Jungen hat sie schon zur Welt gebracht: Henri zuerst und dann Hartlieb. Sehnsüchtig wünscht sie sich nun ein Mädchen. Es soll ihren Namen tragen. Fest und zärtlich zugleich berührt sie mit beiden Händen ihren Bauch. Das Kind darin verhält sich für den Moment still.

Als erfahrene Mutter spürt sie, dass es bald so weit sein wird. Nach Berechnung ihres Hausarztes sind es noch vierzehn Tage bis zur Geburt, aber so lange wird es nicht mehr dauern. Als der Arzt heute noch einmal zur Untersuchung vorbeikam, hat sie ihre Ahnung aber nicht geäußert. Sie hat gelernt, Intuition und Gefühle zu verleugnen, denn ihre Eltern prangerten Eigensinn und Widerspruch stets als gefährliche Unarten an. Und auch die Erzieherinnen des Mädchenstiftes, in dem sie groß geworden ist, pochten auf Gehorsam.

So wuchs sie in der Gewissheit auf, Kinder seien unmündig und zum Bösen verführbar. Derartigen Eigensinn vertreibt man am besten mit Ruten und Schlägen, das hat man sie gelehrt. Unterordnung wird ihre zweite Natur. Und tief in ihr wächst der

Zorn auf all das, was sie daran hindert, ihre Träume zu leben und zu sagen, was sie empfindet.

Unaufhaltsam steuert der Lloyd 300 mit seinen fünf Insassen in Richtung Holland. Ein Zwei-Zylinder-Motor mit einem Hubraum von 293 ccm und 10 PS Stärke bringen den Kombi auf eine Höchstgeschwindigkeit von knapp siebzig Kilometern.

Bernadette und Henri, ihr Mann, haben heute mit den beiden Söhnen die deutsche Verwandtschaft besucht: seine Schwiegereltern und die Großeltern seiner Frau. Jetzt sind sie auf dem Rückweg nach Rotterdam. Schon oft hat Henri diese Tour bewältigt.

Er blickt in den Rückspiegel, dann flüstert er Bernadette auf Holländisch zu: „Hinten schlafen zwei kleine Engel." Ein Moment des Glücks.

Henri hat als Jugendlicher den Zweiten Weltkrieg überlebt. Wie betäubt staunt er manchmal darüber. Der Krieg raubte ihm die Zeit, einfach nur Kind zu sein. Stattdessen musste er Brot beschaffen und Holz für den Ofen besorgen. Er ist auf Güterzüge gesprungen, die am Signal halten mussten, und hat Briketts hinuntergeworfen. Es waren harte Jahre, ihm wurde nichts geschenkt. Unter der Not und auch unter Angst hat er gelitten. Erst seit einiger Zeit bemerkt er einen Wandel: Sein Mühen, eine Existenzgrundlage zu schaffen, zeigt gerade erste Früchte. Es ist, als stellte sich so etwas wie Wohlstand ein. Henri und Bernadette haben früh geheiratet, bald kam das erste Kind zur Welt. Sein Ältester ist nach ihm benannt.

Warum wurde er im Krieg so betrogen? Wie konnte die Welt zu einem einzigen Schreckensort werden? Henri gibt das Grübeln auf, denn solche Fragen gehen ins Leere. Er fasst lieber Tritt im Hier und Jetzt. In ihm wächst die Überzeugung, alles könne ihm gelingen. So langt er tüchtig zu, arbeitet bis zur

Erschöpfung. Ein voller Magen und ein Dach über dem Kopf, das hat er lange vermisst. Seinen eigenen Kindern soll es an nichts fehlen.

Bernadette hingegen sehnt sich nach einer inneren Ausgeglichenheit. Sie will nicht länger ein Spielball ihrer Emotionen sein. Missgeschick oder Erfolg sollen sie nicht mehr erschüttern können. Bekommt sie nicht, was sie sich wünscht, leidet sie als ganze Person. Leidenschaftlich ärgert sie sich über das, was sie nicht mag. Sie ist vollkommen auf sich selbst fixiert. Sich um das Wohl anderer zu kümmern, dazu ist sie nicht imstande.

Ihr Mann spricht immer holländisch mit seiner Familie. Auch Bernadette hat sich längst angewöhnt, mit ihm in seiner Muttersprache zu reden. Nur mit den Kindern spricht sie deutsch. Henri ist damit einverstanden.

Während der Wagen durch die Nacht tuckert, ändert sich von einem Moment auf den anderen die Situation. Nur allzu gut kennt Bernadette den plötzlichen Schmerz. „Henri", ruft sie erfreut und erstaunt, „die Wehen setzen ein. Das Baby kommt!"

So überrascht er ist, überblickt er sofort, was die neue Situation erfordert. „Wir sind gleich in Minden. Dort bringe ich dich zum Krankenhaus."

Es ist Donnerstag, der 7. Juni 1951, als der kleine Junge das grelle, verschwommene Licht dieser Welt erblickt. Der Gynäkologe staunt nicht schlecht, als Henri beim Anblick des Neugeborenen ausruft: „Mensch, ist das ein hässliches Etwas!" Eine Zangengeburt hat blutende Spuren hinterlassen.

Richtig überrascht wird der Arzt aber von der Bitte der Mutter, sie möchte jetzt die kleine Bernadette im Arm halten. Entgeistert reicht er ihr das Baby. Leidenschaftlich hat sie sich nach einem Mädchen gesehnt und ihren eigenen Namen für die Kleine ausgesucht.

Die Enttäuschung ist groß: Wieder ein Junge. Bernadette will es nicht wahrhaben, dass ihr Traum nicht in Erfüllung gegangen ist, freut sich letztlich aber doch über ihr drittes Kind. Den Satz „Doch leider bist du ein Junge geworden." muss er dennoch oft in seinem Leben hören. „Ja, und so haben wir dich einfach Bernhard genannt."

*

Der Kleine steht am Fenster. Vier Jahre ist er alt und beobachtet gerne, was draußen geschieht. Von einem Pferdefuhrwerk herab wird Milch verkauft. Erwachsene gehen auf dem Bürgersteig ihrer Wege. Kinder spielen ein Hüpfspiel. Einige sind mit dem Fahrrad unterwegs. Ab und zu fährt ein Auto vorbei. Durch die Scheibe dringt gedämpfter Lärm. Die Geschäftigkeit auf der Straße jagt dem Kind Unbehagen ein. Gut ist nur, dass seine Perspektive aus dem dritten Stock alles da unten etwas kleiner erscheinen lässt. So fühlt er sich größer und diesen Trost braucht er auch.

Beide Brüder sind in der Schule. Sein Vater ist sowieso den ganzen Tag weg. Und die Mutter muss vormittags und auch abends arbeiten, damit genug Essen auf den Tisch kommt. So schätzt sie es ein. Deshalb ist der Junge allein in der Wohnung und hat nur seine Beobachtungen und Gedanken.

Nachts wacht er oft auf, immer dann, wenn es besonders dunkel ist. Angst erfasst ihn. Leise weint er vor sich hin, erfüllt von bodenlosem Grauen vor der Finsternis. Manchmal wird Henri junior durch das Schluchzen wach. Er befiehlt dann seinem kleinen Bruder, endlich still zu sein. Die Mutter wird nicht kommen und ihn beruhigen. Sie streitet gerade wieder einmal lautstark mit ihrem Mann und hört das Jammern des kleinen

Jungen nicht. Manchmal ist es unten auch ganz still. Dann liegen die Eltern im Bett und sind schon eingeschlafen.

Immer braucht es Zeit, bis Bernhard die Angstzustände überwunden hat. Er legt sich zurück auf die Matratze und passt dabei genau auf, dass er den Metallrahmen seines Bettes nicht berührt. Eindringlich hat sein älterer Bruder ihn davor gewarnt: „Fass ja kein Eisen an, wenn du schläfst. Ein Gewitter bringt dich sonst vielleicht mit einem Stromschlag um…" Bernhard hat ein eisernes Bett und will nicht sterben.

Aber er riskiert durchaus das eine oder andere, denn Verbotenes fasziniert ihn. Die kleinen Heimlichkeiten tun ihm spürbar gut: in den Nachtschrank der Mutter zu sehen, obwohl sie dies untersagt hat, einen Keks aus dem Küchenschrank zu nehmen und dann unter sein Kopfkissen zu legen oder zu Mutters Portemonnaie zu schleichen und ein Geldstück zu entwenden.

Die Mutter würde rigoros durchgreifen, wenn sie etwas bemerkt. Das weiß der Kleine. Der Griff zum Holzlöffel ist schnell getan: Ehe das Kind sich versieht, entblößt sie seinen Hintern und verprügelt es so lange, bis der Junge unter Tränen verspricht, etwas so Böses nie wieder zu tun. Hat er etwas in ihren Augen besonders Schändliches getan, greift die Mutter sogar zum Teppichklopfer. Weinend liegt Bernhard über ihren Knien.

Anschließend pustet sie auf seine Wunden und erklärt ihm: „Das tut mir mehr weh als dir." Abends nötigt sie ihren heimgekehrten Mann, den Übeltäter noch einmal zu züchtigen. Je nach Verfehlung verpasst der Vater ihm Ohrfeigen oder zieht den Gürtel aus der Hose und schlägt ihn damit. So, denkt er, bringt er ihm Manieren bei. Danach ist die Mutter beruhigt.

Bernhard lernt, mit seinen Bestrafungen umzugehen. Natürlich schmerzen die Prügel, doch erreicht er immerhin damit, dass die Mutter sich Zeit für ihn nimmt. Nur vor einer Strafe hat er Höllenangst: das Klo. Wird er nach mehrmaligen Züchtigungen immer wieder rückfällig, packt die Mutter ihn an der Hand und zerrt ihn in den fensterlosen Waschraum. Sie zieht die Tür hinter sich zu und löscht von außen das Licht. So lässt sie Dunkelheit zurück und darin ihr Kind.

Er wagt es nicht, sich zu bewegen. Angst versteinert seinen Körper. Nicht einmal zu weinen getraut er sich. In diesen Momenten überfluten ihn Fantasien: Gott kommt vom Himmel und richtet ihn. Die Eltern sterben und er bleibt für immer in diesem Gefängnis eingeschlossen. Sein Magen grummelt und er wird bald verhungern. Was wäre, wenn dies alles passiert? In seinem kleinen Herz wachsen die Ängste ins Unermessliche.

Immerzu presst er sich in die äußerste Ecke des finsteren Raums. Das WC bedroht ihn. Wie oft musste er sich daraufsetzen und hat dabei befürchtet, in das große Loch zu fallen? Wieder und wieder hat der Junge gesehen und gehört, wie sein „Geschäft" mit lautem Getöse einfach fortgespült wurde. Panisch fürchtete er, selbst mitgespült zu werden. Diese Furcht wird ihn sein weiteres Leben begleiten: Ein Stück Dreck, ein Haufen Scheiße zu sein, nicht mehr wert, als dass man ihn wegspült, mit einer schnellen Bewegung entsorgt …

Der erste Gedanke an den Tod kommt an einem sonnigen Vormittag. Vater ist bei der Arbeit. Mutter kauft ein. Henri und Hartlieb sind in der Schule. Gelangweilt stöbert Bernhard durch die Wohnung: In jedem Zimmer, sogar im Bad, hofft er, etwas zum Spielen zu finden. Erfolglos. Jetzt sitzt er im Wohnzimmer auf dem Sessel seines Vaters und entdeckt auf dem Couchtisch eine Schale voller Bonbons.

„Mach keinen Unsinn und bleib schön in der Wohnung!" Mutters Mahnung hallt in seinem Kopf. Er weiß, dass er von diesen Bonbons nicht naschen darf. Ausdrücklich hat sie ihn davor gewarnt.

„Wieso eigentlich? Warum darf ich gerade von diesen Süßigkeiten nichts essen?" Die Eltern bedienen sich abends davon, doch für ihn und seine Brüder sind sie tabu. Angestrengt denkt Bernhard nach, findet aber keine Antwort. Er verhält sich still und lauscht, ob er seine Mutter kommen hört. Nichts. Dann steht er auf und beobachtet vom Fenster aus die Straße. Nirgends ist sie zu sehen.

Zögernd kehrt er zum Tisch zurück, nimmt eines der mit Likör gefüllten Bonbons aus der blauen Porzellanschüssel und steckt es in seinen Mund. Es schmeckt komisch, süß und streng zugleich. Erschrocken hastet er in die Küche und spuckt alles in den Spülstein. Dabei muss er einen Stuhl benutzen, um überhaupt den Rand des Beckens zu erreichen. Wieder und wieder spült er sich den Mund aus, aber der fiese Geschmack verschwindet nicht. Auf dem Fußboden und auf dem Beckenrand hat sich eine klebrige Masse verteilt, eilig wischt er sie weg.

Käme die Mutter in diesem Moment, müsste er zur Strafe sicher wieder ins dunkle Klo. Der Gedanke lähmt und treibt ihn zugleich an. Hastig rückt er den Stuhl an seinen ursprünglichen Platz und überprüft alles: Es gibt keine verdächtigen Hinweise, also kann er sich eigentlich sicher sein, dass die Mutter nichts mitbekommt. Die Erleichterung hält aber nicht lange an, denn eine neue, nie gefühlte Angst steigt in ihm hoch: Der bittere Geschmack auf seiner Zunge könnte ein Anzeichen dafür sein, dass er jetzt stirbt. Wie gelähmt steht der Junge mitten in der Küche. Seine Augen fixieren den Spülstein. Er erwartet seinen nahen Tod. Seine Starre macht aus Minuten eine Ewigkeit.

Er fühlt, er müsste unabwendbar bestraft werden, weil er von den verbotenen Bonbons genascht hat. Der schlimme Geschmack auf seiner Zunge ist sicher ein Zeichen, dass es bald vorbei ist. Stattdessen geht es ihm von Sekunde zu Sekunde wieder besser. Vor Erleichterung sackt er in sich zusammen. Dann gibt es also doch Hoffnung, hier und jetzt nicht zu sterben.

*

Bernadette liebt Blumen. Immer wieder einmal bringt Henri ein paar leuchtend bunte Tulpen oder rote Rosen mit nach Hause. Mit einer zärtlichen Umarmung und liebevollen Blicken überreicht er seiner Frau die Blumen. Auch die Kinder animiert er mit dem „Victory"-Zeichen, sich darüber zu freuen. Dieses Zeichen mit den zwei gespreizten Fingern hat er sich von Präsident Eisenhower abgeschaut. Für ihn wird es ein Symbol dafür, dass er alle Mühen und Probleme des Lebens schon meistern wird.

Auch Bernhard pflückt öfter Blumen für seine Mutter. Heimlich reißt er sie irgendwo am Wegrand oder in einem Vorgarten ab. Er ist sich bewusst, mit solchen Blumengeschenken in den Fußstapfen seines Vaters zu wandeln. Mutters Wohlwollen zu gewinnen, ist dabei seine stille Hoffnung.

An einem Abend strahlen seine selbst gepflückten Blumen in einer Vase mit sauberem Wasser, als der Vater nach einem langen Arbeitstag das Wohnzimmer betritt. Sofort beginnt ein kurzer, heftiger Wortwechsel der Eltern. Dann packt der Vater die Vase und wirft sie an die Wand. Wie schon bei anderen Gelegenheiten folgen noch weitere zerbrechliche Gegenstände: Mit zornigem, rot angelaufenem Gesicht wirft der Vater um sich.

Bernadette stellt sich vor ihn und versucht, ihn zu besänftigen, während Henri junior und Hartlieb sich in einer Ecke des

Wohnzimmers verkriechen. Hoffentlich trifft sie kein Wurfgeschoss. Da beginnt der Vater, seine Frau zu boxen. Er schlägt sie ins Gesicht.

Mit einem ängstlichen Schrei stürzt sich der Junge wütend auf ihn. Seine kleinen Fäuste hämmern gegen den Bauch des Vaters. Er fleht ihn an, die Mama nicht zu verprügeln. Dabei ist er seinem Vater im Weg. Mit einem Faustschlag schleudert dieser seinen Jüngsten zu Boden. Ängstlich kriecht der Kleine zu seiner Mutter, die sich weinend und blutend auf dem rot gemusterten Teppich krümmt.

Bernhard versucht, sie zu trösten: „Ich lasse nicht zu, dass ‚er‘ dir noch einmal wehtut. Das verspreche ich dir."

In den nächsten Stunden ist das Haus von einer schluchzenden Leere bewohnt. Der Vater verlässt die Wohnung oder liest seelenruhig in seinem Sessel die Zeitung. Die Mutter sammelt währenddessen mit ihren Jungen die Scherben auf und reinigt die Tapete. Obwohl der Vater nebenan sitzt, schüttet sie den dreien in der Küche ihr Herz aus. Die beiden älteren Brüder halten es nicht lange aus. Betrübt schleichen sie ins Kinderzimmer im oberen Stock.

Bernhard jedoch bleibt bei seiner Mama und tröstet sie. Schluchzend weint sie sich in seinen Armen aus und erhebt heftige Vorwürfe gegen ihren brutalen Mann. Und immer wieder versichert ihr der Kleine: „Ich werde dich beschützen!"

Einige Male versucht die Mutter nach einem solchen Streit, sich das Leben zu nehmen. Sie wankt ins Schlafzimmer und nimmt eine Überdosis Schlaftabletten. Ein anderes Mal dreht sie in der Küche den Gasofen auf und steckt ihren Kopf in die geöffnete Klappe. Direkt vor das Ventil, an dem das Gas austritt. Eines der Kinder findet sie ohnmächtig und ruft den Notarzt.

Falls der Vater überhaupt da ist, hilft er in solchen Momenten nicht. Er zieht sich zurück, verschanzt sich hinter seiner Zeitung und sagt: „Das geht mich doch nichts an."

Bernhard kauert neben seiner Mama auf dem Boden. Sehnlich wartet er auf den Arzt. Ist sie tot oder nicht? Lautlos sitzt er da, verloren mit allen seinen Gefühlen. Er hält ihre Hand und die Bilder verschwimmen vor seinen Augen. Endlich kommt der Rettungswagen.

Als er seine Mutter am nächsten Tag im Krankenhaus wiedersieht, blass liegt sie im Bett, erkennt er, dass er ein weiteres Mal versagt hat: Wieder hat er es nicht geschafft, sie vor dem Vater und letztlich auch vor sich selbst zu beschützen.

Bernadette erholt sich, kehrt heim und stellt sich dort ihren Aufgaben. Fleißig arbeitet sie, damit es ihren vier Männern gut geht. Diese Momente, so scheint es, erfüllen ihr Herz: Sie kann etwas leisten für ihren Mann und für ihre Kinder. Ein schattenhaftes Glück – meistens währt es nicht lange.

An einen Nachmittag kann Bernhard sich gut erinnern: Die ganze Familie geht zu Fuß zum Strand von Hoek van Holland. Sie spielen dort, sind einfach zusammen. Im Nu gehen die Stunden vorbei und sie müssen wieder aufbrechen. Der Vater hebt seinen jüngsten Sprössling hoch und setzt ihn auf seine Schultern. Der Junge kreischt vor Vergnügen. Fasziniert hört er dem tiefen, fröhlichen Gesang seines Vaters zu, als dieser eine holländische Variante des Liedes „Pack die Badehose ein" schmettert.

*

In jungen Jahren hat Henri Betriebswirtschaftslehre studiert, aber er schließt das Studium nicht ab. Um Geld für seine junge Familie zu verdienen, arbeitete er am Hafen und reinigt die

Ölrohre großer Schiffe. Den Gestank des Hafens wird er kaum los. Und es herrscht wirklich Not. In diesen Jahren besteht das Abendessen meist aus Brot mit Zucker. Langsam geht es aufwärts, aber harte Arbeit beherrscht auch weiterhin das Leben. Später wird Henri als Versicherungsvertreter sein Geld verdienen – und auch selten zu Hause sein.

Bernhard gewöhnt sich daran, viele Stunden des Tages allein zu verbringen. „Mama wird bald wieder da sein!", verabschiedet sich Bernadette und fügt die Ermahnung an: „Geh unter keinen Umständen aus dem Haus. Und halte Abstand zum Fenster." Mit diesen Anweisungen im Kopf versucht er, irgendwie die Zeit totzuschlagen.

In seiner Fantasie kommt die Mutter jeden Moment wieder zur Tür herein. Deshalb entscheidet er sich eines Tages, ihr einfach entgegenzugehen. Bestimmt ist sie schon fertig mit der Arbeit und längst auf dem Nachhauseweg. Zweimal hat sie ihn schon mitgenommen zu ihrem Arbeitsplatz. Er weiß, es geht um einige Straßenecken, bis er die Eingangstür des Geschäftshauses erreichen wird.

Schon an der ersten Kreuzung beginnt die Unsicherheit. Welche Richtung muss er einschlagen? Er entscheidet sich für links. Aber an der nächsten Ecke sieht alles fremd aus. Die Erinnerung war ganz anders. Ein Erwachsener kommt auf ihn zu.

„Mama?", fragt der Junge erwartungsvoll. Der Große muss doch wissen, wo sie ist. Doch der murmelt ein paar unverständliche Worte und geht seines Weges.

Mehrfach trifft Bernhard Passanten und spricht sie an, aber keiner nimmt Notiz von ihm. Ein fünfjähriger Knirps, der allein unterwegs ist, scheint sie nicht sonderlich zu beeindrucken. Panische Angst steigt in ihm auf: Er zweifelt daran, seine Mutter jemals wiederzusehen. So schnell ihn seine Beine tragen, läuft er in die Richtung, in der er sein Zuhause vermutet. Tränen strömen über sein Gesicht.

Er hat Glück und steht wenige Minuten später tatsächlich vor der Tür seines Elternhauses. Stolz und ängstlich zugleich klingelt er wieder und wieder.

Keiner öffnet. Die Mutter ist wohl doch noch nicht zurück. Er setzt sich auf die Schwelle und wartet. Irgendwann hört er ihre Schritte auf der Treppe.

Dann steht sie vor ihm und beschimpft ihn wütend: „Wo warst du? Warum bist du nicht in der Wohnung geblieben? Ich hatte es dir doch befohlen!" Sie zerrt ihn am Arm hinter sich her, die Treppen hoch. Von seinem Abenteuer erzählt er ihr besser nichts.

*

Verstohlen blickt Henri über seine Zeitung hinweg zu dem kleinen Bernhard, der mit braunem Buntstift die Worte „rijke vent" auf ein Blatt Papier schreibt. Das kostet den Jungen große Anstrengung. Schließlich hat er es geschafft und ruft glückselig: „Rijke vent!" Immer wieder hält er fest, als Erwachsener ein „rijke vent", ein reicher Mann, werden zu wollen. Die Eltern schmunzeln, manchmal lachen sie laut auf über solche Fantasien ihres Dreikäsehochs. Keiner merkt, wie sehr ihn dies schmerzt.

Doch heute rührt das Bemühen seinen Vater: Bernhard zieht die Stirn zusammen und gibt sich alle Mühe, das Geschriebene immer wieder vorzulesen. Er will etwas auf die Beine stellen. Unbedingt. Er weiß: Nur, wenn er etwas leistet, wird er geliebt.

*

Im Kindergarten wird er zum Außenseiter. Er hat ein starkes Verlangen, seine Sachen nicht mit anderen zu teilen. Auch wenn ein anderes Kind nichts dabeihat und hungern muss, weigert er sich, etwas von seinem Pausenbrot abzugeben. Er hat, auch deswegen, nur wenige Freunde.

Häufig hört er den Schimpfnamen „Moff" – das niederländische Wort für „Nazischwein". Dabei hat es für ihn ansonsten keine Bedeutung, dass seine Mutter eine Deutsche ist und mit ihrem holländischen Mann in Rotterdam lebt. Und er ahnt nicht, was dies auch für sie in der Nachkriegszeit bedeutet. Selbst die Kinder, die ihn mit diesem Schimpfwort betiteln, haben eigentlich keine Ahnung, warum sie ihn nicht mögen. Er ist einfach ein „Nazischwein".

Nur ein paar dunkelhäutige Kinder pflegen ein freundschaftliches Verhältnis zu ihm. Mit ihnen spielt er gerne. Auch seine Brüder haben eigentlich nur solche Freunde. Es hat den Anschein, schwarze Kinder seien einfach netter als weiße.

Bernhard freut sich auf den Schulbeginn. Ein kleiner hellbrauner Schulranzen ist sein neuer Begleiter. Mit Begeisterung zeigt er aller Welt, wie viel in diese neue Tasche passt.

An einem nebligen Nachmittag verlässt er mit einigen seiner dunkelhäutigen Freunde das Schulgelände und schlendert durch die Stadt.

„He, du Nazischwein!", tönt es von der anderen Straßenseite. Einige Jungen lauern ihnen dort auf. „Ist ja eine tolle Kombination: Schweine und Nazis zusammen!"

Bernhard wird ärgerlich. Die eigene Verunglimpfung wäre zu verkraften, aber die Beleidigung seiner Freunde macht ihn wütend. Er will die Großmäuler zur Rede stellen.

Da nehmen ihn beide Freunde beim Arm und beschwichtigen ihn: „Einfach nicht beachten, lass uns weitergehen."

Kurz darauf kommen die drei an einem Süßwarenladen vorbei. Vor der Tür legen sie ihr Geld zusammen, dann betreten sie das Geschäft und kaufen für jeden etwas. Die Nascherei aus braunem Zucker, sicherlich ein halbes Pfund schwer, liegt angenehm in der Hand und zergeht genussvoll auf der Zunge. Sie lutschen und genießen es, während sie langsam weitergehen.

Vor einem schwarzen Fenster mit goldener Schrift bleiben sie erneut stehen. Schon oft haben sie darüber gerätselt, welcher Laden wohl dahinter verborgen ist. Doch es lässt sich nicht herausfinden.

„Das soll eine Kneipe sein", meint Piet. „Das hat jedenfalls mein Papa gesagt. Kinder hätten da nichts verloren, nur Erwachsene dürften hinein." Das weckt ihre Neugier noch mehr.

„Die haben eine schwarze Scheibe angebracht, damit keiner reingucken kann", mutmaßt Bernhard. „Das ist gemein!"

„Glaubt ihr, die ist zerbrechlich?", fragt Piet mit einer Miene, als möchte er sie aus lauter Übermut gleich einschlagen.

„Ich könnte es ja mit meinem Zuckerstück versuchen", nimmt Jan den Faden auf.

„Versuch's doch, du traust dich ja doch nicht!"

Während Piet und Jan noch miteinander herumblödeln, umklammert Bernhard sein Zuckerstück, holt weit aus und schleudert es in Richtung Fenster. Beim Aufprall splittert die Scheibe, in der Mitte klafft nun ein großes Loch. Aus dem Inneren der Kneipe hören sie aufgebrachte Stimmen.

„Lauft!", ruft Piet. Er und Jan sprinten in verschiedene Richtungen davon. Bernhard bleibt verwundert zurück. Plötzlich fällt der Groschen: Er hat etwas Verbotenes getan.

Als ein paar Männer aus der Tür treten, flüchtet auch er. Und läuft an der nächsten Straßenecke in die Arme eines schwarz uniformierten Ordnungshüters. Schnell durchschaut der Polizist die Situation.

„Wie heißt du?", fragt er den Jungen – und dieser ist sichtlich erleichtert. Anders als die aufgebrachten Erwachsenen, die wütend auf ihn einreden, ist dieser Mann hier Herr der Lage. Wahrheitsgemäß nennt Bernhard deshalb seinen Namen. Er fühlt sich beschützt, während der stattliche Polizist gemächlich alle Antworten protokolliert: In dessen Nähe kann ihn niemand verprügeln.

Schließlich versinkt das kleine schwarze Buch in der Innentasche des Jacketts. Nachdem der Polizist noch ein paar Sätze mit den Betroffenen gewechselt hat, wendet er sich wieder dem Jungen zu: „So, nun komm! Dann zeig mir mal, wo du wohnst!"

Erleichtert nimmt Bernhard die Hand des Uniformierten und geht schnurstracks mit ihm nach Hause. Dort angekommen, erklärt der Polizist der Mutter, wie überraschend und ungewöhnlich das Verhalten ihres Sohnes sei. Die meisten Kinder würden nämlich eine falsche Adresse angeben und die Beamten zu diesem fiktiven Ort führen. Die Ehrlichkeit ihres Jungen solle sie bitte mit in Betracht ziehen, wenn sie über eine Bestrafung nachdenke.

Die schwarze Scheibe mit goldener Schrift kostet so viel Geld, dass die Familie kaum imstande gewesen wäre, sie zu ersetzen. Doch jetzt bewährt sich die umsichtige Vorsorge des Vaters: Schon bei der Gründung der Familie hat er für solche „Unfälle" eine private Haftpflichtversicherung abgeschlossen.

Bernhard ist überrascht, dass die Eltern ihn wegen seiner Tat nicht verprügeln. Der Vater hält ihm stattdessen eine Standpauke, an deren Schluss er seinen kleinen Sprössling anlächelt und ihm kameradschaftlich auf die Schulter klopft.

*

Eines Morgens bemerkt Bernhard eine Veränderung: Wie immer kocht seine Mutter Grießbrei für ihren Mann, hat aber offenbar noch ein anderes Ziel im Kopf. Auf seinen Griff zur Tageszeitung reagiert sie nicht beleidigt. So landet der Teller nicht wieder an der Tapete, wie es in letzter Zeit oft passiert ist. Wortlos verabschiedet sich der Vater von seiner Familie und macht sich auf den Weg zur Arbeit. Die Kinder vermeiden alles, was ihn zu einem Wutausbruch reizen oder die Mutter zum Weinen bringen könnte.

Alles scheint insoweit normal und ist doch anders. Bernhard kann dieses Rätsel nicht lösen. Noch eigenartiger wird es, als Bernadette Bücher, Hefte und alle anderen Schulutensilien aus den Taschen nimmt und anderes dafür hineinpackt.

Dann ruft sie die drei Söhne zu sich: „Hört gut zu, Kinder! Heute machen wir etwas ganz Besonderes. Henri wird euch zu einer Frau in der Nachbarschaft bringen. Dort wartet ihr auf mich. Redet mit niemandem darüber, dass ihr heute nicht zur Schule geht. Das ist unser Geheimnis."

Die drei Jungen lassen nicht locker, und schließlich verrät die Mutter ihren Plan, noch heute nach Deutschland zu den Großeltern zu fahren.

„Oh", freut sich Bernhard, „wir alle?"

„Nein, ohne euren Vater."

Er versucht zu verstehen, was sich hier abspielt. Vermutlich hat es mit der Unterhaltung der Eltern gestern Abend zu tun: Die Mutter hat beschrieben, wie sehr die Kinder unter den Entbehrungen der Nachkriegszeit und ihrer deutschen Abstammung leiden. Ständig würden sie als „Nazischweine" beschimpft. Sie selbst werde beim Kaufmann und auf offener Straße als „Nazihure" beleidigt.

Der Vater verteidigt die Niederländer: Nach den Gräueltaten der nationalsozialistischen Machthaber hätten sie ein Recht auf ihre Wut. Seine Frau und die Kinder sollten Geduld aufbringen. Irgendwann würden die Beschimpfungen ganz bestimmt aufhören.

Merkwürdig ruhig hört Bernadette seine Argumente an. Es kommt zu keinem Streit. Kein einziger Teller, kein Glas wird zerbrochen, kein Möbelstück wird beschädigt, niemand wird verprügelt. Bernhard muss nicht versuchen, seinem Vater mit seinen kleinen Fäusten zu Leibe zu rücken. Hartlieb muss sich nicht fürchten. Henri junior läuft nicht wie sonst davon. Das ist ungewöhnlich.

Bernadette hat eine Entscheidung getroffen: Sie wird die Niederlande verlassen und ihren Ehemann auch. Sie wird zu ihren Eltern fahren. Nach Deutschland. Auguste und Heinrich Schmidt, die Großeltern ihrer Söhne, wohnen in einem kleinen Einfamilienhaus in Ilserheide, einem Dorf in Niedersachsen. Die Kinder wird sie mitnehmen.

*

Die Dampflokomotive ächzt durch die Dunkelheit. Stetig wiederkehrende Geräusche des Zuges erfüllen die klare Nachtluft. Bernhard spürt, die Zukunft wird Interessantes für ihn bereithalten. In diesen Tagen greift der Mensch nach den Sternen: Die Hündin Laika umkreist im Sputnik die Erde und macht dort ihren letzten Atemzug.

Ein neues Land, eine neue Sprache ... Die Mutter bereitet ihre Jungen darauf vor, künftig deutsch zu sprechen. Ein Wort hat Bernhard schon gelernt: „Roller". Schon oft brachte ihn das stabile Eisengestell mit den zwei großen, mit Luft gefüllten Reifen von einem Ort zum anderen. Jetzt darf er diesen Schatz mit zu Oma und Opa nehmen, in ein fremdes Land also. Nicht ganz fremd allerdings: Sein Geburtsort liegt doch dort.

*

Großmutter hat einen starken Glauben. Fast jeden Sonntag fährt sie mit dem Bus fünf Kilometer zum Nachbarort, um dort den evangelischen Gottesdienst zu besuchen. An den Wänden ihres Hauses finden sich viele Jesus-Bilder und Ikonen. Aber für ihre Mieter, die römisch-katholische Christen sind, hat sie nur Verachtung übrig. Und den Mann ihrer Tochter hasst sie. Henri mag seine Schwiegermutter ebenso wenig.

So ist sie froh, dass ihre Tochter endlich einen Schlussstrich gezogen und ihren Mann verlassen hat. Aber er kommt dann doch zurück. Herzerweichend bitten seine drei Söhne darum. Beim Wiedersehen weint dann auch der Vater. Inständig verspricht er, sich künftig gut zu verhalten. Manchmal wird er es schaffen.

*

„Du, Papa, unser Familienname wird in der Schule andauernd falsch ausgesprochen", informiert ihn Bernhard. „Die meisten sagen ‚Du-cho-ies'."

„Die Lehrer auch?"

„Nein, die sagen ganz normal ‚Duchois'."

„Ja, das dachte ich mir, weil die sich ein bisschen mit anderen Sprachen auskennen. Unser Name kommt nämlich aus dem Französischen. Unsere Vorfahren waren Hugenotten. So nannte man damals die Christen in Frankreich. Unter dem Sonnenkönig

27

Ludwig XIV. wurden sie brutal verfolgt. Sie flüchteten, suchten ein Schlupfloch, einen Platz, wo sie toleriert wurden. Einige schafften es bis in die Niederlande. Darunter war auch unsere Familie."

*

Bernhard wird älter und selbstständiger, aber die dunklen Vorzeichen bleiben. Wie sagte seine Mutter erst neulich wieder zu ihm: „Ja, du solltest eigentlich gar nicht geboren werden. Ein Arzt hatte mir einmal ein Medikament verschrieben, das schlimme Nebenwirkungen für das Ungeborene haben kann. Da ich mich aber so freute, endlich ein Mädchen zu bekommen, habe ich mich geweigert, dich abzutreiben. Okay, du warst dann leider nur ein Junge, aber so ist das nun einmal im Leben."

Wie oft hat er diese Sätze schon gehört… Er kann sie auswendig.

Kapitel 2

Kampfplatz Liebe

Wenn man ganz klein ist, spürt man lediglich, wie die Älteren in der Familie mit einem selbst umgehen. Ihre Beziehung zueinander kriegt man erst später mit. Nachdem Bernadette mit ihren drei Söhnen von Holland nach Deutschland ausgewandert ist, bleiben die vier zunächst für sich, bis der Vater schließlich doch nachkommen darf.

In Bernhards Erinnerung scheint sich diese Zeit auf einer Bühne abzuspielen. Das Stück heißt „Liebe und andere Grausamkeiten":

Der Vater hat doch versprochen: Alles wird sich ändern, wenn er nach Deutschland kommt. Doch es zeigt sich, dass alles beim Alten bleibt. Statt uns Kinder morgens zu begrüßen, demonstriert er uns, wie Suppenteller und anderes Geschirr an der Wand zerschellen und welch klebrige Muster sie auf der Tapete hinterlassen können.

Unsere Mutter zieht sich von ihm zurück und sucht Hilfe bei uns Kindern. Sie weint sich bei uns aus. Dabei hätten wir Wärme und Geborgenheit selbst so sehr gebraucht. Trotz dieser Momente von Nähe ist sie aber weiterhin oft jähzornig. Statt eines Abendgebets am Bettrand gibt es manchmal vor dem Schlafengehen eine schallende Ohrfeige. Statt uns einen Funken Verständnis, einen Lichtspalt zu gönnen, bestraft sie uns mit dem dunklen Verlies der Toilette.

Mitten in der Nacht schrecke ich aus Albträumen auf. Am Morgen weine ich Tränen der Verzweiflung.

Oft streiten sie sich. Vater kippt Stühle um, wirft Tassen auf den Boden. Mutter schreit in einem Weinkrampf ihren Frust aus der Seele.

Dann ist es auf einmal still in der Wohnung. Ich versuche, mich auf die Hausaufgaben zu konzentrieren. Vater sitzt an seinem Schreibtisch und arbeitet. Die Zeit verrinnt. Irgendwann fällt mir auf, dass Mutter gar nicht mehr zu hören ist. Deshalb frage ich: „Weiß einer, wo Mama ist?" Mein Bruder Hartlieb zieht unwissend die Schultern hoch. Vater reagiert gar nicht. Bestürzt schaue ich meinen Bruder an. Unsere stummen Blicke spiegeln die Angst, dass sie sich wieder etwas angetan hat. Ich laufe durch den Flur in die Küche, dann zum elterlichen Schlafzimmer. Die Tür ist geschlossen, gibt aber nach, als ich die Klinke herunterdrücke. Da liegt Mutter mit geschlossenen Augen. Die Bettdecke ist auf die andere Hälfte des Ehebetts geschoben.

„Mama!" Auf mein Flüstern reagiert sie nicht. Da entdecke ich auf dem Nachttisch ein Röhrchen. Der Deckel liegt daneben. Es ist leer. Obwohl sie schon mehrmals versucht hat, sich das Leben zu nehmen, hat sie bisher immer überlebt. Ängstlich überlege ich, ob sie jetzt tot ist.

Vorsichtig nehme ich ihr Handgelenk auf und versuche, ihren Puls zu finden. Doch da ist anscheinend nichts zu fühlen.

„Ich glaube, Mama ist tot!"

Hartlieb zittert in einer Ecke des Wohnzimmers. Apathisch schaut er ins Leere.

Vater schreibt weiter.

„Papa, ich glaube, Mama ist tot."

Er verzieht keine Miene, bleibt sitzen und antwortet mit harschem Ton: „Und wenn schon!"

Ich gehe zu ihr zurück, versuche nochmals, ihren Puls zu fühlen. Dann reiße ich mich los, renne an Vaters Schreibtisch, greife zum Telefon und wähle den Notruf. Die Nummer 112 kenne ich längst auswendig.

Die Sanitäter und der Notarzt sind nach kurzer Zeit bei uns, behandeln die Bewusstlose, tragen sie auf einer Bahre zum Rettungswagen. Das Blaulicht kreist durch die Nacht.

*

Wochen vergehen. Der Geburtstag der Mutter rückt näher. „Sagt mal, ihr drei, was denkt ihr, wenn wir Mama einen kleinen Hund schenken? Das wünscht sie sich doch schon so lange." Vater ist von seiner Idee sichtlich angetan. Wir Jungs sind natürlich dafür. Er weiß, sie hat schon mehrmals von einem Pudel gesprochen. Der Vater macht einen Züchter ausfindig und kauft einen kleinen Pudel.

„Wir nennen die Hündin Astrid", verkündet die Mutter am Geburtstag. Der Zwergpudel, winzig wie ein Wollknäuel, ist total verspielt. Befehle wie „Bei Fuß!", „Platz!" oder „Komm her!" ignoriert er meistens noch. Wir alle schließen ihn schnell in unser Herz. Es ist ein Geschenk, das mit Liebe zu tun hat, aber das Glück hält nicht lange.

Verwandte aus Holland kommen zu Besuch. Eine prima Gelegenheit, endlich wieder einmal holländisch zu sprechen. Sie bringen Blacky mit, einen schwarzen Rottweiler. Wir machen uns etwas Sorgen, ob sich die beiden Hunde vertragen werden, weil Blacky manchmal heftig knurrt. Aber der Onkel beruhigt uns.

Eine Woche lang geht tatsächlich alles gut. Aber am Tag der Abreise finde ich zunächst nur den Rottweiler am Fressnapf.

Dann entdecke ich unseren Pudel zu seinen Füßen und vor dessen Kopf eine kleine Blutlache. Weinend laufe ich aus der Küche: „Mama, Mama, komm schnell!"

Wahrscheinlich hatte der Zwergpudel aus dem falschen Napf gefressen und das mit seinem Leben bezahlt. Alle versuchen, mich zu trösten, indem sie uns einen neuen Pudel versprechen. Aber es gibt doch nicht so einfach Ersatz für meinen geliebten Freund. Bitterlich weinend verstecke ich mich im Heizungskeller hinter dem Boiler. Liebe und Tod rücken für mich wieder einmal nahe zusammen.

*

Es ist ein gewöhnlicher Abend und doch ist alles anders. Ganz fest habe ich mir vorgenommen, es heute zu tun. Das kleine Taschenmesser mit der ausklappbaren Klinge liegt gut in meiner Hand. Noch zögere ich und verharre in dem dunklen Flur. Meine Wut hat ein Ziel: „Ich gehe jetzt ins Wohnzimmer und ersteche den Mann."

Doch dann kriecht wieder Angst in mir hoch. Wird er sich wehren, werde ich es schaffen oder wird mein Plan scheitern?

Das Messer hinter meinem Rücken versteckt, betrete ich den Raum. Papa sitzt an seinem Schreibtisch, den Rücken mir zugewandt, aber gleich darauf dreht er sich um: „Was möchtest du?"

Jetzt muss es blitzschnell gehen: Das Messer nach vorne und zustechen, egal, wohin. Hauptsache, ich treffe ihn.

Doch er bleibt nicht sitzen, sondern steht auf, kommt prüfend auf mich zu. Mein kurzer Schrei drückt meine Angst aus und will sie zugleich übertönen. Blut rauscht in meinen Ohren. Das Herz klopft bis zum Hals. In mir schlummert ein Vulkan, der darauf wartet, irgendwie auszubrechen. Stammelnd erkläre ich ihm, dass ich wissen will, wie man so ein Messer schärfen kann …

*

Wie eine dunkle Wolke ziehen sich die Gefühle von Ohnmacht, Angst und Ratlosigkeit durch mein Leben. Einmal wirft sich die Mutter plötzlich an meinen Hals und schluchzt heftig. Ihre Brüste drückt sie an meine Wangen, während sie auf mich einredet: „Du kannst dir gar nicht vorstellen, wie fürchterlich dein Papa ist."

Mir ist die Nähe in diesem Moment total unangenehm. Aber ich will sie nicht enttäuschen. „Was hat der Kerl denn schon wieder gemacht?"

Sie zögert kurz, dann berichtet sie: „Ach, weißt du, gestern Abend, als ihr schon im Bett wart, wollte er mit mir … Nun, er wollte sich zu mir legen, wie Mann und Frau das nun mal tun. Doch ich habe keine Lust dazu und sage ihm, er soll mich in Ruhe lassen. Er aber macht immer weiter. Verzweifelt wehre ich mich, am Ende vergewaltigt er mich. Ja, Bernhard, kannst du das begreifen, wozu dein Vater fähig ist? Deine eigene Mutter hat er wie eine Nutte behandelt, vergewaltigt wie ein Flittchen. Schreien konnte ich nicht, weil ich euch nicht wecken wollte. Warum muss ich immer wieder so viel Leid erfahren? Alle sind so grausam zu mir. Dabei möchte ich doch auch nur ein bisschen Glück und Zärtlichkeit erleben."

So ganz verstehe ich das alles nicht, nur eines ist mir klar: Er hat ihr wieder ein Leid angetan.

Mutter redet derweil weiter: „Bernhard, wenn ich dich nicht hätte, ich hätte schon längst Schluss gemacht. Du bist der Einzige, der zu mir hält."

Schließlich küsst sie mich auf die Lippen, was ich überhaupt nicht leiden kann. Aber sie ist meine Mutter und die muss ich beschützen.

„Ich habe so Angst, wenn dein Vater nach Hause kommt. Ich befürchte, dass ich durchdrehe, wenn er mich wieder zwingt. Ich halte das einfach nicht mehr aus."

„Mach dir bitte keine Sorgen, Mama. Ich kümmere mich darum."

Spät kommt der Vater heim und bemerkt gleich meinen hasserfüllten Blick. „He, was ist dir denn für eine Laus über die Leber gelaufen?", fragt er salopp.

„Lass endlich die Mama in Ruhe! Verstanden?!" Trotz meiner Angst nehme ich alle Kraft zusammen, schreie ihm entgegen und beuge mich in einer Angriffshaltung weit nach vorne.

„He, sprich nicht in einem solchen Ton mit mir! Wenn du etwas zu sagen hast, rede vernünftig."

Ganz nahe stelle ich mich vor ihn und zische ihn an: „He, du Schwein, wenn ..."

Weiter komme ich nicht. Der Vater steht von seinem Sessel auf und schubst mich weg. Dann schlagen wir uns. Ich schreie ihn an, weine verzweifelt, boxe, trete.

In Papas Gesicht sind auch Tränen. Plötzlich merke ich: Er wehrt die Schläge nur noch ab, pariert sie aber nicht mehr. Wenn er gar nicht zurückschlägt, ist es nicht fair, ihn womöglich zu verletzen. Deshalb höre ich mit dem Boxen auf.

Am nächsten Tag fragt meine Mutter vorwurfsvoll: „Hast du mit deinem Vater geredet?"

Ziemlich gereizt frage ich zurück: „Worüber?"

„Ich meine, über das, was er mir neulich angetan hat. In dieser Nacht hat er mich wieder so brutal genommen ..."

„Lass mich in Ruhe." Versteht sie gar nicht, dass ich verloren bin auf diesem Schlachtfeld?

Stattdessen hält sie mir eine Standpauke: „He, ein bisschen Anstand würde dir guttun. Du musst lernen, respektvoll mit mir umzugehen. Immerhin bin ich deine Mutter. So lasse ich mich nicht behandeln. Wenn Vater mitkriegt, wie du dich hier benimmst, versohlt er dir den Hintern. Verlass dich drauf."

*

Mit siebzehn beginne ich eine Lehre zum Bankkaufmann. Stolpere als Berufsanfänger in ein anderes Leben und mache auch sonst so meine Erfahrungen.

Meine Eltern haben mich nie aufgeklärt und in der Schule gab es keinen Sexualkundeunterricht. So habe ich eben hier und da etwas aufgeschnappt.

Eines Tages drückt mir der Vater fünfzig Mark in die Hand: „Hier, schenke ich dir. Geh damit mal nach Hannover und hab Spaß im Bordell."

Walter ist damals mein bester Freund und mit von der Partie. Wir finden das Rotlicht-Milieu in Bahnhofsnähe, wie es Vater beschrieben hat. Leicht bekleidete Frauen lächeln uns vom Bordstein entgegen. Jeder findet schnell eine, die ihn anzieht. Wir trennen uns an der Tür eines Bordells. Die freudige Erwartung, Neues zu erleben, etwas Sensationelles, ist riesig.

Das Zimmer, in dem ich lande, hat eine vielversprechende erotische Atmosphäre. Ein merkwürdiges Gespräch beginnt. „Was möchtest du?"

„Mit dir schlafen."

Sie erklärt die Preise für nackt oder mit Kleidung.

Mir ist klar, was ich will: „Nackt."

Zunächst wird die Bezahlung verlangt.

Ich versuche, lässig zu wirken, bin eigentlich aber total angespannt. So wird der Liebesakt zu einem Reinfall. Die zuvor getrunkenen Biere haben bestimmt Anteil daran, aber ich bin von allem enttäuscht.

Die Prostituierte hat wenig Verständnis für die Situation. Dann scheint sie zu begreifen: „War das dein erstes Mal?“

„Nein“, lüge ich prompt, „ein paar Mal hatte ich schon Sex.“

„Hast du heute Abend Alkohol getrunken?“

„Ja, ein bisschen.“

„Dann wird es daran liegen.“ Sie bemüht sich, mich irgendwie zu befriedigen. Aber alles bleibt leer und kalt. Nur die Momente des gegenseitigen Streichelns sind irgendwie angenehm. Keiner von uns beiden redet dabei.

Das Gefühl einer großen Einsamkeit beherrscht nicht nur in diesem Moment mein Leben.

Die große Last, an der ich mich abmühe, scheint keiner zu bemerken.

*

Solange ich in der Nähe meiner Eltern lebe, stehen Liebe und Tod in einer verrückten Nähe zueinander. Dieses Gefühl sickert in mich ein.

Eine krasse Situation ereignet sich nach der Rückkehr der beiden von einem Urlaub in den Bayerischen Alpen. Mutter kauert in der Küche auf einem Stuhl und weint. Ihr ganzer Körper zittert.

„Was ist denn los?“, frage ich und lege die Hand auf ihre Schulter.

Hilflos und verzweifelt schlingt sie ihre Arme um mich, drückt mich so fest, dass ich mich darüber wundere, wie stark sie ist.

„Dein Vater hat versucht, mich umzubringen." Stockend kommt der Satz über ihre Lippen. „Die ganze Zeit über hatte er sich schon seltsam benommen. Als wir in den Bergen spazieren waren, haben wir uns heftig gestritten. Den Grund weiß ich schon gar nicht mehr. Irgendetwas Nebensächliches.

Dann lässt er mich auf einmal stehen und geht voraus. Nach einer Kurve sehe ich ihn nicht mehr. Ich denke, er wird sich einkriegen und zurückkommen. Doch er bleibt verschwunden. Also drehe ich mich um und mache mich allein auf den Rückweg zu unserer Pension.

Plötzlich schlägt ungefähr einen halben Meter von mir entfernt ein großer Stein auf. Ich erschrecke und blicke nach oben. Da sehe ich deinen Vater am Felsvorsprung stehen, ungefähr fünf Meter über mir. In seinen Händen hat er einen weiteren Stein und ist bereit, auch den hinunterzuschleudern.

,Henri', rufe ich, ,willst du mich umbringen?'

Keine Antwort. Er zögert. Sekunden vergehen, dann lässt er den Stein fallen und verschwindet.

Vorhin habe ich den großen Aktenordner aus dem Regal genommen und mir unsere Policen durchgeschaut. Was, glaubst du, habe ich dabei entdeckt? Für mich wurde ja eine Lebensversicherung abgeschlossen: Wenn mir etwas zustößt, wird sie an ihn ausbezahlt. Und vor zwei Monaten hat dein Vater die Versicherungssumme erhöht. Davon hatte ich nicht die geringste Ahnung. Meine Vereinbarung mit der Versicherung belief sich auf fünfundzwanzigtausend Mark. Die neue Versicherungssumme beträgt einhunderttausend.

Wenn ich in den Bergen von einem Stein erschlagen worden wäre, hätte es nach einem Unfall ausgesehen. Dein Vater wäre dabei ein reicher Mann geworden."

Sprachlos bleibe ich vor ihr stehen. Wie vom Blitz getroffen.

*

Meistens werde ich wütend, wenn Mutter von ihren Problemen in der Ehe berichtet. Unter allen Umständen will ich sie aus den Fängen dieses brutalen Mannes reißen.

Aber in diese ritterlichen Vorstellungen mischen sich auch andere, finstere Gedanken, und das irritiert mich total. Irgendwie fühle ich mich enttäuscht. Es ist schade, dass Vaters Versuch, diese Frau zu töten, gescheitert ist. Denn dann wäre endlich Ruhe gewesen.

Anstatt von einem schlechten Gewissen geplagt zu werden, überlege ich ganz kaltblütig: Vielleicht könnte er es noch einmal versuchen und zu Ende führen, was er begonnen hat? Mit einem Schlag wäre er dann reich und meine Brüder und ich würden bestimmt auch etwas abbekommen. Und vor allem wäre es vorbei mit den endlosen Selbstquälereien und düsteren Träumen.

Kapitel 3

Eine verborgene Welt

Es ist März und wohlig warm. Schon vor dem offiziellen Frühlingsbeginn hat die Sonne richtig Kraft. Zu meinen Aufgaben als Auszubildender gehört der tägliche Gang zum Postamt, um dort die Briefe für die Spar- und Darlehenskasse abzuholen. So mache ich mich auch heute auf den Weg.

An der Tür zur Schalterhalle kommt mir ein junges Mädchen entgegen. In ihren Händen trägt sie eine Menge Briefe und ein kleines Paket.

Vom ersten Augenblick an bin ich wie gebannt und suche einen Grund, sie anzusprechen. Mir fällt zunächst nichts ein, was ich sagen könnte, aber ich strahle sie an und grüße freundlich. Und sie lächelt zurück.

Das Eis scheint gebrochen und ich wage es nachzufassen: „Arbeitest du nicht in der Sparkasse?"

Sie nickt.

„Dann habe ich von dir schon gehört. Dein Name ist Angelika Trautwein, stimmt's? Ich heiße Bernhard Duchois und arbeite in der Spadaka."

„Ja, ich weiß."

„Falls du eine Minute Zeit hast, hole ich eben mal meine Post und kann dich ein Stück zurückbegleiten. Wir sind ja fast Nachbarn."

„In Ordnung, ja, ich warte."

Auf dem Rückweg muss ich sie wieder und wieder aus dem Augenwinkel anschauen und hoffe nur, sie kriegt es nicht mit, wie sehr ich sie bewundere. Dann endet die gemeinsame Strecke. Jetzt gilt es, eine Brücke zu schlagen: „Hast du heute Abend Zeit?"

Zum Glück sagt sie nicht Nein, sondern antwortet mit einer Gegenfrage: „Heute habe ich schon etwas vor. Was ist mit morgen?"

Und ich habe gleich eine Idee: „Gehst du auch zum Dorffest? Da könnten wir uns treffen."

Tatsächlich klappt es. Hunderte von anderen Besuchern tanzen, plaudern, scherzen und lachen auf dem Dorffest. Und wir haben nur Augen füreinander. Ich habe mich verliebt. Angelika empfindet für mich das Gleiche. Arm an Arm tanzen wir, kuscheln und schmusen.

Bisher habe ich jede Frau als Bedrohung empfunden, auch wenn sie super aussah. Sobald Nähe entstehen konnte, zog ich mich in mein Schneckenhaus zurück. Meine weinende Mutter, die mich umschlingt, ist immer gegenwärtig. Allein ihretwegen fliehe ich vor jeder Annäherung und leide zugleich darunter. Denn das eine Mal liebkost sie mich, bei nächster Gelegenheit schlägt sie mich brutal. Sie enttäuscht mich wieder und wieder.

Furcht steigt in mir hoch, dass alte Erfahrungen sich wiederholen könnten. Erbittert kämpfe ich gegen dieses Gespenst der Vergangenheit und verliere doch meistens. Jede Niederlage verstärkt meine Angst ungemein. Nach und nach werde ich zu einem scheuen Wesen, zu einem Schweiger, der viel fragt und wenig zu sagen hat.

Mit Angelika ist es anders. An Körper und Seele erfahre ich, dass sie es gut mit mir meint. Ihre liebevolle Annahme, ihre

Offenheit und ihre Herzlichkeit sind die besten Mittel, das Tor zu meinem Inneren aufzuschließen. Mit ihr gewinne ich Freude am Leben. Freude in Hülle und Fülle.

Sie ist ein äußerst hübsches Mädchen. Es ist nicht verwunderlich, dass viele junge Männer versuchen, ihr den Hof zu machen. Ja, wer könnte ihr schon widerstehen, wenn sie graziös ihre langen Beine bewegt und ihre roten Haare im Winde wehen, als wollte sie sagen: „Komm und hab Spaß am Leben!" Sie hätte spielend Fotomodell werden können.

*

Endlich Feierabend! Bis zur eigenen Wohnung, die ich vor einer Weile gemietet habe, ist es nur ein halber Kilometer. Aber ich lasse mir Zeit, denn mich erwartet nichts Schönes. Die Küche ist so etwas von ekelig: Überall stehen von Kaffee verfärbte Tassen, dreckige Teller und ölige Pfannen mit verkrusteten und angebrannten Essensresten. Eierschalen gammeln auf dem Küchentisch vor sich hin.

Das muss sich ändern, ich will heute gründlich aufräumen, denn so kann ich Angelika unmöglich in meine Wohnung einladen.

Überhaupt ändert sich für mich jetzt einiges. Tag für Tag wächst die Hoffnung, dass die Unruhe, die ich seit langer Zeit in mir spüre, irgendwann verschwinden wird. Zum ersten Mal in meinem Leben ertappe ich mich dabei, dass ich Gott in einem Gedanken oder mit Worten danke. Dafür, dass es *sie* gibt. Ich bin verliebt. Alles um mich herum bekommt einen Glanz. Das ganze Leid in dieser Welt kann ich deshalb aber immer noch nicht verstehen.

Unsere gemeinsamen Tage strömen dahin wie ein Frühlingsregen, der alles zum Blühen bringt. Schon nach einigen Wochen entscheiden wir uns, ein erstes Mal miteinander zu schlafen.

Angelikas Eltern sind einfache Leute. Ihr Vater geht gerne und oft in die Dorfkneipe. Manchmal kommt er dann betrunken nach Hause. Doch sogar im alkoholisierten Zustand verhält er sich nett und höflich zu seiner Familie. Uwe, Angelikas kleiner Bruder, ist behindert. Er schafft es nicht, die Muskeln in seinen Beinen zu kontrollieren. Seine kindliche Art und sein bedingungsloses Vertrauen tragen sehr zu einem harmonischen Familienleben bei.

Die Seele des Ganzen aber ist ihre Mutter. Gemeinsam genießen sie ihr Leben in vollen Zügen. Auch ich kann mich entspannen, wenn ich bei ihnen zu Gast bin. Angelikas Eltern sind verständnisvoll und offen. Sie erlauben, dass ich noch vor unserer Verlobung bei Angelika einziehe. Immer behandeln sie mich so, als wäre ich schon ein Teil der Familie.

*

Unsere Füße hinterlassen Spuren im Schnee, als wir Hand in Hand durch den kleinen Wald spazieren. In die Stille hinein sage ich: „Weißt du, Angelika, ich liebe dich über alles."

Sie sieht mich an und erwidert: „Ich liebe dich auch." Es ist, als könnten wir das Glück mit Händen greifen.

Nach einer kleinen Pause frage ich: „Hast du an Weihnachten schon etwas vor?"

„Nein, nichts Besonderes. Hast du eine Idee?"

„Ich überlege, ob wir beide irgendwohin fahren sollten. Ehrlich gesagt bin ich mir aber nicht ganz sicher wegen des Geldes und auch der Zeit."

„Ja, ein kleiner Urlaub wäre schon nett", denkt sie laut.

Noch ein Augenblick des Zögerns, dann komme ich zur Sache: „Angelika, möchtest du mich heiraten?" Wir bleiben beide stehen.

„Ja, das möchte ich gerne."

Sanft ziehe ich sie zu mir, küsse sie und streichle ihr übers Gesicht. „Und wann?" Meine Frage hat einen schelmischen Klang.

Sie lacht laut auf, strahlt, nimmt mich in den Arm und drückt mich ganz fest. „Ach, mein Liebling, wir müssen uns doch erst einmal verloben."

Nickend stimme ich zu: „Okay. Und wann?"

Sie legt ihren Kopf in den Nacken. Ihre langen roten Haare stehen in einem reizvollen Kontrast zu den mit Schnee bedeckten Bäumen hinter ihr. „Wie wäre es mit Weihnachten? Ich glaube, das wäre ein guter Zeitpunkt, um sich zu verloben."

„Ja, das wäre wunderbar."

Wie wir heimkommen, weiß ich nicht mehr. Alles ist so glücklich leicht.

*

Dann kommt der Besuch bei meinen Eltern – eine Weiche zum Bösen, aber das begreife ich erst später. Wir treffen uns im Wohnzimmer. Vater studiert in seinem Sessel eine Versicherungspolice, die er für einen Kundenbesuch vorbereitet hat. Mutter steht neben ihm. Ihr wende ich mich zu: „Du, ich werde mich mit Angelika Trautwein verloben."

Überrascht schaut sie auf. Ihr Lächeln ist gezwungen, als sie bemerkt, ihr sei schon aufgefallen, dass ich wohl eine Freundin habe. Vater legt bedächtig seine Unterlagen auf den Tisch, verschränkt die Arme vor seiner Brust und lehnt sich zurück.

„Soso, du willst also diese Familie in unsere hineinziehen. Weißt du, dass ihr Vater Alkoholiker ist? Es wird auch gemunkelt, er bekomme ab und zu Sachen, die ihm nicht gehören."

Gereizt frage ich zurück: „Was willst du mit diesem Bockmist sagen?"

„Nun, Mama und ich glauben, dass sie nicht die Richtige für dich ist."

Damit hat er in meinen Augen eine Linie überschritten. Insgeheim hatte ich eine derartige Reaktion bereits befürchtet.

In einer unheimlichen Ruhe entgegne ich: „Okay, dann hören Sie mal gut zu, Herr Duchois: Von diesem Tag an möchte ich nie mehr mit Ihnen sprechen. Von diesem Moment an sind Sie für mich nicht mehr mein Vater, sondern ein unsympathischer Fremder. Ich enterbe mich. Ich will keinen Pfennig von Ihrem dreckigen Geld haben."

Sarkastisch lächelt er: „Ach, du wirst schon irgendwann einmal kommen und etwas haben wollen. Doch ob ich dir dann etwas gebe, das steht in den Sternen."

„Hör gut zu", donnere ich los. „Es ist mir scheißegal, was du denkst! Ich verbiete dir, jemals wieder so von Angelika oder ihren Eltern zu sprechen! Wenn du es noch einmal versuchst und Lügen verbreitest, dann bringe ich dich um, du Drecksau. Hast du verstanden?"

Bei diesen Worten steht mein Vater auf, weil er mir verbieten will, in diesem Ton mit ihm zu reden. Doch ich greife ihn an, bevor er ausgeredet hat. Wir prügeln uns. Bis zur Erschöpfung. Mutter kreischt vor Entsetzen, während sie erfolglos versucht, uns zu trennen.

Irgendwann später komme ich bei Angelika an und erzähle ihr alles. Still hört sie zu und teilt meinen Schmerz.

Zum ersten Mal in meinem Leben bin ich am Heiligen Abend nicht bei meinen Eltern. Und ich erfahre, was diese Stunden im Kreise lieber Menschen wirklich bedeuten können. Vergangen ist die Angst, die bei uns zu Hause immer vor Weihnachten herrschte: die Angst, nach dem Gottesdienst in die eigenen vier Wände zu kommen. Die Angst vor Vorwürfen, Tränen und Prügeleien, mit denen sich unsere Familie jedes Jahr an den Festtagen traktierte.

Um fünf Uhr fahren wir zu dritt zum Gottesdienst in der Dorfkirche: Angelika, Uwe und ich. Der Junge würde die Strecke nicht zu Fuß schaffen. Die Eltern schmücken solange den Tannenbaum und bereiten die Geschenke vor, damit alles fertig ist, wenn wir zurückkommen. Mein Glück kann ich kaum fassen. Wir sitzen in der Kirchenbank, Uwe in unserer Mitte, und singen „Vom Himmel hoch".

„Gott wird Mensch, damit wir menschlich leben können." Bei diesen Worten des Pfarrers beginne ich, voller Glück zu weinen.

„Danke, lieber Gott", flüstere ich zwischen den Strophen von „Stille Nacht, heilige Nacht". „Es tut mir leid, dass ich derart mit allem gehadert und gezweifelt habe. Bitte verzeih mir! Und danke noch einmal. Danke für Angelika. Und für ihre Familie. Und danke für diesen Moment."

*

Die Feier unserer Verlobung verläuft kurz und angenehm. Als wir allein sind, stecken wir uns gegenseitig die Ringe an, versprechen uns, zusammenzubleiben und irgendwann zu heiraten.

Einige Geschenke bekommen wir auch: feines Porzellan, Silberbesteck, einen schönen Bilderrahmen, eine Kaffeemaschine und andere Sachen, die für eine spätere Ehe nützlich sein können, sogar einhundert Mark. Großeltern, Nachbarn und auch Kollegen drücken damit ihre Verbundenheit aus.

Nur meine Eltern schenken nichts. Darauf habe ich bestanden. Mutter könne kommen, lasse ich sie wissen, doch der Vater solle es ja nicht wagen, sich sehen zu lassen. Mutter kommt ebenfalls nicht, aber dafür meine Großeltern.

*

In Angelikas Gegenwart entdecke ich erstmals, wer ich wirklich bin. Und ich spüre: Mein Leben ist etwas wert. Ich werde geliebt. Mit einem Mal habe ich das Empfinden, mich ihr ganz zeigen zu können.

Mit Angelika betrete ich eine bislang unbekannte, verborgene Welt. Mir ist, als ob ich in dieser Liebe aufwache und bemerke, dass ich mein ganzes Leben lang geschlafen habe. Die Liebe, die ich erfahre, tröstet mich und beruhigt meine Angst.

*

„Hast du Lust, meinen Bruder übers Wochenende in Dachau zu besuchen?", frage ich eines Tages, und Angelika findet meinen Vorschlag gut. Henri junior hat sich südlich von München eine eigene Existenz aufgebaut. Er leitet dort ein Steuerbüro und bewohnt mit seiner Partnerin eine Eigentumswohnung. Es geht ihm sichtlich gut.

Bis tief in die Nacht unterhalten wir uns zu viert. Erinnerungen an das Leben der Familie Duchois stehen im Vordergrund. Gegen Mitternacht erzähle ich von der Begegnung mit Vater, bei der er von der geplanten Verlobung erfahren hat.

Mein Bruder ist über dessen Verhalten nicht sonderlich überrascht und gibt uns einen Rat: „Wisst ihr, was ihr beiden tun solltet? Verlasst Ilserheide. Ich sage euch, dieses Schwein wird euch nicht in Ruhe lassen. Du weißt, wie er ist, Bernhard. Er und Mama können euch das Leben zur Hölle machen."

„Wieso Mama? Die ist doch in Ordnung", wende ich ein.

„Mensch, Bernhard, mach endlich deine Augen auf! Unsere Mutter ist keine richtige Mutter. Sie ist genauso schlimm wie der Alte."

„Ach, ich weiß nicht", kontere ich. „Ich finde, sie ist ganz okay. Er ist das Problem. Nicht sie."

„Nun, du wirst schon deine Gründe haben, sie so zu sehen. Ich betrachte sie anders. Ich sehe, wie sie Hartlieb und dich behandelt hat und es immer noch tut. Eigentlich will ich gar nicht mehr über diese Frau reden. Aber zurück zu euch. Glaub mir, Angelika, es ist für euch zwei das Beste, wenn ihr schnellstmöglich weggeht. Kommt zu uns in den Süden. Gerne helfe ich euch, hier ein neues Leben anzufangen. Ich habe viele Freunde und auch gute Beziehungen. Außerdem habe ich schon einiges angespart. Was immer mir gehört, gehört auch euch. Nun, was meinst du?"

Unsicher sieht sie mich an.

Darum antworte ich: „Das ist eine große Entscheidung. Angelika und ich müssen in Ruhe darüber reden."

In dieser Nacht finden wir wenig Schlaf. Arm in Arm liegen wir auf dem Bettsofa im Wohnzimmer und reden über die Zukunft.

„Was hältst du von Henris Vorschlag?"

„Ich weiß nicht", antwortet Angelika stockend. „Einerseits ist es verlockend, verheiratet und weit weg von zu Hause ein neues Leben zu beginnen, andererseits glaube ich nicht, dass ich einfach so meine Eltern und Uwe zurücklassen kann. Es würde sein Herz brechen, wenn ich nur ein- oder zweimal im Jahr da oben wäre, um sie zu besuchen. Ich bin Uwes einzige Schwester. Wer wird sich einmal um ihn kümmern, wenn meine Eltern das nicht mehr können?"

Es fällt mir nicht schwer, sie zu verstehen, schließlich mag ich ihre Eltern und den kleinen Bruder auch. Oft nehmen wir ihn auf Spaziergängen für eine Weile in unsere Mitte. Sie hält eine Hand, ich die andere. Überglücklich tanzt und springt der Kleine hin und her. So schieben wir den Gedanken, irgendwo anders neu anzufangen, zunächst weit von uns.

Ein paar Wochen später kommt Henri zu Besuch nach Gorspen. Die Familie Trautwein staunt nicht schlecht, als sie eine große, zitronengelbe Ford-Limousine auf den kleinen Hof fahren sieht. Der Fiat 128, den ich vor kurzem für fünftausend Mark gekauft habe, erscheint im Vergleich dazu unbedeutend, beinahe wie ein Spielzeugauto.

Henri und seine Partnerin überschütten Angelikas Familie mit teuren Geschenken. Großzügig lädt er uns in ein nobles Restaurant in der Nähe ein. Er besteht darauf, dass Champagner auf den Tisch kommt. Außer Henri und dessen Freundin Lisa haben wir alle zum ersten Mal den Geschmack von Schampus auf der Zunge.

Herr Trautwein kichert, während das sprudelnde Getränk seine Nase reizt. „Daran könnte ich mich gewöhnen!", lacht er in die Runde.

Aber es fällt auch ein dunkler Schatten in diese glückliche Situation. Denn beim Nachtisch erzählt mein Bruder von seinen schlimmen Erfahrungen mit den Eltern.

*

Es ist Freitag, der 31. März 1972. Die Frühlingssonne scheint durch die großen Schaufensterscheiben der Spar- und Darlehenskasse. Gegen halb sechs Uhr habe ich Feierabend und verlasse die Bank. Ein freies Wochenende mit Angelika winkt, darauf freue ich mich sehr.

Fünf Minuten später komme ich in Gorspen an. Das verwinkelte alte Haus erinnert mich immer an die Bleibe meiner deutschen Großeltern. Den Weg vom Auto zur Haustür bringe ich schnell hinter mich und klingele. Meistens wartet Angelika schon auf der Schwelle und begrüßt mich.

Doch heute öffnet ihre Mutter. Sie wirkt bedrückt. „Komm rein, Bernhard! Angelika ist oben. Ja, geh mal hoch. Sie wartet schon auf dich." Irgendwie macht sie einen traurigen und betroffenen Eindruck.

Dennoch eile ich noch immer gut gelaunt die Treppe hoch. Langsam öffne ich die Tür, weil ich Angelika überraschen will. Zusammengekauert sitzt sie auf ihrem Sofa. Ihr Gesicht ist von Trauer und von Spuren vergossener Tränen gezeichnet.

„Angelika, was ist los?"

Es scheint etwas Schlimmes passiert zu sein. Ich setze mich neben sie und versuche, sie sanft zu mir zu ziehen.

Doch sie entzieht sich meiner Umarmung. „Bernhard – ich habe dir etwas sehr Wichtiges zu sagen."

„Ja?"

„Wir müssen unsere Verlobung auflösen."

„Warum?"

Angelika antwortet nicht gleich. Mein Herz schlägt bis zum Hals.

„Dein Vater war heute hier…" Sie schafft es nicht weiterzureden.

„Was hat das Schwein hier zu suchen gehabt? Was hat er gemacht? Was hat er gesagt?", stammle ich verzweifelt, während sie versucht, die richtigen Worte zu finden.

„Bernhard, es ist besser, wenn wir uns trennen. Es ist zu unserem Vorteil. Die anderen haben recht."

„Wer sind die anderen?", frage ich fassungslos.

„Ach, dein Vater hat mit meinen Eltern geredet, und die sind nun auch überzeugt, dass es für alle das Beste ist, wenn die Verlobung aufgelöst wird und wir uns trennen."

Ich widerspreche, argumentiere, bitte. Nichts vermag ihre Meinung zu ändern. Sie kann und will nicht mehr sagen. Stattdessen bettelt sie weinend: „Wenn du mich wirklich liebst, dann tu mir nicht noch mehr weh mit deinen Fragen! Bitte, bitte, bitte!"

Ich begreife es nicht. Alles geschieht viel zu schnell. Nichts scheint logisch. Mir wird klar, dass unsere Trennung für Angelika bereits vollzogen ist. Dann begleitet sie mich zur Haustür.

Herr und Frau Trautwein reichen mir zum Abschied die Hand. „Alles Gute, Bernhard", wünschen sie mir.

Angelika drückt mich fest an sich. „Ich liebe dich", flüstert sie. Ich kann spüren, wie ihre Tränen an meiner Wange herunterlaufen. „Wenn es Gottes Wille ist, werden wir uns wiederfinden."

„Gott? Ich glaube nicht, dass er es gut mit uns meint."

Verzweifelt fahre ich nach Petershagen zurück. Mit der Faust schlage ich während der Fahrt wieder und wieder gegen das Lenkrad, ich tobe und schreie: „O Gott, ich verspreche dir, ich bringe dieses Schwein dafür um!"

Dann muss ich anhalten, ich kann nicht mehr. Ich steige aus dem Wagen und trete gegen die Tür. Mein ganzer Körper krampft. Weinend wiederhole ich wütend das Gelöbnis, meinen

Vater für das, was er mir angetan hat, zu töten. Und ich fühle: Es geht nicht nur um meinen Vater. Gott, der doch allmächtig sein soll, ist für die ganze Misere meines Lebens verantwortlich.

So schreie ich meinen Zorn in Richtung Himmel: „Warum lässt du mich nicht einfach in Ruhe? Du bist es doch, der hinter allem steckt! Aber dich kriege ich auch noch. Das verspreche ich dir."

Irgendwann habe ich mich etwas beruhigt und kann weiterfahren. Niedergeschlagen will ich gerade die letzten Stufen zu meiner Wohnung hinaufsteigen, als ich hinter mir eine Stimme höre: „Herr Duchois, kann ich mit Ihnen einmal kurz sprechen?"

Es ist mein Vermieter, ein alter, liebenswürdiger Mann. Erst vor ein paar Wochen lud er mich zu einer Tasse Kaffee ein.

„Natürlich", antworte ich so freundlich wie möglich und steige die Treppe wieder hinunter.

Er kommt mir entgegen, sichtlich verlegen. „Herr Duchois, ich muss Ihnen etwas sagen. Meine Frau und ich haben beschlossen, Ihnen die Wohnung zu kündigen. Wir haben das Gefühl, Sie können sich nicht genügend darum kümmern. Außerdem wohnen Sie in letzter Zeit ja quasi gar nicht mehr hier. Aber machen Sie sich bitte keine Sorgen! Wir lassen Ihnen genügend Zeit. Drei Monate oder zur Not auch bis zu sechs können wir warten. Als Zeichen unseres Entgegenkommens brauchen Sie ab heute auch keine Miete mehr zu bezahlen."

Ich nicke und ergebe mich in mein Schicksal. „Ja, ich verstehe." Die beiden haben im Grunde recht: In letzter Zeit habe ich mich kaum noch um die Wohnung gekümmert, weil ich die meiste Zeit bei Angelika und ihren Eltern war.

Leise schließe ich die Wohnungstür hinter mir und stehe reglos im Flur. Kraftlos hängen meine Arme herunter. Ohne etwas

Bestimmtes zu suchen, lasse ich meine Augen durch die Wohnung gleiten. Es dauert, bis ich wahrnehme, dass es dunkel geworden ist. Nur noch schemenhaft sehe ich die Umrisse der Möbel.

Ich fühle mich unendlich müde, schachmatt. Ohne mich auszuziehen, schaffe ich es irgendwie zum Sofa und sehne mich nur noch nach Schlaf. Irgendwann später wache ich schreiend wieder auf. Ist das alles nur ein Albtraum gewesen?

*

In den nächsten Tagen bewege ich mich wie narkotisiert durchs Leben. Zur Arbeit gehe ich, bin aber überhaupt nicht bei der Sache. Kollegen und mein Vorgesetzter sprechen mich besorgt an: „Sind Sie krank?" Meine Antworten müssen so wirr klingen, als ob ich unter Drogen stehen würde.

Mehrmals telefoniere ich noch mit Angelika und besuche sie in der Sparkasse. Doch es hat alles keinen Sinn. Es ist vorbei. Für sie ist die Beziehung definitiv zu Ende. Und mein Verhalten nervt sie.

Eines Abends bekomme ich mit, dass sie in eine Diskothek geht. Ich folge ihr und verstelle mich, als sei dies ein zufälliges Zusammentreffen. Das Gespräch, das ich dann beginne, führt zu nichts. Sie beharrt auf der gelösten Verlobung, weil es anders nicht gehe. Auf alle Fragen nach dem Warum schweigt Angelika.

Tief in der Nacht biete ich ihr an, sie nach Hause zu fahren. In meinem Fiat fahren wir Richtung Gorspen. Große Weiden markieren die Ränder der Landstraße.

Für uns gibt es keine Hoffnung. Weshalb soll ich weiterleben? Ich trete kräftig aufs Gaspedal und spüre eine wachsende Entschlossenheit, das Leben hier und jetzt zu beenden.

Dann blicke ich zu ihr auf den Beifahrersitz und sehe ihr bekümmertes Gesicht.

„Angelika, ich werde einen Schlussstrich ziehen", so denke ich und drücke dabei das Pedal noch fester nach unten. „Wenn ich mit Höchstgeschwindigkeit gegen einen dieser Bäume fahre, wird es für uns beide vorbei sein. Vielleicht sind wir dann für immer und ewig vereint." Die Tachonadel pendelt sich bei 100 Stundenkilometern ein.

Ich beschleunige weiter und merke, dass es Angelika unheimlich wird. „Bernhard! Warum rast du so?"

In einer kleinen Rechtskurve schaffe ich es gerade noch, die Spur zu halten. Der Adrenalinpegel steigt mit dem Tempo.

Plötzlich schiebt sich eine Vorstellung dazwischen: „Was passiert, wenn nur einer von uns stirbt? Was wäre, wenn einer zum Krüppel wird?" Auf einmal überfällt mich die Angst vor körperlichem Leiden und vor dem Tod.

„Bernhard!" Angelika reißt mich aus meinen Gedanken. „Was machst du? Bist du verrückt? Bitte, bitte, fahr langsamer."

Ich nehme den Fuß vom Gas, atme zweimal tief durch und bringe sie sicher nach Hause.

*

Nach Tagen des Grübelns rufe ich meinen ältesten Bruder an und schildere ihm die Lage.

Henri öffnet mir alle Türen: „Bernhard, pack deine Sachen und komm zu mir nach Dachau. Fang hier ein neues Leben an, so wie ich es dir schon vorgeschlagen hatte. Wir können über alles reden, wenn du da bist."

Dies scheint tatsächlich die einzige Möglichkeit zu sein. Ohne meinen Arbeitgeber zu verständigen, packe ich am gleichen Tag die wichtigsten Habseligkeiten ein, lasse den Rest und auch den Türschlüssel in der verdreckten Wohnung und mache mich auf den Weg in Richtung Süden.

Einmal bin ich diese Strecke schon gefahren, doch damals saß Angelika neben mir. Die Autobahn zieht sich endlos hin. Einsam hänge ich meinen Gedanken nach.

In der Zeit nach der Trennung sind die grausamen Träume wiedergekommen, diesmal mit einer noch größeren Eindrücklichkeit: Ein unbekannter, unsichtbarer Feind jagt mich im Dunkeln. Dann verfolgt mich ein Schatten so lange, bis meine Beine versagen. Manchmal stehe ich im Traum vor Fremden und bemerke, dass ich vergessen habe, mich anzuziehen.

Tagsüber treibt mich die Sinnlosigkeit meiner Existenz umher. Nachts hetzt mich etwas, das mir riesige Angst macht.

Dringender als je zuvor brauche ich Antworten auf meine Fragen, die noch radikaler geworden sind: Warum bin ich auf der Welt? Weshalb gibt es so viel Leere und Hass? Wieso müssen so viele Menschen unsagbar leiden?

Es scheint nur logisch, dass Gott allein die Schuld an dieser Misere trägt. Unwiderruflich.

Dieser Gedanke lässt mich stutzen. Bisher habe ich Gott unterschätzt. Als ich ein Kind war, verband ich mit ihm ein Geheimnis, über das ich öfters nachdachte. Erwachsen geworden, wurde ich von Albträumen gequält, für die ich ihn verantwortlich machte. Als ich Angelika traf, dankte ich ihm mit Tränen des Glücks. Und jetzt empfinde ich nur noch Hass.

Gott ist offensichtlich mächtiger, als ich angenommen hatte. Ich habe die schlechteren Karten ihm gegenüber. Es wird mir schwerfallen, ihm eins auszuwischen.

Meine Gedanken kreisen wieder und wieder um die Frage, warum es mich eigentlich gibt, mitten in einer Welt voller Probleme und Leid. Ich hatte gebetet, auf Hilfe gehofft. Aber alles wurde nur noch schlimmer. Ein Gott, der so viel Leid zulässt, kann einfach nicht gut sein.

Endlich erreiche ich die Ausfahrt und komme kurz darauf in Dachau an. Henri lobt mich, weil ich Courage gezeigt und mich von Ilserheide und von den Menschen getrennt habe, die sich Vater und Mutter nennen. Aufmerksam und mitfühlend hört er zu, als ich erzähle, was passiert ist.

„Nun, was denkst du?", schließe ich traurig meinen Bericht.

„Ach, weißt du, unser ganzes Leben haben wir mit unseren Eltern Schwierigkeiten gehabt. Mich wundert es nicht, was Vater dir und Angelika angetan hat. Ich habe mich entschlossen, ihn irgendwann umzubringen, wenn sich die Gelegenheit ergibt."

Wir beide haben den gleichen Hass auf unseren Vater. Aber mir fällt es schwer, Mutter gegenüber Rachegefühle zu hegen. Deshalb nehme ich sie in Schutz: „Mama ist schon okay. Sie ist nur das Opfer von ihm. Eigentlich kann sie auch nichts dafür, dass sie manchmal so ist, wie sie ist."

Wie kann ich mit meiner aufgestauten Wut umgehen, damit sie mich nicht völlig auffrisst? Wahrscheinlich habe ich keine andere Wahl, als Vergeltung zu üben: Rache an meinem Vater, an Gott, an einer Gesellschaft, in der ich mich allein und fremd fühle.

So viele haben mich um das Glück betrogen, mir berechnend Schaden zugefügt. Allen voran meine Eltern. Niemand hat ein ernsthaftes Interesse an meinen Problemen, nicht einmal Gott.

Auch Jahre später bleibt offen, was mein Vater damals zu Angelika und ihren Eltern sagte. Im Endstadium seiner Krebserkrankung entschuldigte er sich bei mir: „Bernhard, es tut mir furchtbar leid. Ich wollte dir nur Gutes tun. Heute weiß ich, dass es falsch war. Bitte verzeih mir, wenn es geht!" Mehr war nicht zu erfahren.

*

Mein Bruder findet in der Altstadt von Dachau eine kleine möblierte Einzimmerwohnung für mich. Sie erinnert mich an Großmutters Zimmer. Trotz eines großen Fensters ist sie dunkel und mir von Anfang an etwas unheimlich. So gewöhne ich mich daran, immer das Licht anzuschalten.

Henris Freund ist Chef der Volksbank. Er ermöglicht mir eine Anstellung mit sechsmonatiger Probezeit. Es ist eine große Bank mit über neunzig Angestellten und vielen Filialen. Ich werfe mich in die Arbeit und man ist mit mir zufrieden.

„Herr Duchois, die zweite Kasse ist heute nicht besetzt. Würden Sie diesen Dienst übernehmen?" Der Abteilungsleiter schaut mich freundlich an, während er mich fragt, ob ich einspringen kann. Beide Kassen-Mitarbeiter sind erkrankt.

Eine etwas ältere Kollegin darf die erste Kasse übernehmen. Irgendwie erinnert sie mich an meine Mutter. Deshalb ist sie mir total unsympathisch. Schon zur Mittagszeit habe ich einen perfiden Plan und weiß, wie ich ihr schaden kann. Denn die erste Kassenkraft zeichnet für den Tagesbestand verantwortlich. Kameras sind in diesem Bereich nicht installiert.

Am frühen Nachmittag muss die Kollegin kurz raus. Das ist meine Chance. Aus ihrem Geldfach ziehe ich drei Hundertmarkscheine und stecke sie in meine Brieftasche.

Abends fehlt der Betrag bei der Kassenprüfung. Sie rechnet alles nach, um die Differenz zu klären. Engagiert helfe ich ihr, doch wir finden keinen Fehler. Scheinheilig biete ich an, die Hälfte des Fehlbetrages zu übernehmen. Aber die Kollegin lehnt ab.

Am nächsten Tag klingelt das Telefon auf meinem Schreibtisch. Es ist ein interner Anruf. „Schwarz hier, Herr Duchois, können Sie mal zu mir ins Büro kommen?", fragt der Direktor.

Natürlich bin ich sofort bereit und überlege fieberhaft, ob die Direktion irgendeinen Verdacht haben könnte. Wenig später nehme ich in einem breiten Sessel Platz.

Mit großer Geste beginnt Herr Schwarz das Gespräch: „Sie arbeiten erst einige Wochen bei uns, doch ich habe bereits jetzt viel Lob wegen ihrer Leistungen gehört. Sie sind ein sympathischer und fähiger Mitarbeiter. Im nächsten Monat werden wir in der Münchener Straße in Rothschwaige eine neue Zweigstelle eröffnen, und ich frage mich, ob Sie Interesse haben, die Leitung zu übernehmen. Ich würde Ihnen einen Mitarbeiter zur Seite stellen. Na, was denken Sie?"

Am liebsten würde ich sofort zustimmen. Doch ich erwecke den Anschein, Bedenkzeit zu brauchen, dann antworte ich: „Herr Schwarz, gerne. Ich danke Ihnen für Ihr Vertrauen!"

Die neue Aufgabe genieße ich. Oft fühle ich mich dabei wie ein kleiner Direktor.

Mein Bruder Henri begrüßt mein berufliches Vorankommen und führt mich ins Münchener Nachtleben ein. Manchmal bezahle ich die nächtlichen Eskapaden aus eigener Tasche, öfter übernimmt aber mein Bruder die Zeche.

Diese mir bislang fremde Welt fasziniert mich und irgendwie genieße ich sie auch. Gleichzeitig enttäuscht mich die Leere vieler oberflächlicher Vergnügungen: in die Sauna gehen, im Nachtklub

mit halb nackten Frauen Champagner trinken, einen Wochen-
endtrip nach Mallorca machen. Für einige Zeit lenken mich diese
Erlebnisse ab, aber danach fühle ich mich schlechter als zuvor.

*

Regelmäßig rufe ich weiterhin bei der Sparkasse in Petershagen
an, um mit Angelika zu reden. Ich will sie fragen, was Vater nun
eigentlich gesagt hat. Und ich hoffe sehr, sie doch noch umstim-
men zu können. Wie sehr wünsche ich mir, dass wir eine zweite
Chance bekommen!

„Hallo, können Sie mich bitte mit Frau Trautwein verbin-
den?" Ich warte.

„Angelika, ich bin es, Bernhard, wie geht es Dir?… Du, ich
rufe dich nur an, um dir zu sagen, dass ich dich über alles liebe
und dich so sehr vermisse… Hör mal, ich habe eine Idee! Hast
du Lust, nach Dachau zu kommen? Wir zwei beginnen hier ein
ganz neues Leben… Warum nicht? Ich vermisse dich… Ohne
dich lohnt sich mein Leben nicht mehr… Bitte, Angelika! Bitte,
bitte, bitte!"

Manchmal, das spüre ich, ist sie bei unserem Gespräch den
Tränen nahe, doch sie beharrt auf ihrer Entscheidung. Und allmählich begreife ich, dass ich sie endgültig verloren habe. Ich
muss mir eine andere Lebensgefährtin suchen.

Oft weine ich in völliger Hilflosigkeit und aus Selbstmitleid
allein in meinem Zimmer. Wie kann ich dieses trostlose Leben
beenden?

Soll ich mich vor die Räder eines Lastwagens werfen, der gerade mit hoher Geschwindigkeit auf der Hauptstraße fährt? Von
einem der Wolkenkratzer im Zentrum Münchens könnte ich
mich in die Tiefe stürzen oder mir gleich hier auf meinem Bett

die Pulsadern öffnen. Mutter hat mir durch ihre Selbstmordversuche ja wieder und wieder vorgemacht, wie das geht.

Sobald ich aber an die konkrete Umsetzung denke, steigt Panik in mir auf. Hat der Tod vielleicht einen noch größeren Schrecken als das Leben selbst? Kann mich das, was folgt, vielleicht noch schlimmer quälen als meine jetzigen Tage?

Würde es mir helfen, mich jemandem anzuvertrauen? Einem Pastor vielleicht?

Doch kenne ich hier keinen und habe diesbezüglich auch schon früher manche Enttäuschung erlebt.

In meine gedankliche Erwägung, einen Psychiater aufzusuchen, mischt sich die Stimme meines Vaters: Nur Verrückte bräuchten einen solchen Arzt. Außerdem riskiere ich meine Karriere, wenn die Vorgesetzten mitbekommen, dass ich ein psychisches Problem habe. Aus der Tatsache, dass ich denken und planen kann, schließe ich, nicht verrückt zu sein.

Nachts, wenn mich ein Albtraum so sehr quält, dass ich davon aufwache, hält es mich nicht mehr im Bett. Stattdessen ziehe ich mich an, gehe zu einer Telefonzelle in der Nähe und wähle die Nummer meiner Eltern.

Schlaftrunken meldet sich einer von beiden. Kein Wort sage ich, obwohl ich am liebsten um Hilfe schreien würde. Und sie erkennen mich nicht. Wochenlang wähle ich mehrmals in einer Nacht ihre Nummer. Natürlich reagieren die Eltern verärgert. Sie schreien in den Hörer, dass sie nicht mehr gestört werden wollen, wer immer der Anrufer sei.

Dann wechseln sie ihre Taktik. Nun fordern sie den Anrufer auf, sich alles von der Seele zu reden. Sie versprechen, ihm zuzuhören.

Ich sage weiterhin nichts. Angst vor möglichen Konsequenzen habe ich nicht, aber ich schäme mich vor der Möglichkeit, dass sie erkennen, dass ich in Not bin. Und ich habe das Gefühl, dass mir sowieso keiner von beiden helfen könnte.

Die Verbindung halte ich nie lange aufrecht, damit sie nicht mithilfe einer Fangschaltung herausbekommen können, von wo aus telefoniert wird. Davon, dass so etwas möglich ist, habe ich im Fernsehen gehört. Manchmal nimmt auch keiner ab.

Nach diesen nächtlichen Anrufen schleppe ich mich jedes Mal weinend zurück in meine Wohnung.

Kapitel 4

Auf der Klippe

Schön wäre es, meine Mutter vergessen zu können wie ein Dorf, das man auf einer kurvenreichen Straße verlässt. Es bleibt zurück und ist irgendwann nicht mehr zu sehen. Aber ich kriege sie einfach nicht aus meinem Kopf. Wahrscheinlich, weil sie schon so lange einen Platz darin hat. Dabei würde ich sie am liebsten herausschneiden, wie einen Tumor. Ängste überfluten mich.

Angelika habe ich endgültig verloren, deshalb muss ich eine Frau finden, die ihr ähnelt. Die Idee kommt mir irgendwann und ich setze sie noch am gleichen Tag um. Es ist ein letzter Rettungsanker. Von meinem Arbeitsplatz ist es nicht weit zum Büro der Lokalzeitung. Dort gebe ich eine Anzeige auf:

> *Gut aussehender junger Bankkaufmann, 21 Jahre,*
> *sucht auf diesem Wege eine nette Frau.*
> *Heirat nicht ausgeschlossen.*

Die erste Antwort erreicht mich schon eine Woche später. Eine junge Bauerntochter mit dem Namen Marta Kern schreibt mir, sie habe Interesse, den Inserenten kennenzulernen. In meinem Antwortbrief reihe ich viel Oberflächliches über mich aneinander und versuche, Eindruck zu schinden.

Ein paar Tage später, ich stehe am Schalter der Bank, klingelt das Telefon. Ich melde mich wie immer: „Volksbank Rothschwaige, Bernhard Duchois, einen schönen guten Tag."

„Hallo, Marta Kern hier."

„Ja, und was kann ich für Sie tun?", frage ich höflich.

„Spreche ich mit Bernhard Duchois?"

„Ja, das bin ich. Am Apparat."

„Sie haben mir geschrieben."

Ich stehe weiterhin auf dem Schlauch und kann den Namen nicht zuordnen. „Sagen Sie mir bitte das Datum meines Schreibens!"

„Der 1. September 1972."

„Ja, danke, Frau Kern. Würden Sie mir bitte eine Minute geben? Ich bin gleich wieder da." Schnell greife ich mir den Ordner mit der Ausgangspost, die nach Tagen abgelegt wird. Drei Schreiben wurden an diesem Tag versandt, aber keiner der Briefe ging an eine Frau Kern.

In der Filiale herrscht Hochbetrieb. Inzwischen warten bereits vier Kunden darauf, bedient zu werden. „Heute ist es wirklich verrückt hier", denke ich und kehre lächelnd zum Telefon zurück. „Hallo, Frau Kern, ich kann mich wirklich nicht daran erinnern, Ihnen einen Brief geschrieben zu haben. Verraten Sie mir bitte den Inhalt?"

„Es geht um die Kontaktanzeige."

Wie Schuppen fällt es von meinen Augen. Am liebsten würde ich vor Scham im Erdboden versinken. Keine Ahnung, was ich sagen soll... Hoffentlich hat wenigstens mein Kollege diese peinliche Konversation nicht aufmerksam mitverfolgt.

Da fällt mir ein, wie ich die Situation vielleicht doch noch retten kann. Ich bitte sie nochmals um ein wenig Geduld, stelle den Anruf in mein Büro durch und schließe die Tür hinter mir. „Bitte verzeihen Sie! Ich war eben im Schalterraum. Dort herrscht gerade viel Trubel, ich hatte Sie gar nicht richtig verstanden."

„Ich kann auch später wieder anrufen", bietet sie an.

„Nein, nein, ist schon in Ordnung. Nun sind wir ungestört. Danke für Ihren Anruf! Sie haben ja eine schöne Stimme."

„Danke."

Ich weiß nicht, was ich sagen soll. Umso besser, dass sie wieder das Wort ergreift.

„Ich habe nachgesehen. Wir wohnen ungefähr fünfhundert Kilometer voneinander entfernt – eigentlich ganz schön weit. Dennoch wollte ich mich melden. Ich hätte es irgendwie unhöflich gefunden, überhaupt nicht auf Ihr Schreiben zu reagieren."

Die Distanz verblüfft mich. Als ich ihre Adresse sah, hatte ich keine Ahnung, dass dieses Ossburg so nahe bei Trier liegt. Trotzdem schlage ich ihr vor, am Abend noch einmal in Ruhe zu sprechen, und bitte sie um ihre Telefonnummer. Und sie willigt ein.

Feierabend. Der Schalterraum ist leer. Die Kasse ist gezählt. Meinen Kollegen entlasse ich ins Wochenende. Dann wähle ich vom Büro aus die Nummer von Frau Kern.

Wir führen ein langes Gespräch. Am Ende vereinbaren wir, uns gleich am nächsten Mittag bei ihr zu treffen. Eventuell werde ich in einer Pension übernachten, damit wir auch den Sonntag zusammen verbringen und uns richtig kennenlernen können. Das Gespräch lief besser, als ich erwartet hatte. Zufrieden schließe ich die Filiale ab.

*

Am Samstag stehe ich um vier Uhr dreißig auf und ziehe mich an. Schlafen kann ich nicht mehr, derart aufgeregt bin ich. Sie soll Angelika ähnlich sein – das ist mein größter Wunsch. „Dafür würde ich bis ans Ende der Welt fahren", sage ich laut zu mir und lache dabei.

Es dauert Stunden, bis ich den Hof ihrer Eltern erreiche. Den Wagen stelle ich vor einer riesigen Scheune ab.

Dann sehe ich sie das erste Mal und bin enttäuscht: Marta gleicht in keiner Weise meiner verlorenen Liebe. Dafür ähnelt sie meiner Mutter in jungen Jahren. Die Fotos im Familienalbum habe ich jetzt geradezu plastisch vor Augen.

Nach der Begrüßung lerne ich auch ihre Eltern kennen: Der Vater ist ein Baum von einem Mann, Landwirt in der dritten Generation. Die Frau an seiner Seite sieht müde aus, sicherlich haben die beiden mit ihrem Hof alle Hände voll zu tun. Mir gegenüber sind sie freundlich – aber ich spüre auch Misstrauen, von Anfang an. Oder bilde ich mir das alles nur ein?

Wenig später fahren Marta und ich mit meinem Wagen in den nächsten Ort, wo ich sie zum Essen in ein Restaurant einlade. Als sie mir gegenübersitzt, muss ich immerzu an meine Mutter denken. Die Ähnlichkeit ist verblüffend!

Ständig suche ich nach Eigenarten oder Auffälligkeiten, die mich an Angelika erinnern könnten. Aber da ist nichts. Eine einzige Enttäuschung.

Marta hingegen scheint begeistert von mir zu sein. Sie verliebt sich sofort in mich, das vertraut sie mir viel später an. Irgendwie verkörpere ich die Erfüllung ihrer Träume.

Deshalb bietet sie mir auch gleich an, über Nacht zu bleiben: „Es gibt hier etliche gute Hotels und Pensionen, aber das muss nicht sein. Du kannst bei uns zu Hause übernachten. Wir haben zwei Gästezimmer. In einem von ihnen kannst du schlafen, wenn du möchtest. Mein Vater hat sicherlich nichts dagegen."

Vor drei Stunden haben wir uns zum ersten Mal gesehen und jetzt schlendern wir bereits Hand in Hand durch die Felder. Sie ist schön – aber nicht mein Typ.

Warum ich ihr dennoch vormache, sie würde mir gefallen, weiß ich selbst nicht. Trotzdem reizt es mich, sie zu küssen. Ich sehne mich nach einer Frau, nach Geborgenheit, nach Zärtlichkeit. Vielleicht bringe ich es irgendwann sogar fertig, sie wirklich zu lieben?

Wenn ich sie jedoch von der Seite ansehe, ihr Profil im Gegenlicht betrachte, steigt in mir ein dumpfes Gefühl auf: ein unbändiges Verlangen, ihr wehzutun. Mutter ...

Der Vater staunt nicht schlecht, als seine Tochter ihn bittet, den jungen Mann im Gästezimmer übernachten zu lassen. Die Mistforke in der Hand begutachtet er mich von oben bis unten und lädt mich dann zum Abendessen ein. Dabei könne man ja alles Weitere besprechen.

Eine derartig große Küche mit einem so riesigen Tisch habe ich noch nie gesehen. Martas Mutter, Vater und Großmutter sitzen dort, ebenso drei Knechte und nun auch ich.

„Wo habt ihr euch eigentlich kennengelernt?", erkundigt sich der Vater.

„Auf dem Sommerfest in Trier", schwindelt Marta – das haben wir vorher miteinander verabredet.

„Sie wohnen ja ganz schön weit entfernt, wie ich an Ihrem Autokennzeichen sehe. Was machen Sie eigentlich beruflich?"

„Ich bin Bankkaufmann und leite eine Filiale der Volksbank in Rothschwaige."

„Oh, so alt sehen Sie noch gar nicht aus ...", erwidert der breitschultrige Bauer verblüfft.

„Ja, ich bin erst einundzwanzig. Da ich meine Arbeit gerne mache, mich ständig fortbilde und auch ein wenig Glück hatte, hat man mir vor einigen Monaten diesen Posten anvertraut."

Das Eis scheint gebrochen, denn nun erzählt der Vater, dass er selbst im Vorstand der hiesigen Volksbank sitzt.

Marta nutzt die Gelegenheit und bringt noch einmal die Übernachtungsfrage ins Gespräch: „Du, Papa, kann Bernhard nicht hierbleiben? Sonst muss er in einer teuren Pension übernachten. Das ist doch nicht nötig."

Ihr Vater kann ein Lachen nicht unterdrücken. „Okay, dann sind Sie herzlich eingeladen, diese Nacht im Gästezimmer zu verbringen. Ich würde mich freuen, wenn Sie in dem Zimmer auch wirklich schlafen würden."

Diesen Wink mit dem Zaunpfahl verstehe ich natürlich sofort und stimme zu.

Marta führt mich nach dem Essen hinauf und kommentiert: „Du bekommst auf Wunsch meines Vaters dieses Gästezimmer, da es von meinem am weitesten entfernt ist."

An diesem Abend bin ich noch lange bei ihr, doch zum Schlafen lege ich mich, wie versprochen, ins Gästezimmer am anderen Ende des Hauses.

*

Strahlend beginnt der Sonntag. Marta trägt ein dezent geblümtes ärmelloses Kleid. Wir gehen wieder in den nahe gelegenen Feldern spazieren. Weit und breit ist nichts zu sehen als Wald, Felder und Wiesen. Die Sonne scheint angenehm warm. Sanft wehen Martas lange braunblonde Haare im Spätsommerwind.

Immer wieder bleibt sie stehen, schlingt ihre Arme um mich und küsst mich auf den Mund. Es dauert nicht lange und wir liegen nackt im Gras und liebkosen uns in einem Moment der totalen Hingabe. Es geschieht einfach.

„Was machen wir, wenn ich nun schwanger bin?", fragt Marta danach. Immer noch nackt, kuschelt sie sich dabei im warmen Gras an meinen Körper. „Ich nehme nämlich nicht die Pille."

„Dann heiraten wir", antworte ich, als ob es die einfachste Sache der Welt wäre. Für einen Moment erwäge ich ernsthaft die Möglichkeit, mich unter Umständen wirklich in sie zu verlieben und sie später zu heiraten. Sie ist ein hübsches Mädchen trotz ihrer großen, unangenehmen Ähnlichkeit mit meiner Mutter.

*

Fünf Tage lang rufe ich sie mittags an, von Montag bis Freitag. Wir können nicht voneinander lassen. Am nächsten Samstag, es ist der 16. September 1972, fahre ich wieder Richtung Ossburg. Marta rennt dem schön polierten Fiat entgegen, kaum dass er in den Hof fährt. „Hallo, Bernhard, schön, dich zu sehen! Wie geht es dir?" Sie unterbricht ihre Fragen mit Begrüßungsküssen.

„Gut, danke. Und wie geht es dir?"

„Auch gut, danke. Ich muss noch die Kühe versorgen. Dann bin ich für heute fertig."

„Darf ich dir dabei zugucken?"

„Gerne."

Im Stall angekommen, erklärt sie mir: „Wir haben zur Zeit einhundertsiebzig Milchkühe, Mastbullen und Kälber. Normalerweise sind sie auf der Wiese. Heute jedoch müssen sie im Stall bleiben. Schau, das ist unser kleinstes Kalb." Sie streichelt das winzige Etwas, das anscheinend erst einige Tage alt ist. „Was machen wir denn dieses Wochenende?"

„Nun, das kommt darauf an, ob du von deinen Eltern freibekommst…"

„Ich glaube nicht, dass Vater das zulässt. Es ist immer so viel zu tun."

„Ach, das ist auch in Ordnung. Dann helfe ich dir eben bei diesen Arbeiten. Wenn du frei hast, fahren wir in die Stadt oder streifen durch die Gegend."

„Ich habe das Bett im Gästezimmer wieder bezogen. Mit meinem Vater ist vereinbart, dass du dort schläfst. Natürlich muss das aber nicht sein." Augenzwinkernd fährt sie fort: „Du kannst ja heute Abend still und leise zu mir ins Zimmer kommen ..."

„Nun, wer kann einer solchen Einladung widerstehen?", lächle ich zurück und umarme sie.

Familie Kern, das entdecke ich nach und nach, besitzt ein riesiges Anwesen: Drei ausgedehnte Viehställe, das große Bauernhaus und einige Nebengebäude stehen auf einem weitläufigen Grundstück. Alle Wiesen und Felder im näheren Umkreis scheinen von ihnen bewirtschaftet zu werden.

Martas Mutter hat sich viel Mühe gegeben, um ein gutes Essen auf den Tisch zu bringen. Heute sitzt nur ein Knecht mit am Tisch, der spielend dreimal so vielen Leuten Platz bieten könnte.

Der Vater ist uneingeschränkt der Herr im Haus, das ist mir sofort klar und erinnert mich an frühere Zeiten in meiner Familie. Doch dieser zwei Meter große Mann scheint mit rücksichtsvoller Freundlichkeit zu regieren, während mein Vater, vierzig Zentimeter kleiner, sich mit geballten Fäusten und fliegenden Utensilien Respekt verschaffen wollte.

Höflich lächelnd und zugleich mit erhobenem Zeigefinger mahnt Martas Vater mich, das Gästezimmer nachts nicht zu verlassen.

„Ich kann Ihren Wunsch gut begreifen", antworte ich prompt.

An diesem Abend schlafe ich tatsächlich dort, denn Marta hat sich entschieden, sich zu mir zu legen. So brauchen wir nicht zu schwindeln, falls die Frage aufkommt. Erst am frühen Morgen kehrt sie in ihr eigenes Zimmer zurück.

Einige Zeit werden wir uns nun nicht sehen, denn jeder von uns hat einen Urlaub geplant: sie mit einer Freundin in Italien, ich mit meinem Bruder auf Mallorca. Herr Kern freut sich offensichtlich über diese Nachricht. Es geht ihm alles viel zu schnell. Marta hat schon laut über eine Heirat nachgedacht.

*

Jetzt mache ich also erst einmal Urlaub auf Mallorca und kann dort ohne Skrupel einen amourösen Flirt genießen. Das Ausleben meiner sexuellen Triebe steht dabei jedoch nicht im Vordergrund, sondern ich fühle mich schlicht total allein. Eine fürchterliche Einsamkeit ist mein ständiger Begleiter. Entsetzlich unvollständig erlebe ich mich – und sehne mich deswegen nach Nähe. Natürlich will ich mir auch selbst beweisen, dass ich anziehend auf Frauen wirke.

Bald nach der Rückkehr klingelt das Telefon in der Volksbank. „Liebling, hattest du einen schönen Urlaub? Ich hoffe, du hast nicht nach anderen Frauen geschaut, während ich fort war!", neckt sie mich.

Vorwurfsvoll frage ich zurück: „Nun komm, glaubst du wirklich, ich würde so etwas tun?"

„Nein, nein, natürlich nicht. Es war nur ein Scherz."

*

Mein Mitarbeiter ist seit einigen Tagen krank. Die Zentrale schickt als Vertretung jene Kassiererin, die ich nicht leiden kann und der ich damals in die Kasse gegriffen habe. Ohne mir etwas anmerken zu lassen, begrüße ich sie kollegial und freundlich. Sie soll auch heute für die Kasse verantwortlich sein. Schnell und effizient verschafft sie sich einen Überblick und zählt das Geld vor Schalteröffnung, damit alles seine Richtigkeit hat.

Am späten Nachmittag unterhält sie sich am Schalter mit einer Kundin, als in mir der Gedanke reift, ein zweites Mal zuzuschlagen. „Ich nehme mir mal die Überweisungen vor", informiere ich sie und gehe zur Kasse.

Sie blickt kurz zu mir herüber, wendet sich dann aber wieder ihrer Gesprächspartnerin zu. Für den Moment ist sie abgelenkt.

Das nutze ich aus und greife schnell einige größere Scheine, schiebe sie unter die Zahlungsaufträge und nehme alles mit in mein Büro. Es sind vier Hunderter, die in meine Brieftasche wandern.

Nach Schalterschluss wendet sich die verzweifelte Frau an mich. Auch nach dreimaligem Zählen hat sie eine Differenz auf der Sollseite. „Vierhundert Mark fehlen. Wie kann so etwas passieren?"

Ich schlage ihr eine erneute Zählung vor. Gewissenhaft führt sie diese vor meinen Augen durch. Dabei kenne ich das Ergebnis ja längst. Dann gebe ich ihr mit auf den Weg:

„Ich muss den Direktor benachrichtigen, um eine Umbuchung vorzunehmen."

Das wird Ärger geben. Aber nicht für mich.

Der Satz hallt eine Weile in meinem Kopf nach, während sich die Kollegin zerknirscht auf den Heimweg macht.

Am nächsten Tag bittet mich der Direktor um ein Gespräch. Haarklein will er den Verlauf des gestrigen Arbeitstages geschildert bekommen. Der Fehlbetrag lässt sich nicht erklären. Bei zehn, hundert oder tausend Mark wäre ein Zahlendreher denkbar, aber nicht bei dieser Summe. Langsam fühle ich mich in die Enge getrieben. Der Betrag ist wirklich nicht plausibel begründbar.

Dann fragt der Direktor nach meiner Einschätzung der Kassiererin.

„Nun, ich weiß nicht, was für eine Person sie ist. Eines ist jedoch sicher, sie ist nicht dumm. Darum schließe ich aus, dass sie das Geld entwendet hat. Sie muss wissen, dass der Fehlbetrag zu ihren Lasten ausgelegt werden würde."

Unvermutet kommt die Hammerfrage: „Haben Sie das Geld genommen?"

„Bitte?", frage ich zurück und spiele den Entrüsteten.

„Sie wissen, was ich gefragt habe."

„Nun, ich versichere Ihnen, dass ich das Geld nicht genommen habe und so etwas niemals tun würde. Mich überrascht, dass Sie es mir zutrauen würden."

„Bitte, Herr Duchois, nehmen Sie es nicht persönlich. Ich habe die gleiche Unterhaltung eben mit der Mitarbeiterin geführt. Und ich muss Ihnen beiden diese Fragen stellen."

„Und was hat sie gesagt?"

„Nun, sie behauptet, sich keines Fehlers bewusst zu sein. Gut, es ist, wie es ist. Ich schlage vor, dass wir die Sache auf sich beruhen lassen, in der Hoffnung, dass so etwas nicht noch einmal vorkommt. Darf ich hinzufügen, dass ich sehr zufrieden damit bin, wie Sie die Filiale leiten? Sie scheinen einen guten Draht zu den Kunden zu haben. Wenn Sie sich weiter so bewähren, kann ich mir vorstellen, dass sie dort nicht lange Filialleiter bleiben werden. Schauen Sie mich an. Ich bin einundvierzig und leite siebzehn Banken. Das heißt, auch für Sie stehen alle Türen offen."

„Danke, Herr Schwarz. Und vielen Dank für Ihr Vertrauen!"

Am Abend erzähle ich alles meinem Bruder, natürlich ohne meinen Diebstahl zu erwähnen.

„Was glaubt der, wer er ist!", empört sich Henri. „Nennt meinen Bruder einen Dieb!"

„Nein, das hat er nicht gesagt, sondern nur gefragt, ob ich das Geld genommen habe."

„Für mich ist es das Gleiche. Auch wenn er der Chef ist, hat er kein Recht, dich zu beschuldigen. Für diesen Vorwurf sollte er sich bei dir entschuldigen."

Tatsächlich ruft er ihn deswegen sofort an. Doch der Direktor ist nicht bereit, sich zu rechtfertigen. Es sei Routine, solche Fragen zu stellen.

Henri will dies nicht akzeptieren – und hat dadurch gerade einen guten Freund verloren. Beziehungen gehen manchmal unglaublich schnell in die Brüche. Für mich häufen sich die Eindrücke, wie labil alles sein kann.

Henri rät mir, meinen Job bei der Bank zu kündigen: „Ein solcher Schritt kann sich positiv für dich auswirken. Du würdest ohnehin Jahre brauchen, bis du ganz oben bist. Als gut ausgebildeter Bankkaufmann und qualifizierter Finanzberater kannst du deine Fähigkeiten gut und gern auf dem freien Markt verkaufen. Warum machst du dich nicht selbstständig?"

Bis in die frühen Morgenstunden reden wir und schmieden Pläne. Als ich in meine Wohnung zurückfahre, wird mir bewusst, wie radikal sich meine Situation innerhalb von Stunden verändert hat. „Hoffentlich überfordere ich mich nicht." Diese Sorge wird größer und größer, je länger ich darüber nachdenke. Voller Furcht betrete ich mein Zimmer und ängstige mich vor den Albträumen.

Es kommt mir so vor, als habe mein großer Bruder die Kontrolle über mein Leben übernommen. Henri setzt sich sehr für mich ein, aber mir ist das momentan alles ein bisschen zu viel. Jedenfalls fühle ich mich unbehaglich.

Einer von Henris Freunden besitzt eine Druckerei. Der Mann erweist ihm einen Gefälligkeitsdienst und druckt einhundert Visitenkarten:

Bernhard Duchois
Finanzberater

Am nächsten Tag stehe ich bei meinem Vorgesetzten im Büro und kündige mit sofortiger Wirkung. Direkt danach eröffne ich bei einer anderen Bank ein neues Konto. Henri übernimmt bereitwillig für mich eine Bürgschaft und ermöglicht mir so den Schritt in die Selbstständigkeit.

Dann kommt der Tag, an dem ich als freier Finanzberater in meinem Auto unterwegs bin, ausgestattet mit einer vertraulichen Liste meines Bruders. Darauf stehen lauter Leute, deren finanzielle Angelegenheiten nicht gut geordnet sind. Nach und nach will ich sie aufsuchen, um meine Dienstleistungen zu verkaufen.

Bei der ersten Adresse öffnet niemand. Also fahre ich weiter ins Nachbardorf. In Serpentinen führt die Straße bergauf, hohe Bäume an beiden Seiten blockieren die Sicht. Ein Lastwagen fährt im Schneckentempo vor mir her. Das nervt. Deshalb setze ich zum Überholmanöver an, merke aber, dass ich bergauf nicht schnell genug beschleunigen kann. Vor der nächsten Kurve sehe ich eine lange freie Strecke und schere aus.

Plötzlich kommt mir ein Kleintransporter mit hoher Geschwindigkeit entgegen. Ich bremse ab und dränge meinen Wagen ganz dicht an den Laster. Metall kreischt an Metall. Der Außenspiegel und das Seitenfenster bersten. Der Kleintransporter schafft es gerade noch, an mir vorbeizusteuern, ohne selbst im Graben zu landen.

„Sind Sie verletzt?", fragt mich der Lkw-Fahrer, der sein Fahrzeug zwischen zwei Bäumen am Straßenrand abgestellt hat und nun neben mir steht. Überall liegen Scherben.

„Zum Glück nicht, alles in Ordnung. Aber ich habe mich ziemlich erschrocken."

Es stellt sich heraus, dass nur mein Auto wirklich etwas abbekommen hat; die Bordwand des Lkws hat ein paar Schrammen, aber das scheint den Fahrer nicht besonders zu stören. So trennen wir uns, ohne die Polizei zu rufen. Ich wende mein demoliertes Fahrzeug und fahre zurück in Richtung Dachau.

Während der Fahrt kreisen wieder die Gedanken: „Mensch, beinahe wäre ich gestorben. Kein schlechter Gedanke. Dann wäre endlich alles vorbei. Andererseits könnte ich dann nie mehr herausfinden, was ich auf dieser Welt zu suchen habe."

Am gleichen Abend führe ich ein ungewöhnliches Telefongespräch: „Marta, möchtest du mich heiraten?"

„Aber ja, natürlich, mein Liebling!"

„Okay. Wann?"

„Wann immer du möchtest!"

„Wie wäre es mit morgen?"

„Morgen?"

„Ja, morgen."

„Ja, warum nicht!"

Ob ich sie mag? Ich weiß es nicht. Ob ich sie liebe? Noch viel weniger ist mir das klar. Dabei habe ich genau dies ihr gegenüber schon mehrmals beteuert. Manchmal hilft es, wenn ich mir vorstelle, sie wäre jemand anderes. Zweimal habe ich sie schon während des Geschlechtsverkehrs mit „Angelika" angeredet. Und auch in meinen Träumen rufe ich immer wieder diesen Namen.

Einmal habe ich ihr erklärt, dass ich ein kompliziertes Leben hinter mir habe – mit einem schlimmen Vater, einer furchtbaren Mutter und einer entzweigegangenen Verlobung. Marta sagt, sie versteht mich.

*

Es ist Donnerstag, der 28. September 1972. Ziellos schlagen Kugeln in das Schaufenster eines Juwelierladens ein, ebenso in die Fassade des zweistöckigen Wohngebäudes und in die gähnende Leere der angrenzenden Fußgängerzone. Es ist mir egal, ob ich von einem abprallenden Projektil getroffen werde oder nicht. Ich stehe inmitten des Geschehens und weiß nur, dass ich den Abzug der vollautomatischen Waffe unter keinen Umständen loslassen will.

Mit starrem Blick finde ich schnell das erste Opfer und ziele mit dem Lauf des Maschinengewehrs auf den unbekannten Fußgänger. Kugeln durchbohren Bauch und Becken. Zu meiner Überraschung stelle ich fest, dass der Mann wie eine Gliederpuppe in sich zusammensackt, als lasse ein Marionettenspieler sein Spielzeug fallen.

Im Augenwinkel sehe ich drei oder vier Jugendliche, die links aus einer Seitenstraße kommen. Sie scheinen im ersten Moment den Kugelhagel nicht wahrzunehmen. Ihre Gesichter verraten Verwirrung und Ungläubigkeit.

Blitzschnell und erstaunlich geschmeidig drehe ich mich und richte die Waffe auf sie. In Sekundenschnelle erscheinen zahlreiche Wunden an deren Brust, Hals und Gesicht. Blut pulst daraus hervor. Sterbend sinken sie zu Boden.

Mich irritiert, dass unerwartet, wie aus dem Nichts, noch mehr Passanten erscheinen. Wild schwenke ich meine Maschi-

nenpistole im Halbkreis hin und her, um den neugierig Hinzu-
kommenden eine todbringende Lektion zu erteilen.

Allmählich wird mir bewusst, dass mir viele der Gesichter
bekannt vorkommen. Es ist, als hole mich meine Kindheit ein:
Mehrere kann ich genau erkennen: eine ehemalige Klassenleh-
rerin, einen früheren Mieter von Großmutter, einen einstigen
Nachbarn. Andere kommen mir irgendwie bekannt vor, ohne
dass ich ihren Gesichtern Namen zuordnen kann.

Das horrende Gemetzel erweist sich als eine mir bekannte Situation. Irgendwo und irgendwie habe ich sie exakt schon einmal erlebt, zugleich ist sie völlig neu. Während ich noch versuche, mit diesem Erlebnis klarzukommen, stockt mir plötzlich
der Atem.

Mein rechter Finger löst sich blitzartig und noch zeitig genug vom Abzug, als plötzlich zwei bekannte Figuren auftauchen: Vater und Mutter. Mein ambivalentes Verhältnis zu ihnen
spüre ich deutlich. Die Gelegenheit, die Eltern zu exekutieren,
ist einerseits äußerst verlockend, doch andererseits verbietet es
eine undurchdringliche Sperre, meine Erzeuger in die Hölle zu
schicken. Ich halte inne, wie erstarrt stehe ich vor ihnen, die leer
geschossene Waffe in der Hand.

Schreiend wache ich auf, taste zitternd nach der Nachttischlampe und schalte sie ein. Es war ein furchterregendes
Erlebnis. Kurz nach drei Uhr früh ist es. Ich fühle mich total
müde, habe aber eine unsägliche Angst davor, wieder einzuschlafen. Deshalb stehe ich schweißgebadet auf. Tränen laufen
über meine Wangen, ich zittere am ganzen Körper.

Wütend kommt der Satz über meine Lippen: „O Gott, ich
hasse dich. Ich hasse dich über alles. Ich verfluche dich von gan-
zem Herzen."

Kaum habe ich diese Worte ausgesprochen, kommt unerwartet und von draußen das Böse zu Besuch. Für den Bruchteil einer Sekunde steht die Idee im Raum: Töten. Einen Mord begehen. Endlich reich sein. Es fühlt sich echt an, als sei es zutiefst mit meiner Person verbunden.

Dann setzen die Bilder wieder ein. Mit einem Gewehr im Anschlag ziehe ich wild um mich schießend durch die Fußgängerzone von Dachau. Wahllos und brutal massakriere ich Männer, Frauen und Kinder. Ein Schlachtfest. Ein Tag der Hinrichtung.

„O Gott, nein! Bitte hilf mir!" Ich flüstere diese Worte, während die Aura des Bösen mich weiter heimsucht. Ihn, den ich gerade noch verfluchte, bitte ich jetzt um Beistand und Rettung. Gedanken und Gebete fahren in meinem Kopf Karussell. Mörderisch. Rasend. Von einem Moment auf den anderen ist die Vorstellung, anderen Menschen Leid zuzufügen, unheimlich attraktiv.

Wieso sollte ich denn kein Recht dazu haben, andere zu töten, wenn es mir nützt? Hat mein Vater nicht immer gesagt, Geld sei das Wichtigste im Leben? Ja, ich will töten und dabei Geld verdienen. Vielleicht mache ich einen bewaffneten Banküberfall, oder ich bringe meinen Vater um, damit ich an sein Geld komme?

Das allerdings ist eigentlich zu kompliziert, denn dann müsste ich ja noch mit meiner Mutter und den Brüdern teilen. Wie wäre es mit einem Versicherungsbetrug? Natürlich, das ist es! Erstens kann ich damit meinen Vater sabotieren, der ja in der Versicherungsbranche arbeitet. Und zweitens hat er es mir doch vorgelebt, als er vor Jahren meine Mutter mit einem Stein erschlagen und dann die Lebensversicherung kassieren wollte.

Ein neuer Gedanke taucht auf: Wäre es nicht möglich, Marta zu heiraten, eine Lebensversicherung abzuschließen, sie zu töten und danach auszuwandern? Ein Leben in Saus und Braus zu führen und neu anzufangen – dieser Traum gefällt mir. Amerika bietet sich als Ziel an.

Zunächst brauche ich aber unbedingt Geld. Meine Reserven betragen schätzungsweise eintausendfünfhundert Mark, nicht genug, um nach Amerika zu kommen. Wie gut, dass Henri für mich und mein neues Konto bürgt. So kann ich es jederzeit um zehntausend Mark überziehen. Davon will ich später Gebrauch machen.

*

Am nächsten Morgen betrete ich ein Ledergeschäft, an dem ich schon oft vorbeigelaufen bin. Meine Wahl fällt auf einen großen Koffer und eine passende Aktentasche. Beides bezahle ich mit einem Scheck.

Zurück in meiner Wohnung, packe ich das Nötigste für eine längere Reise ein. „Schade, alles andere hier zurücklassen zu müssen", denke ich bei mir. Wer weiß, ob ich jemals wiederkomme? Eher nicht.

Die nächste Fahrt führt mich zum Fiat-Händler. Dort gebe ich meinen alten Wagen in Zahlung und kaufe einen nagelneuen roten Fiat 124, Sport Spider Coupé mit Sonderausstattung. Die 118 Pferdestärken vermitteln ein ganz anderes Fahrgefühl. Als Bezahlung stelle ich einen Scheck über zwölftausendfünfhundert Mark aus. Natürlich bin ich mir bewusst, dass ich damit den gewährten Überziehungskredit deutlich überschreite.

Doch ich habe ja gar nicht die Absicht, diesen Betrag jemals zurückzuzahlen. Henri muss letztendlich für meine Schulden geradestehen. Aber mein Bruder hat genügend Geld, außerdem hätte er ja nicht bürgen müssen. So rechtfertige ich mich vor mir selbst. Überhaupt hätte er sich nicht so intensiv in mein Leben einmischen sollen. Die Vorstellung erheitert mich, dass Henri schon in ein paar Tagen eine größere Forderung ins Haus flattern wird.

Bedächtig fahre ich durchs Tor auf das Gelände des Bauernhofes. Alles an mir soll souverän wirken, auch, als ich die Großmutter nach Marta frage.

„Sie hilft auf dem Feld. Aber denken Sie bitte daran, dass ihr Vater sie heute nicht entbehren kann."

Kurz darauf bin ich wieder unterwegs, steuere den Flitzer über den Feldweg und halte nach allen Seiten Ausschau. Es dauert nicht lange, da entdecke ich Marta und sie mich.

Sie strahlt vor Begeisterung. „Mensch, hast du im Lotto gewonnen? Wo hast du den Wagen her?"

„Ich habe ihn heute gekauft", lautet meine knappe Antwort. „Hast du Lust?"

„Wozu?"

„Mich zu heiraten."

Mit großen Augen und freudigem Blick sieht sie mich an. Nach einem kleinen Zögern kommt ihre Antwort: „Ja."

„Gut, dann lass uns wegfahren. Ich denke an Amerika."

Es überrascht mich, dass ich keinen Widerstand spüre. Im Gegenteil. Marta ist gleich mit dabei: „Ich fahre jetzt mit dir zum Bauernhof. Da wasche ich mich kurz und packe unauffällig meine Sachen. Meinem Vater werde ich nur sagen, dass ich mit dir und dem neuen Wagen eine kleine Spritztour mache. Das wird ihm nicht gefallen, aber damit muss er leben. Dann können wir los."

Unauffällig befördert Marta zwei gepackte Reisetaschen in den Kofferraum des neuen Autos. „Du, jetzt will ich aber doch noch meinen Eltern und meiner Großmutter richtig Tschüss sagen." Marta meldet sich bei allen dreien kurz ab, angeblich nur für eine kleine Probefahrt. Dann sind wir unterwegs.

„Ich habe all mein Erspartes mitgenommen, aber leider ist es nicht viel", meint sie entschuldigend.

„Ist doch egal", beruhige ich sie großkotzig, „ich habe genug dabei."

Eintausendfünfhundert Mark in meiner Aktentasche und der neue fahrbare Untersatz geben mir ein Gefühl von Sicherheit. Sie fragt nicht nach der Summe, rechnet bestimmt aber mit einem kleinen Vermögen. Öfter habe ich davon gesprochen, wohlhabende Eltern zu haben.

Die Fahrt ist romantisch und schön, aber auch ermüdend. Wir reden viel, schmieden Pläne und sehen eine luxuriöse, wunderbare Zukunft auf uns zukommen. Im belgischen Lier nehmen wir ein Zimmer und spazieren im Abendlicht an der mittelalterlichen Stadtmauer entlang. Dabei mache ich Marta einen Vorschlag: „Lass uns morgen nach Paris fahren und die Stadt genießen. Ich habe so viel gehört und möchte die Stadt so gerne einmal sehen. Und wir haben eine gute Chance, von dort aus Richtung Amerika zu kommen."

Marta ist begeistert und hat gleich weitere Ideen: „Hör mal, könnten wir nicht auf dem Schiff heiraten, das uns über den Ozean bringt? Das wäre romantisch. Der Kapitän darf uns trauen, soviel ich weiß. Dann könnten wir die Staaten als Herr und Frau Duchois betreten. Ach, Liebling, du machst mich so glücklich. Ich liebe dich wirklich über alles in dieser Welt."

Wir umarmen uns und ich denke über ihre Pläne nach. Vielleicht könnte es tatsächlich klappen. Die einzigen Probleme, die ich dabei sehe, sind der Geldmangel und die vielen Lügen: Ich besitze kein Vermögen und ob ich wirklich jemals so etwas wie Liebe für sie empfinden kann, weiß ich nicht. Erschwerend kommt hinzu, dass wir zurzeit an einem Tag so viel ausgeben, wie ich es früher in einer Woche nicht getan habe.

Wenn das so weitergeht, sind meine Reserven bald erschöpft. Dann müsste ich den Wagen verkaufen. Ihr gegenüber könnte ich es damit begründen, dass eine Überfahrt mit Auto umständlich ist. Auf diese Weise hätte ich fürs Erste wieder genug Geld. Aber auch diese Rechnung geht nicht wirklich auf. Denn in Amerika würde Marta dennoch bald mitkriegen, dass ich nicht so reich bin, wie sie dachte.

Die Schande, als Lügner entlarvt zu werden, will und kann ich nicht ertragen. Eher werde ich sie in Amerika alleinlassen und mich aus dem Staub machen. Oder ist es nicht besser, schon hier in Belgien zu verschwinden und alle Verantwortung hinter mir zu lassen?

Irgendwann und irgendwie wird sie erfahren, dass ich nur ein kleiner Betrüger bin. Mit dieser Blamage könnte ich nicht leben. Ich muss ihr weiterhin vorspielen, sie zu lieben, und uns eine rosige Zukunft ausmalen.

*

„Bernhard, wach auf! Ich bin hier. Es ist alles in Ordnung. Wach auf!" Behutsam streichelt Marta meinen Kopf. „Du hast einen schlechten Traum gehabt. Ach, du tust mir so leid, mein Liebling."

Ohne eine Erklärung klammere ich mich fest an sie. „Angelika", flüstere ich in ihr Ohr.

„Du musst sie sehr geliebt haben."

Ich nicke und habe Angst, auch nur eine Silbe darüber zu sprechen. Sobald ich meinen Mund öffne, werde ich anfangen zu weinen.

„Mach dir keine Sorgen! Ich liebe dich und werde dir helfen. Weißt du, mein Vater macht auch manchmal Sachen, die doof sind und mich verletzen. Aber mit deinem Vater muss es immer schlimm gewesen sein … Manchmal scheinst du im Traum mit ihm zu kämpfen."

Nun kann ich mich nicht mehr zusammenreißen. Heftig und lange weine ich, voller Selbstmitleid. Sie küsst meine Tränen weg, die an meinem unrasierten Kinn herunterfließen.

*

In der Nähe des Arc de Triomphe stellen wir unseren Fiat ab, um von dort aus per Taxi die Stadt zu erkunden. Der Taxifahrer spricht gut Deutsch und erklärt uns die Sehenswürdigkeiten. Wenig später steigen wir am Fuß des Eiffelturms aus. Der Aufzug bringt uns bis zur obersten Aussichtsplattform. Marta genießt den Sonnenschein und die Vogelperspektive auf die faszinierende Stadt, während ich finstere Gedanken hege.

Eingehend betrachte ich die Gitter, die verhindern sollen, dass irgendetwas oder irgendwer hinunterfallen kann. So nahe wie möglich gehe ich an sie heran und überlege, wie und wann ich mich dennoch hinunterstürzen kann.

Nur wenige Menschen sind um die Mittagszeit hier oben. Keiner scheint mich zu beachten. Auch Marta ist abgelenkt.

So strecke ich meinen Körper und umklammere die Stäbe, um mich über die Brüstung zu ziehen.

„Ja, ich kann mir vorstellen, dass da schon einige Leute hinuntergefallen oder hinuntergesprungen sind." Plötzlich ist Marta da und äußert laut ihre Einschätzung.

Ich fühle mich ertappt, drehe mich schnell zu ihr um und sehe ihr in die Augen. Kann sie etwa Gedanken lesen? Wie wäre es, wenn ich sie hier hinabstoßen würde?

Sie ist für mich eine Belastung geworden. Nie darf sie erfahren, dass ich ein Blender bin. Ich müsste sie so schubsen, dass es wie ein Versehen wirkt. In meiner Vorstellung höre ich den dumpfen Aufprall ihres Körpers auf den Steinen am Fuß des Turmes und schaudere darüber.

Während ich meinen Blick schweifen lasse, bemerke ich einige Touristen mit Kameras, die alles festzuhalten versuchen. Sicherlich wäre ein belastendes Foto meiner Tat darunter.

Das Restaurant im Eiffelturm ist besonders vornehm. Marta fühlt sich durch meine Einladung geehrt und ist zugleich in dieser Umgebung unsicher. Ich dagegen benehme mich so, als würde ich tagaus, tagein an solchen Orten verkehren. Wir bestellen das teuerste Essen auf der Karte und dazu Champagner. Mit einem älteren Ehepaar aus Australien am Nachbartisch kommen wir in ein reges Gespräch.

Später bringt der Ober die Rechnung. Ich ziehe einen großen Schein aus der Brieftasche und reiche ihn dem Mann mit der Bemerkung „Merci". Großzügig lächle ich, dieses Trinkgeld war ebenfalls mehr als üppig. Innerlich ohrfeige ich mich deswegen. Die Reisekasse schmilzt scheinbar im Handumdrehen dahin.

*

Der zweite Tag in Paris beginnt mit einer Enttäuschung: Wir können doch nicht in die Vereinigten Staaten auswandern. Marta hat keinen gültigen Reisepass, nur einen Personalausweis. Sie ist traurig – und ich bin erleichtert, weil ich ohnehin nicht genügend Geld für die Überfahrt oder den Flug in die Staaten gehabt hätte. Und ich habe eine andere Idee: „Was denkst du: Wie wäre es, wenn wir nach Gretna Green fahren, um dort zu heiraten?", frage ich Marta.

Sie ist erstaunt, willigt aber ohne zu zögern ein. „Hauptsache, wir zwei sind zusammen!"

Am Vormittag klappere ich verschiedene Autohäuser ab. Keiner will den roten Fiat 125 Sport Spider Coupé kaufen. Ich hatte es mir einfacher vorgestellt, weil der Wagen fast neu ist. Es scheint so, als zweifeln meine Gesprächspartner daran, dass alles rechtens ist: Ein junger Niederländer kommt aus Deutschland, um hier in Frankreich einen Sportwagen an den Mann zu bringen. Das ist ungewöhnlich und offenbar verdächtig.

Ein freundlicher Mensch gibt mir schließlich die Adresse einer Händlerin, bei der ich Chancen haben könnte. Die ältere Frau spricht gebrochen Deutsch. Fachmännisch untersucht sie den Wagen und die Papiere. Kurzerhand bietet sie mir dann fünftausend Franc bar auf die Hand, ohne jegliche Formalitäten.

Das ist nicht einmal die Hälfte dessen, was der Wagen wert ist, aber ich brauche dringend Geld. So handle ich noch vierhundert Franc mehr heraus und nehme das Geld gleich in Empfang.

In einem Reisebüro kaufen wir am Nachmittag zwei Tickets und fliegen am nächsten Tag von Paris nach London und dann direkt weiter nach Glasgow. Von dort aus soll es per Bahn nach Gretna Green gehen.

Gedankenverloren schaue ich an Marta vorbei aus dem Fenster ins Wolkenmeer. Ein brutaler und verrückter Einfall drängt sich mir auf: Wieso kann ich sie jetzt nicht einfach aus dem Flugzeug werfen?

Die Szene wird in meinem Kopf immer detailreicher: Ich packe Marta an der Hand, zerre sie den schmalen Gang entlang, sprinte mit ihr zur Tür, entriegele diese und stoße sie in die Tiefe. Vielleicht kann ich ja auch gemeinsam mit ihr in den sicheren Tod springen.

„Na, freust du dich auch schon?", deutet sie mein seltsames Lächeln wieder einmal falsch.

*

Nach der Landung auf dem Flughafen von Glasgow sind wir zunächst ratlos und wissen nicht, wohin, als uns in der Halle ein Mann freundlich anspricht: „Sind Sie das erste Mal hier? Kann ich Ihnen vielleicht irgendwie helfen?"

„Ja, wir wissen noch nicht, wo wir heute übernachten werden. Wir wollen nach Gretna Green, um dort zu heiraten", antworte ich.

„Oh, das ist ja wunderbar. Sie freuen sich sicherlich schon sehr darauf."

„Ja, das tun wir", meint Marta strahlend.

„Darf ich mich vorstellen? Mein Name ist John Clark. Ich bin beruflich unterwegs. Zu dieser Jahreszeit kann es schwierig sein, spätabends noch eine Unterkunft zu finden, wenn Sie sich nicht auskennen. Es wäre mir ein Vergnügen, Ihnen behilflich zu sein."

„Das wäre sehr nett von Ihnen."

„Und warum möchten Sie gerade in Gretna Green heiraten?"

Marta blüht förmlich auf, als sie jetzt den Gesprächsfaden aufnimmt: „Unsere Eltern würden Einspruch gegen unsere Heirat einlegen. Da man in Gretna Green ja schon heiraten kann, wenn man über sechzehn Jahre alt ist, haben wir uns entschieden, es dort zu tun."

„Aber diese Regelung gilt überall in Schottland und nicht nur in Gretna Green. Warum bleiben Sie nicht in Glasgow?"

*

Wenig später hält das Taxi vor einer Pension, die uns Mr Clark empfohlen hat:

„Bed and Breakfast" bei einem netten älteren Ehepaar, das uns an der Tür begrüßt. Das Gästezimmer ist einfach ausgestattet und sauber: ein Doppelbett, ein großer Spiegelschrank, der neben einem noch größeren Fenster platziert ist, und für jeden ein Nachttisch, alles aus dunklem Holz.

Nachdem wir geduscht und gefrühstückt haben, packt Marta die Koffer aus: Kleidung in die Schränke, Wecker auf den Nachttisch, Waschutensilien in das angrenzende Badezimmer. Es macht ihr offensichtlich Freude, die Dinge dort zu platzieren, wo sie ihrer Meinung nach hingehören. Gut gelaunt singt sie „Es fährt ein Zug nach Nirgendwo" von Christian Anders. Dieses Lied trällert oder pfeift sie oft.

Ich befürchte, dass der Zug des Lebens tatsächlich nach Nirgendwo fährt. Dennoch mache ich stets gute Miene zum bösen Spiel und wirke dann so, als fände ich es schön, wenn sie singt.

Den ganzen Tag verbringen wir in der Stadt und schauen uns planlos um. Abends fühle ich mich total erledigt und lasse mich rücklings aufs Doppelbett fallen. Marta hat eine Schallplatte gekauft, mit der Filmmusik von „Love Story". Angelika und ich haben diese tragische Geschichte irgendwann im Kino gesehen. Allen Widerständen zum Trotz heiratet das junge Filmpaar, wenig später stirbt die Frau an Leukämie.

Der Gedanke an Angelika schmerzt. Es ist mir, als wäre es gestern gewesen, dass unsere Verlobung auf unbegreifliche Art wie mit einem Vorschlaghammer zerschmettert wurde.

Der Vermieter ist richtig nett und überlässt uns seinen Plattenspieler. Knackend setzt der Tonabnehmer auf, dann ertönt sanft und drängend die Filmmusik, während wir im Bett aneinandergekuschelt liegen.

Wehmütig denke ich an Angelika. Der Anblick von Marta wirkt dagegen wie ein schrecklicher Gruß aus alten Tagen, aus einer fürchterlichen, mütterlichen Zeit. Regungslos nehme ich wahr, wie Marta Zärtlichkeit sucht. Für den Moment wünsche ich mir wieder, ich könnte diese Frau lieben lernen. Wie gut könnte es sein, wenn sie nicht so aussehen würde wie meine Mutter!

„Nun, hast du keine Lust", neckt sie mich ausgelassen, „oder denkst du an eine andere Frau?"

Ich antworte mit einer Halbwahrheit: „Habe eben gerade an meine Mutter gedacht."

Marta lacht laut und herzlich und auch ich muss mitlachen.

*

Wir entscheiden uns, länger zu bleiben. Als die Wirtin zustimmt, bezahle ich im Voraus für eine Woche. Zögerlich ziehe ich die Scheine aus meinem Portemonnaie. Im Stillen überschlage ich, wie viele Tage wir noch von dem verbleibenden Geld leben können. Lange wird es jedenfalls nicht mehr reichen.

Marta hat der Pensionsinhaberin und ihrem Mann erzählt, dass wir in wenigen Tagen heiraten wollen, hier in Glasgow. Die beiden freuen sich über unser junges Glück und bieten uns an, Trauzeugen zu sein, wenn wir keine anderen finden.

„Ist das Wetter nicht traumhaft!", jubelt Marta, als sie mit mir Hand in Hand die Hauptstraße entlangschlendert.

Gut einhundert Meter entfernt kommt uns ein roter Linienbus entgegen. Wie ein Blitz trifft mich der Gedanke: Soll ich Marta vor den Bus zerren, damit dessen breite Reifen sie zu fassen kriegen? Doch sie geht auf der Innenseite des Bürgersteiges, deshalb verwerfe ich den Gedanken gleich wieder.

Betreten stelle ich fest, dass ich in den letzten Tagen immer häufiger das Verlangen habe, Marta zu töten. Meine Befürchtung wächst, dass ich diese Mordgelüste nicht mehr lange zur Seite schieben kann. Die Gedanken, sie zu töten, und das ganze Lügengebäude, in das ich mich verrannt habe, lassen mich Scham und Schuld empfinden. Meine größte Angst ist es, dass Marta mein wahres Ich bemerken wird. Und sie tänzelt fröhlich an meiner Seite über den Gehsteig und plant unsere Hochzeit…

*

Am George Square trinken wir einen Tee, anschließend sehen wir uns die Kathedrale an, ein Meisterwerk der gotischen Architektur. In der Renfrew Street besichtigen wir die Glasgow School of Art.

„Schau mal, am Eingang des Gerichtsgebäudes steht in großen Lettern: ‚High Court of Justiciary‘." Marta nimmt das beiläufig zur Kenntnis.

Mich dagegen interessiert es, ob dieses Gericht für meine geplante Tat zuständig wäre. Allerding könnte meine Bitte, kurz hineinzuschauen, sie irgendwie Verdacht schöpfen lassen.

An einem Kiosk fällt mein Blick auf die Boulevardzeitungen. Gerne möchte ich auch einmal in der Zeitung stehen, vielleicht sogar mit einer Schlagzeile auf der Titelseite. Ein verrückter Gedanke – wie so vieles, was mir den ganzen Tag durch den Kopf geht.

Erst am frühen Abend sind wir zurück in unserer Bleibe. Unterwegs haben wir in einem kleinen Imbiss ein Sandwich gegessen und Limonade getrunken. Marta war zufrieden und ich auch – vor allem mit Blick auf den immer schmaler werdenden Geldbeutel.

Als wir wenig später im Bett liegen, nehme ich mir vor, Nägel mit Köpfen zu machen. „Du, Marta, was hältst du von einem Versicherungsbetrug?", frage ich sie unvermittelt.

Irritiert schaut sie auf, unsicher, ob ich das ernst meine. Nachdenklich malt sie kryptische Zeichen mit ihrem Zeigefinger auf meinen Bauch. „Sag mal, wie kommst du denn auf so eine Idee? Wie stellst du dir das vor?"

Ich habe mir längst einen Plan zurechtgelegt, den ich Marta nun wortreich erläutere: „Mein Vater arbeitet ja in der Versicherungsbranche. An ihm und seiner Firma möchte ich mich rächen. Das mag verrückt klingen, aber es ist aus meiner Sicht machbar. Wir könnten hier in Glasgow eine Lebensversicherung auf meinen Namen abschließen – über einen größeren Betrag, zu deinen Gunsten. Sagen wir, eine Viertelmillion britische Pfund.

Dann täusche ich einige Zeit später an den Klippen am Meer einen Unfall vor. Wie, weiß ich noch nicht genau, aber da gibt es viele Methoden. Jedenfalls traue ich mir zu, einige Wochen oder auch Monate abzutauchen. Du gehst in der Zwischenzeit zur Polizei und erklärst mich für vermisst. Wenn sie die Spuren auf den Klippen gefunden haben, bitten sie dich, meine Kleidung zu identifizieren.

Das Labor wird bestätigen, dass die Blutspuren von mir sind, und irgendeine Art von Unfall vermuten. Irgendwann werde ich offiziell für tot erklärt. Dann gehst du zur Versicherung und kassierst das Geld. Wir beide treffen uns irgendwo, weit weg, und beginnen ein neues Leben."

Ich pausiere einen Moment und spreche dann atemlos weiter: „Natürlich werden Polizei und Versicherung dir viele Fragen stellen. Es geht schließlich um viel Geld. Sie könnten sogar vermuten, du hättest etwas mit meinem Tod zu tun.

Deshalb wäre es günstig, dein Leben mit der gleichen Summe abzusichern. So schöpft keiner Verdacht. Für die Versicherung ist es ein normaler Vorgang, wenn beide Partner in gleicher Höhe versichert sind. Natürlich brauchst du auch ein felsenfestes Alibi für die Zeit, in der ich verschwunden bin.

Wenn die ganze Sache vorüber ist, nehme ich Kontakt mit dir auf. Es würde für mich ein großes Vergnügen sein, in Saus und Braus von dem Geld zu leben, das von der Versicherungsgesellschaft meines Vaters stammt. Ich glaube, wir verdienen es, Marta.

Natürlich können wir dann nie wieder zusammen zu Hause auftauchen. Aber das ist auch nicht schlimm, oder? Wir beide werden ein herrliches Leben haben. Wir könnten in einem schönen Bungalow wohnen, in den Vereinigten Staaten oder in Spanien oder wo auch immer."

Marta hat schweigend zugehört. Die Idee, etwas Verbotenes zu tun, reizt sie. Und der Plan scheint für sie aufzugehen.

In Gedanken gehe ich das Vorhaben noch einmal Schritt für Schritt durch, bevor ich Marta erläutere, wie wir handeln könnten: „Als Erstes müssen wir einen Versicherungsagenten finden, der bereit ist, uns eine Lebensversicherung mit einer derart hohen Versicherungssumme zu verkaufen. Dazu müssen wir gründlich Eindruck schinden. Bei den Verhandlungen müssen wir unbedingt alles vermeiden, was Verdacht wecken könnte.

Und dann sollten wir uns Zeit nehmen, um einen guten Ort für den vorgetäuschten Unfall auszukundschaften und mein Verschwinden zu planen. Jeder von uns muss seine Rolle perfekt spielen und auf alles vorbereitet sein."

Meine Ausführungen wirken souverän, so glaube ich. Aber innerlich nagt der Zweifel an mir. Was ist, wenn der Plan nicht aufgehen sollte? Wie finanzieren wir das Ganze? Eine

Versicherung über einen derart hohen Betrag abzuschließen, ist sicherlich teuer. Und meine finanzielle Reserve ist nahezu aufgebraucht.

Marta ist engagiert bei der Sache. Sie nimmt mögliche Probleme durchaus wahr und wägt ab, wie eine Alternative, die funktioniert, aussehen könnte. Zum ersten Mal erlebe ich in ihr eine Partnerin, zu der ich mich tatsächlich hingezogen fühle. Wir einigen uns darauf, den Plan so bald wie möglich umzusetzen.

Aber da ist noch ein Gedanke: Vielleicht sollte sie es sein, die verschwindet. Für immer.

*

Nirgendwo in Glasgow ist eine Niederlassung der Versicherung meines Vaters ausfindig zu machen. Letztendlich entscheiden wir uns, in das nächstbeste Versicherungsbüro hineinzuschauen. Es ist die Hambro Life Assurance. Ein junger Angestellter möchte uns bedienen, merkt aber bald, dass diese Anfrage der zwei deutschen Kunden eine Nummer zu groß für ihn ist. Der Bezirksdirektor selbst muss das regeln. Wir vereinbaren einen Termin für den nächsten Tag.

In aller Eile brauche ich dafür einen Finanzplan. Ungefähr eintausendzweihundert Pfund habe ich noch in meinem Portemonnaie, mit Martas Geld sind es schätzungsweise zweihundert mehr. So kann ich mir eine einmalige Zahlung von fünfhundert Pfund als erste Rate der Versicherung leisten.

Im Büro der Versicherung erwarten uns zwei Herren. Neben dem Bezirksdirektor William Syer ist auch dessen Vorgesetzter Mr Gilbert anwesend. Kurzfristig entscheiden sich die beiden Versicherungsvertreter und wir, die Besprechung in einem nahe liegenden Hotel fortzusetzen – schließlich geht es um ein größeres Geschäft, das einen angemessenen Rahmen bekommen soll.

„An welche Summe denken Sie konkret?" Mit dieser Frage eröffnet Mr Gilbert das Gespräch, als wir in der Lounge des Caledonian-Hilton-Hotels sitzen.

Ich versuche, den Eindruck zu erwecken, dass ich bereits über viel Erfahrung mit solchen Verhandlungen verfüge. Marta habe ich gebeten, sich so natürlich wie möglich zu geben und so zu tun, als sei es für uns das Normalste in der Welt, Kaffee im Hilton zu trinken.

„Es geht um Folgendes: Als Holländer habe ich in Deutschland bereits einiges an Geld angelegt. Jetzt überlegen meine Frau und ich, wie wir das Ganze ein wenig abrunden können. Dabei kam uns der Gedanke, jetzt schon für das Alter vorzusorgen und uns gleichzeitig gegenseitig abzusichern, sprich, eine Lebensversicherung abzuschließen. Wir wären in der Lage, jeden Monat bis zu fünfhundert Pfund einzuzahlen."

Als Erstes meldet sich der Direktor zu Wort: „Darf ich davon ausgehen, dass Sie genug Rücklagen haben, um, sagen wir, die nächsten zwei Jahrzehnte monatlich eine solche Prämie zu bezahlen?"

„Ja und nein", antworte ich vorsichtig, „die Rücklagen allein reichen sicherlich nicht. Wir haben eingeplant, monatlich einen Teil unseres Einkommens für die Versicherung aufzuwenden. Denn man weiß ja nie. Eine Lebensversicherung, die zum 55. Lebensjahr fällig wird – dann hätten wir noch Zeit, das Leben zu genießen. Als Absicherung im Todesfall schwebt uns der doppelte Versicherungsbetrag für den Zurückbleibenden vor."

Mr Gilbert, ein Endvierziger, sieht uns beide intensiv an. Sein Blick wandert über meinen Anzug aus bestem Tuch und die hellbraune Aktentasche aus reinem Wildleder. Auch Marta hat sich fein herausgeputzt. Unser Outfit passt zum Image von jungen Geschäftsleuten, die über einen großen finanziellen Rahmen verfügen können.

Unser Gegenüber überlegt laut, ob er in diesem Fall den Vorstand zurate ziehen soll, bevor er uns einen Vertrag anbietet. Ein kritischer Moment. Das könnte die ganze Sache in die Länge ziehen. Und wir brauchen eine schnelle Entscheidung.

Deshalb ergreife ich die Initiative, um diesem Vorhaben den Wind aus den Segeln zu nehmen: „Ich kann mir vorstellen, dass es für Sie eigenartig wirkt, wenn junge Leute wie wir einen solchen Vertrag abschließen möchten. Deshalb lade ich Sie ein, Erkundigungen über uns in Deutschland oder auch in den Niederlanden einzuholen. Selbstverständlich kann ich Ihnen auch gerne eine schriftliche Legitimation geben, damit Sie unsere Bonität leichter überprüfen können."

Aus meiner Brieftasche zücke ich eine Visitenkarte und reiche sie Mr Gilbert. Dieser betrachtet die Karte eingehend und kommt anscheinend zu dem Schluss, dass übertriebene Vorsicht in unserem Fall nicht angeraten erscheint. „Nein danke, Herr Duchois, ich habe mich entschieden, keine Erkundigungen über Sie einzuholen. Sie haben mein volles Vertrauen."

Während er spricht, rechnet er auf einem kleinen Taschenrechner offenbar verschiedene Varianten durch. „Ich schlage vor, dass wir eine Versicherung in Höhe von 248 000 Pfund für jeden von Ihnen abschließen. Bei Unfalltod, was wir ja nicht hoffen wollen, beliefe sich die Versicherungssumme auf 496 000 Pfund, bei einem monatlichen Versicherungsbeitrag von 486 Pfund und 16 Pence."

Marta und ich nicken einander zu. Nach einer angemessenen Bedenkpause erwidere ich: „Das müssen wir uns noch im Detail anschauen, aber es hört sich fair an. Ich schlage vor, dass Sie die Police schon einmal vorbereiten und uns zukommen lassen. Wir können uns auch wieder hier treffen. Jedenfalls gehe ich davon aus, dass wir beide unterschreiben werden."

Beide Versicherungsvertreter lächeln entspannt. „Darauf müssen wir anstoßen", schlägt Direktor Gilbert vor.

„Ja, gerne", willige ich ein.

„Und Champagner muss es sein", ergänzt er, „den selbstverständlich wir bezahlen."

*

Marta und ich haben uns von den beiden verabschiedet und schauen uns jetzt erst gründlich in der Lobby um. Dunkel getäfelte Wände, dunkelgrüne Vorhänge, dicke Teppiche. Ein vornehm gekleideter Ober fragt, ob er noch etwas bringen dürfe.

Spontan entscheide ich mich für Großzügigkeit und frage Marta, ob wir gleich hier essen wollen. Als sie bejaht, begleitet uns der freundliche Herr in Richtung Restaurant. Die Aussicht von dort ist genial. Eine riesige Fensterfront bietet einen fantastischen Blick auf die Stadt. Das Menü schmeckt uns hervorragend.

Der Nachmittag verstreicht mit einem netten Spaziergang durch den Park.

Abends besuchen wir eine Tanzveranstaltung, die uns von den Inhabern unserer Pension empfohlen wurde. Marta und ich sitzen nahe der großen Tanzfläche an einem kleinen runden Tisch und saugen mit Strohhalmen an unseren Cocktails. Eine Zigarre gehört für mich in diesem Moment dazu. Freudig zelebriere ich die Zeremonie des Anzündens und Marta strahlt mich dabei an. Tatsächlich meine ich, inmitten des Qualmens grandios und bedeutend zu sein.

Ein neuer Tag: Wir stehen vor der Kathedrale St. Mungo, einer der schönsten Sehenswürdigkeiten der Stadt.

„Wollen wir da mal einen Blick hineinwerfen?", fragt Marta.

„Ja, warum nicht?" Wir drücken die große hölzerne Tür auf.

Drinnen wird ein Gottesdienst gefeiert. Viele Menschen, jung und alt, sitzen in den Bänken und lauschen den Klängen eines Kirchenchors. Irgendwie gefällt uns diese Atmosphäre. Wir gehen leise weiter und setzen uns in die nächstbeste Bank. Von dem Gesungenen und dem Gesprochenen verstehen wir nicht viel, dennoch geht es uns gut dabei.

Während die Gemeinde „Stand up, stand up for Jesus" singt, überlege ich, ob ich mich schuldig mache, wenn ich Marta Leid zufüge. Natürlich weiß ich, dass die Gesellschaft eine Gewalttat nicht nur als verboten ansehen, sondern auch verabscheuen würde. In jedem Fall würde mein Verhalten als gemeingefährlich eingestuft werden.

Doch ist das nicht alles sehr oberflächlich? Kein Bürger darf dem anderen das Leben nehmen, Soldaten aber dürfen und müssen auf Anweisung von Vorgesetzten töten.

„Mistkerl!", beschimpfe ich mich selbst im Stillen, während Marta mit gefalteten Händen neben mir sitzt. Aber dann kommt mir der Gedanke: Nicht der Mensch verbreitet Mord und Totschlag auf der Erde, sondern genau der, den die hinters Licht geführten Gemeindeglieder hier gerade verehren: Gott.

Meine Fantasie läuft plötzlich Amok: Ich stelle mir vor, dass ich die Welt vor Gott retten müsste, indem ich Herr über Leben und Tod werde. Ich werde dafür sorgen, dass eine Ära absoluter Freiheit auf die Menschheit zukommt. Nichts kann mir dabei im Wege stehen. Alle werden mich bewundern und achten. Sie werden sehen, dass ich die Macht in den Händen halte und dass nicht irgendein Gott die Geschicke der Welt lenkt.

Eine große Vernichtungswut mischt sich in mir mit düsteren Plänen. Der Rausch absoluter Macht könnte jetzt beginnen. Leider habe ich keine Schusswaffe, keine Bombe und auch keine Machete bei mir. Ich wünschte, ich wäre ein Soldat und könnte einfach töten.

Am liebsten möchte ich wutentbrannt aufstehen, vorne beim Altar den Pastor zur Seite schleudern und der Gemeinde erklären, sie solle sich nicht von dessen Worten ins Bockshorn jagen lassen. Das hier ist kein guter, sondern ein schlimmer Gott, den es mit allen Mitteln zu bekämpfen gilt.

Allerdings muss ich befürchten, dass die Menschen meine Botschaft für unangemessen halten werden. Die von Gott Hereingelegten werden sich entrüstet abwenden.

Schließlich kehre ich gedanklich zu mir und meiner Situation zurück. Mir fällt auf, dass ich bei der Vorstellung, einen Menschen zu töten, durchaus so etwas wie Stress empfinde – aber kaum Schuldgefühle. Dabei bin ich gleichzeitig zutiefst davon überzeugt, nicht gewissenlos zu sein. Jederzeit würde ich mich für einen schwächeren Mitmenschen einsetzen.

Vielleicht ist mein Gewissen deshalb relativ unbelastet, weil ich nicht einsehen kann, dass nur Staatsoberhäupter ein Recht zum Töten haben. Es kann aber auch sein, dass ich meine Schuldgefühle einfach nicht wahrhaben will. Vielleicht bin ich derzeit nur imstande, meine eigenen Bedürfnisse wahrzunehmen, ohne das Umfeld in meine Überlegungen einzubeziehen.

Sei dem, wie es sei, in einem bin ich mir sicher: Es geht einfach nicht anders. Ich muss explodieren, ich muss meiner Wut Luft machen, damit ich nicht daran zugrunde gehe.

Marta verabschiedet sich mit einer lächelnden Geste an der Kirchentür vom Pfarrer. Ich würde ihm am liebsten ins Gesicht spucken. Stattdessen blicke ich ihn vernichtend an.

Ob er meine Gedanken ahnt? Jedenfalls kann er meinem Blick nicht standhalten und schaut an mir vorbei ins Leere.

*

„Marta, ich schlage vor, dass wir heute hier irgendwo ein Bankkonto eröffnen."

„Ja, einverstanden, aber sag mir, warum?"

„Das hat zwei Gründe. Zunächst braucht es sowieso eine Anlaufstelle, damit mein Geld von den deutschen Banken hierher transferiert werden kann, und zum anderen macht es bei der Versicherung einen guten Eindruck, wenn ich die ersten fälligen Zahlungen von einem schottischen Konto begleichen kann."

Im Gespräch mit dem Mann am Bankschalter argumentiere ich mit der Lüge, mein Geld in Deutschland und den Niederlanden langfristig angelegt zu haben. Daraus ergibt sich die Frage, ob ein Überziehungskredit prinzipiell möglich ist, wenn die deutschen Banken Sicherheit signalisieren.

Alles geht glatt. Wenige Minuten später besitzen wir ein Konto bei der Bank of Glasgow. Wir unterschreiben, zahlen zweihundertundfünfzig Pfund ein und verlassen die Bank. Dann schlendern wir durch die Altstadt in Richtung Park.

Erleichtert höre ich Martas Vorschlag, in einem kleinen Bistro Mittag zu essen. Das wird meine Reisekasse nicht allzu sehr strapazieren.

In der Tourist-Information habe ich eine Broschüre über das Umland von Glasgow entdeckt. Darin steht ein Bericht über den Loudoun Hill, an der A71, südlich gelegen. 25 Meilen von der Stadtmitte entfernt, eine steile Felsnase inmitten einer einsamen Gegend. Vor 650 Jahren hat dort eine Schlacht stattgefunden.

Und man kann mit dem Bus dorthin gelangen, sogar mehrmals die Woche werden Fahrten für Naturfreunde angeboten.

Das müsste ein hervorragender Ort für ein Verbrechen sein, bei dem man einen anderen Menschen oder sich selbst in die Tiefe stürzen will.

Marta stöbert, während ich meinen Gedanken hinterherhänge, genüsslich in vielen Boutiquen und Läden nach Schmuck und Kleidung. Ich kann mich daran nicht freuen, ich bin eingesperrt in meiner inneren Welt von Mord und Totschlag.

Auf einer Bank legen wir eine verdiente Pause ein. Marta meint, sich munter mit mir zu unterhalten. Dabei habe ich nur Augen für die dunkle Seite der Welt. Soll ich ihren Redefluss unterbrechen und beichten? Sagen, dass es mir leidtut, dass ich sie angelogen habe? Dass ich nicht reich bin, sie auch nicht liebe und dass ich schon mehrfach kurz davorstand, sie, andere und auch mich in den sicheren Tod zu befördern?

Ich male mir zwei mögliche Reaktionen aus: Sie schaut mich wortlos an, packt ihre Sachen und fährt zu ihren Eltern nach Ossburg zurück, oder sie packt mich am Kragen und schlägt mir ins Gesicht. In jedem Fall wüsste sie dann aus erster Hand, dass ich ein mieser und feiger Möchtegernmörder bin.

Letztlich entscheide ich mich dafür, weiterhin zu schweigen und so zu tun, als wäre alles in bester Ordnung. Plötzlich muss ich völlig grundlos lachen. Die ganze Situation ist dermaßen absurd, dass ich nicht anders kann.

„Hab ich etwas Lustiges gesagt?" Marta sieht mich erstaunt an.

„Nein, Liebes." Mir ist klar, dass ich eine Erklärung finden muss, die für Marta nachvollziehbar ist. „Der kleine Junge da drüben hat ein so lustiges Gesicht gezogen, da musste ich einfach loslachen", lüge ich.

„Das finde ich so gut an dir: Du beobachtest immer alles. Es ist wirklich schön, einen Mann lieben zu dürfen, der für mich da ist und die Welt um uns herum ernst nimmt."

Sie glaubt mir – und ich lüge weiter und küsse sie danach auf den Mund: „Ich liebe dich." Meine Tränen halte ich zurück.

*

Nach dem Frühstück sitzen wir in unserem Zimmer in der Pension und malen uns eine gemeinsame Zukunft aus. Ein Thema beschäftigt mich seit dem Aufwachen, nun zwinge ich es Marta auf: „Meinst du, dass wir Menschen einen freien Willen haben?"

„Ja, ich denke schon. Wieso fragst du?"

„Nun, stell dir doch die ganzen Mächtigen in der Weltgeschichte vor: Alexander der Große, Caesar, Karl der Große oder wie sie alle heißen. Die Geschichtsbücher behaupten, sie hätten Großes für die Welt getan. Doch ich sehe nur: Sie haben immer ganz viele Menschen – und zwar Männer, Frauen und Kinder – brutal ermordet. Glaubst du, die Mächtigen tun das absichtlich und treffen ihre Entscheidungen mit freiem Willen? Vielleicht fühlen sie sich ja auch durch andere Umstände dazu gezwungen."

„Eine gute Frage", reagiert Marta zögerlich. „Ehrlich gesagt, habe ich noch nie darüber nachgedacht, dass bei den Kriegen so viele Menschen gestorben sind."

„Was heißt ‚gestorben'?", wende ich ärgerlich ein. „Sie wurden brutal umgebracht: durch Gewehre, Napalmbomben oder was auch immer."

„Ja, ja, ich weiß schon, worauf du hinauswillst. Du meinst, diese Staatsmänner sind eigentlich Verbrecher."

„Ja, genau. Verbrecher entweder gegen ihren Willen oder weil sie genau das getan haben, was sie wollten."

Sie schweigt nachdenklich. Dafür hake ich nach: „Haben solche Menschen einen freien Willen oder verletzen sie andere gegen ihren Willen?" Am liebsten hätte ich gefragt: „Du, warum kann ich dir nicht alles offen bekennen, warum kann ich dir nicht sagen, dass auch ich unbedingt töten möchte?"

Stattdessen setzt Marta zu einer langen Antwort an: „Diese Menschen haben schon einen freien Willen. Sie können sich für eine gute oder schlechte Tat entscheiden, das denke ich schon. Jeder Mensch weiß, was gut und was böse ist. Zudem erlassen diese Mächtigen die Gesetze…"

Sie will weiterreden, doch ich unterbreche sie: „Wie kommst du darauf, dass jeder Mensch weiß, ob eine Sache gut oder böse ist?"

„Hast du nie im Konfirmandenunterricht gelernt: ‚Gott hat das Gesetz in unser Herz geschrieben'?"

„Weiß ich nicht", antworte ich ausweichend. Es verblüfft mich, dass ich in Martas Frage eine neue Seite von ihr entdecke. „Wie kommst du darauf, der Kirche oder Gott in dieser Sache vertrauen zu können?"

„Das ist aber eine doofe Frage. Wenn du dem lieben Gott nicht mehr vertrauen kannst, wem willst du dann noch Glauben schenken?", reagiert sie sichtlich überrascht und ein wenig missbilligend.

Am liebsten möchte ich jetzt auftrumpfen: „Gott ist ein Monster, der es nicht wert ist, verehrt zu werden. Er hat die Welt mit einer Erbsünde bestraft, um sie danach noch weiter zu quälen." Trotzdem argumentiere ich nicht weiter, weil ich Marta nicht wehtun möchte. Aber die Erkenntnis, dass ich Rücksicht auf sie nehme, weil ich sie nicht verletzen will, ringt mir angesichts meiner verschiedenen Tötungsabsichten ein kleines Lächeln ab.

„Ja, das stimmt schon, Marta", lüge ich. „Und dennoch stelle ich mir manchmal die Frage, warum so viel Leid in der Welt ist, wenn Gott allmächtig und auch noch ein guter Gott sein soll." Vorsichtig taste ich mich mit diesen Worten voran.

„Ja, darüber habe ich mir auch schon öfters Gedanken gemacht. Unser Gemeindepfarrer hat immer davon gesprochen, dass Gott diejenigen bestrafen wird, die sündigen. Und dass er alle belohnt, die ein gutes Leben führen."

„Mensch, Marta", jetzt kann ich mich nicht mehr beherrschen, „das ist doch dummes Zeug! Soll Gott etwa dafür gesorgt haben, dass die Amerikaner am Ende des Krieges über Hiroshima eine Atombombe abgeworfen haben? Zweiundneunzigtausend unschuldige Frauen, Männer, Kinder und Ungeborene sind in wenigen Sekunden elend krepiert. Wenn das sein Stil ist, soll er sich zum Teufel scheren." Sofort erschrecke ich über meine wütenden Worte, die ich ihr entgegenschleudere.

„Ach, mein Schatz, das sind Fragen, auf die wir einfach keine Antwort wissen." Mit diesen Worten dreht sie sich zu mir und öffnet die Knöpfe meines Hemdes: „Na, was denkst du, hast du Lust?"

Nein, die habe ich nicht! Doch sie küsst mich und weitere Worte werden überflüssig. Nackt frönen wir am Nachmittag dem Spiel der Liebe, während ich Marta am liebsten erwürgen möchte.

*

Um zehn Uhr morgens nehmen wir den Bus Richtung Zentrum. In der Buchanan Street steigen wir aus. Überrascht bemerkt Marta, wie viele Menschen an diesem recht kühlen Herbstmorgen noch spätsommerliche Kleidung tragen. Sie hüllt sich in einen dunkelblauen Plastikregenmantel. Von meinem alten Anorak ist die Kapuze schon seit einiger Zeit verschwunden.

„Du, wir sollten uns mal erkundigen, wie und wo wir hier heiraten können", schlägt Marta vor. Vor diesem Augenblick fürchte ich mich seit Langem und möchte panikartig weglaufen. Stattdessen weiche ich aus und bemerke scherzhaft: „Da im Café!"

Wenig später sitzen wir drinnen an einem kleinen runden Tisch und warten auf die Bedienung, während mich von der auf dem Nachbartisch liegenden Zeitung eine Schlagzeile anspringt: „Polizist erschießt Kameraden." Ein ehemaliger leitender Polizeibeamter hat offensichtlich einen Kollegen heimtückisch durch einen Kopfschuss getötet.

„Wenn man schon Polizisten nicht mehr vertrauen kann, wem dann?", sage ich laut. Meine wirklichen Gedanken wage ich dagegen nicht auszusprechen: „War der Beamte doch blöd! Warum hat er nicht dafür gesorgt, dass er nicht entdeckt wird, und sich rechtzeitig mit dem Besitz des anderen aus dem Staub gemacht?"

Augenblicklich denke ich wieder an meinen letzten Albtraum, der genau darum kreiste: Es ist nicht logisch, einen Menschen zu töten, es sei denn, man hat einen Vorteil davon. Ich darf nicht vergessen, mir meinen finanziellen und damit sozialen Vorteil zu sichern!

Doch ich fühle mich total überfordert: so viele Eisen im Feuer, so viele Themen auf einmal, die ich kaum überblicken geschweige denn bewältigen kann. Voller Selbstmitleid überlege ich, was mir diese ganze Sache eigentlich wert ist.

Die Frage nach dem Wann und Wie der Hochzeit wird auch immer drängender, denn Marta lässt nicht locker: „Mein Lieber, wann wollen wir denn nun heiraten? Ich nehme an, erst einmal nur standesamtlich, oder? Die kirchliche Feier können wir ja nachholen, vielleicht ist meine Familie dann auch dabei."

Ein Ausweichen scheint kaum noch möglich. Ohne länger darüber nachzudenken, antworte ich: „Ja, so bald wie möglich. Lass uns doch demnächst zum Standesamt gehen und das Aufgebot bestellen."

„Und wo macht man das hier in Glasgow?" Jetzt ist Marta doch etwas überrascht, wie schnell ich zustimme.

„Keine Ahnung, aber unsere Vermieter werden wissen, wo das Standesamt ist. Fragen wir sie einfach."

Jetzt muss ich sie heiraten, obwohl ich das überhaupt nicht mehr will. Die Probleme werden mir zu groß, sie wachsen mir über den Kopf. Am liebsten möchte ich Marta laut anschreien, mit den Füßen treten, ihr mit den Fäusten ins Gesicht schlagen und ihr die Knochen brechen. Stattdessen gehen wir Hand in Hand zurück in unsere Pension.

Dieser innere Zwiespalt ist beängstigend, und ich frage mich unaufhörlich, was das Ganze überhaupt mit ihr zu tun hat. Warum habe ich ein ständiges Verlangen, ihr wehzutun, und sehne mich gleichzeitig danach, sie lieben zu können? Sie liebt mich doch, das ist offensichtlich. Warum kann ich diese Liebe nicht erwidern?

Ich weiß es nicht. Eines aber weiß ich ganz genau: Marta ist kein Ersatz für Angelika. Wie ein Klotz hängt sie mir am Bein. Warum traue ich mich nicht, ihr das einfach zu sagen? Aus welchem Grund muss ich an meinen Lügen festhalten? Weshalb würde ich mich schämen, wenn sie einen Teil meines wahren Ichs erkennen würde? Das weiß ich auch nicht.

Ein Gendarm kommt uns entgegen. Irgendwie finde ich ihn sympathisch. Mehr noch: Beim Anblick dieses etwa fünfzigjährigen Mannes in Uniform habe ich ein unbändiges Bedürfnis, direkt zu ihm zu laufen, mich weinend an seinen Hals zu werfen – in der Hoffnung, dass er mich verstehen wird.

Natürlich traue ich mich dann doch nicht. Was würde Marta, was würden die Passanten und vor allem der Uniformierte selbst denken? Sie würden mich für verrückt erklären. Mein Vater hat mich mehr als einmal davor gewarnt, dass verrückte Menschen von allen anderen verachtet werden.

Wenigstens hat der Regen aufgehört.

In der Pension erwartet uns ein Brief des Versicherungsvertreters. Er bittet uns um eine weitere Besprechung, wieder im Caledonian-Hilton-Hotel. Bevor wir aufbrechen, bezahle ich nach dem Frühstück die Miete für zwei Wochen im Voraus.

„Guten Tag, Mrs ... Kern. Entschuldigung, aber ich bin schon versucht, Sie als Mrs Duchois anzusprechen. Wann ist es denn nun soweit?", fragt der Versicherungsdirektor, bevor wir Platz nehmen.

„Ganz exakt wissen wir es noch nicht, wir wollen heute aber den Standesbeamten fragen", antworte ich, ohne dass ein Zögern Unsicherheit aufkommen lassen könnte.

„Ah, dann wird es ja nicht mehr lange dauern", strahlt Direktor Gilbert. „Darf ich Ihnen übrigens Mr Blanck vorstellen? Er ist ein Freund von mir und im Vorstand unserer Versicherung. Wenn es Ihnen recht ist, wäre er gerne heute Vormittag dabei."

Der Mann schüttelt uns die Hände. Natürlich lasse ich mir keine Irritation anmerken. Mr Gilbert fährt fort, während sein Mitarbeiter, Mr Syder, nervös einen Stapel Papiere in der Hand auffächert: „ Das Hotel serviert erst in einer halben Stunde Mittagessen. Was halten Sie davon, solange in der Lounge etwas zu trinken und die vertraglichen Details noch einmal durchzugehen?"

Ich höre heraus, dass wir beide zum Mittagessen eingeladen werden, und erwidere höflich: „Ja, das können wir gerne machen."

Während der ganzen Formalitäten spricht Marta kein Wort. So haben wir es vorab abgesprochen, weil ich in Verhandlungen erfahrener bin als sie. Wir schauen uns die Policen an. Die Summen 248 000 Pfund und 496 000 Pfund stehen säuberlich getippt auf dem Papier. Die Laufzeit beträgt fünfunddreißig Jahre mit einer monatlichen Prämie von 486,16 Pfund.

„Ja, es scheint alles in Ordnung zu sein. Wenn es Ihnen recht ist, können wir beide jetzt gleich unterschreiben", erkläre ich und Marta nickt zustimmend.

„Mrs und Mr Duchois", Mr Blanck spricht jedes Wort mit Bedacht, „im Namen des Vorstandes teile ich Ihnen mit, dass Sie von diesem Moment an bei uns versichert sind. Es wird natürlich noch einige Tage dauern, bis Sie Ihre Versicherungsurkunden erhalten. Mr Gilbert muss nachher noch mit Ihnen die Zahlungsmodalitäten für die monatlichen Prämien regeln, aber, wie gesagt, ich freue mich, Sie heute als Kunden unserer Versicherung begrüßen zu dürfen." Dann reicht er uns noch einmal förmlich seine Hand.

Nach der Zahlungsweise gefragt, schlage ich eine Barzahlung der ersten Prämie gleich heute vor und später einen Dauerauftrag.

Ein Detail muss Mr Blanck jedoch noch ansprechen: „Ferner weise ich nochmals darauf hin, dass wir von Ihnen ein Gesundheitszeugnis benötigen. Das sind Vorschriften, die wir nicht übergehen können."

„Das ist doch logisch und kein Problem." Beide Gesprächspartner nehmen meine Antwort dankbar auf. Dann dinieren wir zum zweiten Mal im edlen Hilton. Diesmal brauche ich nicht zu bezahlen und wähle ein exotisches Menu der oberen Preisklasse. Aber auch Marta und die drei Herren von der Versicherung suchen sich köstliche Dinge aus. Nach dem Essen verabschieden sich die beiden Direktoren von uns.

Mr Syer bleibt noch, um die erste Monatsprämie in bar entgegenzunehmen. Ich ziehe meine Börse aus der hinteren Hosentasche und stelle fest, dass ich nicht genug Geld bei mir habe. 240 Pfund liegen auf dem neuen Girokonto, das meiste aber noch im Koffer. Die Situation erklärend, schlage ich vor, eine Anzahlung über etwas mehr als die Hälfte der Summe zu tätigen und den Restbetrag in zwei Stunden in dessen Büro vorbeizubringen.

Er willigt ein und stellt mir eine Empfangsquittung aus. 244 Pfund und 8 Pence wechseln den Besitzer, mir bleiben nur noch wenige Pfundnoten. Dann schwenkt Mr Syer nochmals um und schlägt vor, mich zur nahe gelegenen Bank zu begleiten, damit der Vorgang schnell zum Abschluss gebracht werden kann. Neunundneunzig Prozent seines Vertrauens haben Marta und ich gewonnen, aber nicht das Ganze. Wie selbstverständlich willige ich ein.

Was Mr Syer nicht weiß: Nach der Abhebung bleibt nur ein Pfund auf unserem Konto.

Die ärztliche Untersuchung geht schnell über die Bühne: Köpergröße, Haltung, Gewicht und Blutdruck werden ermittelt und protokolliert. Der Arzt spricht auch deutsch und fragt nach etwaigen Krankheitssymptomen und erblichen Vorbelastungen in der Familie. Dann unterschreiben wir die Einwilligung, dass er die Befunde der Versicherungsgesellschaft mitteilen darf.

*

Marta spricht andauernd von der geplanten Hochzeit. Der Kauf eines schönes Kleides und der Eheringe steht noch an. Wir müssen auch noch überlegen, ob und wie wir den Tag feiern wollen.

Auf dem Heimweg kuschelt sie sich in meinen rechten Arm ein, während es mir gelingt, ihr einigermaßen zuzuhören und dennoch eigenen Gedanken nachzugehen: Was soll ich hier? Was mache ich bloß? Wie kann ich Herr meiner selbst werden?

Und: Warum ist Gott so grausam und fern? Oder könnte es sein, dass er gar nicht so unbarmherzig ist? Vielleicht ist er schlicht unfähig. Vielleicht möchte er den Lauf der Welt positiv gestalten und schafft es einfach nicht. Ob ich mich durch seine Schlechtigkeit drangsaliert fühle oder wegen seiner Unfähigkeit in Schwierigkeiten befinde – mein Zustand bleibt jedoch ein und derselbe. Ein permanenter Kriegszustand.

Nein, ich will meine Gedanken nicht laut aussprechen. Ich fühle mich anders. Anders als andere. Aber es kann ja durchaus auch daran liegen, dass alle Übrigen verrückt sind. Meine Intelligenz wurde einmal getestet, als ich mit sechzehn beim Arbeitsamt war. Es gab ein sattes Ergebnis: IQ 137, weit über dem Durchschnitt.

Alle Ausreden sind aufgebraucht: Weiche ich der Hochzeit noch länger aus, wird Marta misstrauisch, vielleicht schöpft sogar die Versicherung Verdacht. Unsere Vermieter beschreiben uns nur zu gerne den Weg zum Standesamt und informieren uns über dessen Öffnungszeiten. Bei herbstlich angenehmem Wetter marschieren wir also durch den Stadtpark zum Standesamt.

Enttäuscht reagiert Marta auf die Erklärung des zuständigen Beamten, wir müssten noch einige Tage warten. Mir hingegen kommt es so vor, als habe ich noch eine Galgenfrist erhalten.

Der Hochzeitstermin wird festgesetzt auf Donnerstag, den 12. Oktober 1972, zehn Uhr vormittags. Uns bleiben noch fünf Tage.

Es ist Abend geworden. Müde und erschöpft mache ich mich mit Marta auf den Heimweg. Eine Busfahrt würde mir sehr passen, doch sie bittet mich mit Engelsaugen, das schöne Wetter auszunutzen und zu Fuß zu gehen. „Da, lass uns noch eine Flasche Sekt kaufen, bevor wir in der Pension ankommen. Dann können wir heute Abend schön gemeinsam auf unsere Ehe und unsere gemeinsame Zukunft anstoßen!"

Spielerisch balgen wir uns einige Zeit später im Bett. Dabei möchte ich herausbekommen, wie stark sie wirklich ist – um zu wissen, ob ich sie, falls ich sie wirklich einmal mit Gewalt töten muss, auch besiegen kann. Es braucht eine Weile, bis ich Marta fest unter mir habe und ihre Arme an der Seite umklammere.

„Du bist ganz schön stark", keucht sie.

„Aber du bist auch stärker, als ich gedacht hätte", gebe ich ehrlich zu. Wir verharren als Sieger und Besiegte. Mit kussbereitem Mund bekundet Marta lächelnd das Ende des Spiels. Mein Wunsch, sie lieben zu können, erwacht wieder. Zärtlich küsse ich sie. Wir umarmen uns und geben uns einander hin.

Eine attraktive Frau liegt neben mir. Das ist für mich Grund genug zu denken: „Hey, Welt, pass auf, ich bin jetzt etwas wert."

*

Feuchtes Herbstwetter liegt auf der Stadt. Wir sind überrascht, wie viele in- und ausländische Touristen trotzdem zusammen mit den Einheimischen durch das Gassengewirr ziehen. Gut sortierte Kunsthandlungen, aber auch mehrstöckige Einkaufszentren warten auf sie.

„Du, Schatz, wollen wir nicht heute unsere Trauringe kaufen?", fragt Marta vor dem Schaufenster eines Juweliers.

„Aber natürlich", lächle ich großzügig und mit verstecktem Schrecken, „das hätte ich fast vergessen." Dieses Eingeständnis ist nicht gelogen. Mein restliches Geld reicht hoffentlich noch für das Hochzeitskleid. Den Kauf eines Rings hatte ich überhaupt nicht auf dem Schirm.

Marta sucht einfache 333er Goldringe aus. Äußerlich wohlwollend stimme ich zu. In fast akzentfreiem Deutsch fragt der Juwelier: „Möchten Sie, dass Ihre Namen in den Ringen eingraviert werden?"

„O ja, natürlich", kommt Marta mir zuvor. Nach einer Stunde und zwei Tassen Kaffee in einem nahe liegenden Bistro können wir die Ringe abholen. Marta nimmt sie entgegen und ich begleiche die Rechnung. Meinen inneren Schweinehund überwindend, ziehe ich zwei große Geldscheine aus meiner Geldbörse und überreiche sie dem Juwelier.

„Mögen diese Ringe Sie ein Leben lang begleiten", wünscht er uns zum Abschied. Zum Glück hat er keine Ahnung, wie kurz dieses Leben sein wird.

Draußen vor der Tür umarmt mich eine strahlende Marta: „O Schatz, ich bin ja so glücklich! Aber natürlich werden wir die Ringe erst am Tag unserer Hochzeit tauschen. Oder möchtest du, dass wir sie jetzt schon tragen?"

„Am liebsten möchte ich sie gar nicht tragen", denke ich, antworte jedoch: „Was immer du möchtest."

„Okay, dann warten wir bis zum Hochzeitstag. Alles andere bringt, glaube ich, Unglück."

Eigentlich möchte ich mit ihr jetzt endlich weitergehen, da hält sie mich an der Hand fest: „Wäre es nicht passend, heute auch gleich das Brautkleid auszusuchen?"

Mit diesem Vorschlag habe ich fast gerechnet, dennoch kommt er jetzt irgendwie doch überraschend. „Aber warum denn, Marta. Du siehst auch so bezaubernd aus!", unternehme ich einen letzten, wenn auch hoffnungslosen Versuch, sie von dieser Idee abzubringen.

„Du bist ein Charmeur!", lacht sie und lotst mich zielsicher in ein Geschäft für Damenbekleidung. Zu meiner Überraschung gibt es darin tatsächlich eine Abteilung mit Brautmoden. Eine ältere Dame bedient Marta kompetent und zuvorkommend.

Während Marta Kleid für Kleid anprobiert und wieder auszieht, scheint mich der innere Zwiespalt plötzlich nicht mehr so stark zu quälen wie zuvor. Jedenfalls spüre ich, dass Herz und Verstand in diesem Moment eine Einheit bilden. Das ist angenehm, da ich nun nicht mehr darauf achten muss, Marta gegenüber zu schauspielern. In dieser Verfassung kann ich mich ganz natürlich geben und mir dennoch im Stillen einen Plan zurechtlegen.

Etwas Schlimmes werde ich tun. Das weiß ich. Dabei habe ich keine Gewissensbisse. Die dramatischen Bilder aus der Vergangenheit lassen mich gerade in Ruhe.

Ab und zu ein nettes und zögerliches „Ja, ganz schön" von mir zu geben, genügt völlig, wenn Marta in einem weiteren Brautkleid für mich posiert. Ich sitze auf einem komfortablen Stuhl und schaue dem Treiben der beiden Frauen zu. Kleider in Weiß oder Elfenbein werden in die Hand genommen, wieder weggelegt, manchmal mit passenden Handschuhen und Schleier. Körperlich fühle ich mich ebenfalls fit, auch wenn ich letzte Nacht nur wenig geschlafen habe.

Vorausschauend überlege ich, wie ein Gericht mein Verhalten bewerten würde, falls es zu einer Verhandlung kommt. Würde die Justiz mir die Schuldfähigkeit aberkennen? Nein, das kann ich mir kaum vorstellen, es sei denn, ich würde absichtlich verrücktspielen, um als unzurechnungsfähig eingestuft zu werden.

Wäre es eine Tat im Affekt? Da ich mit diesem Begriff nicht genügend anfangen kann, lege ich die Frage wieder zu den Akten. Wie man es wohl bewerkstelligen könnte, dass die Ermittlungsbehörden mein Verhalten als Notwehr einstufen? Würde ein Richter meine Tat als Mord oder als Totschlag deuten?

Jäh wird mein gedankliches Kreisen unterbrochen, als Marta stolz in einem roten Kleid vor mir steht. Sie sieht wunderschön darin aus.

„Na, was denkst du? Das ist es, nicht wahr?", jubelt sie und hebt mit beiden Händen ihre Brüste im Kleid etwas hoch. Tatsächlich sieht sie außerordentlich attraktiv aus. Aber das Kleid ist *blut*rot.

„Ja, du siehst bezaubernd aus", stimme ich zu. Wie im Traum bezahle ich das Kleid und folge Marta auf Schritt und Tritt.

Sie möchte heute noch das Kelvingrove-Museum besuchen, das, wie man sagt, eine der größten Kunstsammlungen Europas beherbergt. Es befindet sich direkt am Flussufer in der Argyle Street und wurde aus rotem Sandstein errichtet. Die Farbe überflutet mich heute schier – so seelisch angeschlagen, wie ich es derzeit bin.

Man erzählt sich, das Gebäude sei falsch herum erbaut worden, und der Architekt habe Selbstmord begangen, indem er von einem der Türme gesprungen sei. Dies ist aber nur ein Gerücht, das wahrscheinlich daher kommt, dass sich der Haupteingang des Museums im Kelvingrove Park befindet, die meisten Besucher das Gebäude jedoch von der Argyle Street aus betreten.

Mir ist langweilig und meine Füße schmerzen. Martas Entdeckungen und Kommentare nehme ich beiläufig zur Kenntnis.

Die vielen ausländischen Touristen sind viel interessanter. Aus welchem Land stammen sie wohl? Einige sind aus Indien oder Japan, andere aus Deutschland oder Frankreich. Sogar die russische Sprache höre ich heraus.

Plötzlich bleibe ich wie angewurzelt stehen: Ein Bild, ungefähr drei Meter hoch und zwei Meter breit, raubt mir den Atem. Ein einfacher, bärtiger, altertümlich aussehender Mann bildet die Mitte. Offensichtlich geht es ihm nicht gut. Er scheint einer der Jünger Jesu zu sein, wahrscheinlich Petrus.

In äußerster Not kniet er händeringend vor einer anderen Person. Sein von Tränen überzogenes Gesicht schreit buchstäblich um Hilfe. Er wendet sich ganz einer barmherzig wirkenden Gestalt zu. Offenbar bittet Petrus Gott um Verzeihung, um Erbarmen und Leben.

Wie vom Blitz getroffen, merke ich: Dieses Bild spricht meine Seele an. Ja, auch ich kenne Momente, wo ich mich voller Verzweiflung auf den Boden werfen möchte, um den bösen Gott anzuflehen, er möchte doch gnädig mit mir sein.

Marta hat die ganze Zeit meine Hand nicht losgelassen. Sie kommt einen Schritt zurück und steht wieder neben mir. „Das ist ja wirklich ein faszinierendes Bild", meint sie anerkennend. „Ich nehme an, es gefällt dir auch?"

Unfähig, ein Wort zu sagen, nicke ich bloß. Wie hypnotisiert stehe ich vor dem Gemälde und überdenke die Versuchung, mich hier und jetzt hinzuknien und das zu tun, was ich schon immer tun wollte. Doch die Scham, vor Marta und den anderen Touristen verrückt zu wirken, schreckt mich ab.

Als wir das Museum verlassen, bemerke ich auf dem großen Vorhof eine Menschenmenge, die einem Straßenprediger zuhört. Der bärtige Mann in den Vierzigern redet lautstark über den Himmel und die Menschen. Er hält ein großes Plakat, befestigt an einem Besenstiel, in der linken Hand. „Jesus liebt dich", steht mit großen, handgeschriebenen Buchstaben darauf. Wut steigt in mir hoch. Dieser Kerl verbreitet eine Lüge!

Gleich darauf vermischt sich mein Zorn mit einem Gefühl der Abstumpfung. Warum sollte ich nicht auch lügen dürfen, wenn Kirche und Politik ein undurchschaubares Netz von Lügen, Tricks und Halbwahrheiten ausgespannt haben? Das kann doch alles gar nicht funktionieren! Wie soll man in einem solchen Geflecht überleben können? Oder bin ich längst ein Meister darin geworden, mir eine Realität zu konstruieren, die meinem inneren Hexenkessel aus Gewalt und erlittener Unmenschlichkeit entspricht?

Doch ganz gleich, wie es ist, ich bleibe immer ein Opfer – und Gott, der so allmächtig sein soll, trägt daran die Schuld. Dabei will ich unbedingt Handelnder sein, zur Not auch Täter, aber auf keinen Fall Opfer.

Über all dem Grübeln habe ich den Spaß am Leben völlig verloren. Alles muss sich ändern. Und das so bald wie möglich. Äußerlich und innerlich. Dieses Gefühl der Ohnmacht und der Erbärmlichkeit muss aufhören.

*

In dem urgemütlichen Gastraum des ältesten Pubs in Glasgow bestellen wir ein Bier. Der Ober belehrt uns, nach acht Uhr werde Alkohol in Schottland nur zusammen mit einer Mahlzeit ausgeschenkt. Also erweitern wir unsere Bestellung, essen eine Kleinigkeit und genießen das schottische Ale.

Im Lauf des Abends erfahren wir vom Wirt, dass früher nicht weit entfernt Verbrecher gehängt wurden. Bei dieser Information wird mir mulmig im Magen.

Marta und ich unterhalten uns, hören der Musik zu, lachen, küssen uns, halten uns an den Händen und werden ein wenig beschwipst. Auf dem Rückweg fällt mir angenehm auf, dass ich ganze fünf Stunden kein Verlangen verspürt habe, einen Mord oder Totschlag zu begehen.

*

Am Sonntag gehen wir zum Gottesdienst in einer kleineren Kirche etwas außerhalb des Zentrums. Ein älterer Herr begrüßt uns am Eingang freundlich mit Handschlag. Der sehr hohe Innenraum wirkt durch seinen weißen Anstrich freundlich und groß. Das Orgelvorspiel gefällt uns, wie überhaupt die ganze Atmosphäre, auch wenn wir kaum etwas von der Predigt verstehen.

Wir verabschieden uns und kehren in eine Welt zurück, die ich nicht als so heil empfinde. Flugzeugabstürze der letzten Zeit fallen mir ein: In Neu-Delhi starben dabei siebenundachtzig Männer, Frauen und Kinder; in London krepierten alle einhunderteinundzwanzig Menschen an Bord.

Wie kann ein als gut bezeichneter Gott so teuflische und verbrecherische Taten begehen? Mehr noch: Wie schafft er es, dass er trotz seiner weltweiten Gräueltaten von so vielen Menschen für gütig und freundlich gehalten wird?

Mein Versuch, mit Marta darüber zu reden, geht schief. Sie hat kein Interesse an dieser Frage.

Wie einsam bin ich! Obwohl sie an meiner Seite ist, wandere ich allein durchs Leben.

Meine Psyche fühlt sich an wie ein Feuerofen. Eigentlich ist all das, was ich mit so viel entsetzlicher Energie plane, so irrsinnig, dass ich mich frage, ob ich vielleicht selbst eine Verkörperung des Bösen bin. Ein inwendiges Erdbeben breitet sich aus.

Kann ich es eventuell noch vermeiden oder will ich ihm gar nicht mehr ausweichen?

Meine Bedenken betäube ich mit fadenscheinigen Begründungen: So ist eben das Leben. Es gibt unzählige Menschen, die andere berauben, bestehlen und töten. Warum also nicht auch ich?

Seit Jahrtausenden wüten Scharen von Gewalttätern in der Welt. Die einen werden im Nachhinein mit dem Friedensnobelpreis für ihre Taten belohnt. Andere enden hinter Gefängnisgittern. Der politische Wille achtet manche, die auf einen Befehl hin töten, und bestraft andere, die es ohne diesen tun. Alle sind letztlich in ihrem Dasein verkrüppelt. In ihrer verzweifelten Bosheit können sie nichts anderes, als ihre Mitmenschen und das Leben an sich zu vernichten.

Es gibt keinen wirklichen Unterschied zu den uralten Völkern, die sich mit Streitäxten gegenseitig hingemetzelt haben, Mann gegen Mann, oder siedendes Öl von den Zinnen auf die Angreifer herabgegossen haben. Die Waffen ändern sich, doch im Kern sind immer noch blutrünstige Horden unterwegs, die miteinander kämpfen müssen. Dennoch verlangt auch die Geschichte der Menschheit von mir, meinen inneren Konflikt endlich zu lösen, indem ich jemanden vernichte.

Eine endgültige Lösung muss her. Vielleicht kann ich mich dann endlich selbst annehmen – und die Liebe anderer erwidern.

Die Befürchtung, mit einer solchen Brutalität die letzte Chance zu zerstören, ein geachteter und geschätzter Mitmensch in dieser Gesellschaft zu werden, weise ich schnell von mir. Ebenso schnell ersticke ich in mir die aufflammende Sorge, unter Umständen noch mehr in Teufels Küche zu kommen. Ein gewisses Risiko gehört einfach dazu.

*

Marta schaut auf den Wecker: „Oh, es ist gleich elf Uhr! Wir haben ja stundenlang geredet, dabei ist es mir nur wie einige Minuten vorgekommen." Wieder haben wir uns eine Flasche Sekt gegönnt. Das erste Glas ist bei uns beiden immer noch halb voll. „Du, lass uns noch die Flasche leer machen und dann gehen wir schlafen", schlägt sie lächelnd vor.

„Ja, gerne", stimme ich zu, verwundert, dass ich das ehrlich meine. Wir trinken unseren Sekt und reden weiter. Jetzt sind es keine konkreten Pläne mehr, die wir schmieden, sondern vage Zukunftsträume. Mir ist es angenehm, Ideen mit ihr auszutauschen. Zum Beispiel über die Traumreise in die USA.

Dort lassen wir uns – so zeichne ich für Marta ein Fantasiebild – in einer Prunkvilla im überschaubaren Vorort einer größeren Stadt nieder. Ein Swimmingpool muss unbedingt dabei sein, samt Reinigungskraft und Butler. Als niedergelassener Finanzberater werde ich ein Vermögen verdienen. Marta wird sich als meine Sekretärin nützlich machen. Sie möchte sich auch im sozialen Bereich engagieren und arme Kinder unterstützen. Wir laden dann regelmäßig Bedürftige ein, damit diese auch einmal die schönen Seiten des Lebens genießen können. In unseren Köpfen machen wir sogar Pläne für die Zimmeraufteilung unseres Hauses.

„Vielleicht", überlege ich laut, „können wir eines Tages einen Adelstitel erwerben." Ein wenig beschwipst lachen wir laut über diese Vorstellung. Eines Tages wird Marta ihre Familie zu Besuch einladen. Vielleicht wären Mutter und Vater auch bereit, sich in der amerikanischen Wunschwelt niederzulassen. Im Mittelpunkt aller Betrachtungen steht jedoch unsere Zweisamkeit, die wir in vollen Zügen genießen.

Der prickelnde Sekt erleichtert es uns zu vergessen, dass wir derzeit in einer preiswerten kleinen Pension wohnen und nicht in einem feudalen Anwesen. Die Hoffnung auf ein Vermögen reizt mich so sehr, dass ich den Hunderten von britischen Pfund, die ein Versicherungsbetrug verschlingt, nicht nachtrauere. Natürlich bleibt ein Risiko. Vieles kann schiefgehen.

Doch gerade das macht den Plan irgendwie noch attraktiver. Ein Reiz der Ungewissheit, gepaart mit der Gier nach Reichtum, ruft in mir einen fast unstillbaren Hunger hervor. In solchen Momenten bin ich davon überzeugt, dass Wohlstand mir beziehungsweise uns eine Zufriedenheit bescheren könnte, die mir bis jetzt noch völlig fremd ist.

Marta schläft schon in meinen Armen. Vorsichtig schalte ich die Nachttischlampe aus und vermeide es, sie dabei zu wecken. Fast freue ich mich ein wenig auf meinen eigenen Schlaf. Lange währt diese Vorfreude jedoch nicht, denn meine Träume führen mich schon bald in ein Land des Schreckens.

Zwanzig Minuten nach drei Uhr würde ich am liebsten das Licht anknipsen, bleibe aus Rücksicht auf die schlafende Marta aber im Dunkeln liegen. Sie wirkt so friedlich. Mich hat einmal mehr ein schlimmer Albtraum aufgeschreckt, und ich habe einfach keinen Mut, wieder einzuschlafen. Eben habe ich noch ihre ruhende Anmut bewundert, doch jetzt möchte ich sie am liebsten um den Hals fassen und ihr die Luft abdrücken, bis sie nicht mehr da ist.

Die Möglichkeit, dass sie dabei rechtzeitig wach werden und mich, ihren zukünftigen Ehemann, als Mörder erkennen könnte, lässt mich zusammenzucken. Nein, sie darf nie erfahren, was mit mir los ist. Mir fällt keine Art des Tötens ein, bei der ich die Garantie hätte, dass sie meine gestörte Seele nicht noch in den letzten Sekunden ihres Daseins erkennen würde. Darum lasse ich es sein.

Hasse ich die nächtliche Stille oder liebe ich sie? Darüber bin ich mir nicht sicher. Martas regelmäßiger Atem erleichtert und bedrückt mich zugleich. Diese fast schreiende Ruhe beunruhigt mich und doch ist diese unangenehme nächtliche Leere besser als die Bilder aus dem Albtraum.

Während ich an die dunkle Decke starre, denke ich an die Worte, die wir noch vor ein paar Stunden gewechselt haben – und an das, was ich vorhabe. Weiß ich überhaupt, was ich will?

Je mehr ich über den Plan, die Versicherung um ihr Geld zu prellen, nachdenke, desto unrealistischer erscheint er mir. Habe ich wirklich die Fähigkeit, die Geduld und auch den Mut, irgendwo abzutauchen, um andere davon zu überzeugen, ich sei tot? Wie würde ich überleben? Wie könnte mein vorgetäuschter Tod echt wirken? Und was wäre, wenn ich tatsächlich durch ein Missgeschick dabei draufgehen würde? Meine Sorgen wachsen.

Aber wir haben ja nicht nur meines, sondern auch Martas Leben versichert: Wenn sie stirbt, bekomme ich alles. Liegt darin die Lösung meiner Probleme? Da ist er wieder, der Gedanke! Lässt sich der Plan umkehren? Gibt es einen Weg, Marta zu töten und nicht verdächtigt zu werden?

Je näher sich der kleine Zeiger des Weckers auf fünf Uhr zu bewegt, desto sicherer bin ich mir, dass Marta das Opfer sein wird. Noch fester bin ich jedoch davon überzeugt, dass sie niemals, auch nicht im Moment ihres Todes, erfahren darf, wie ich sie ausgetrickst habe und dass ich eigentlich ein Betrüger und Mörder bin. Bis zu ihrem letzten Atemzug muss ich mich verstellen und ihr weiterhin die Rolle des charmanten Liebhabers vorspielen.

*

Wir entscheiden uns, einen Tag außerhalb von Glasgow zu verbringen, um den Osten von Schottland ein wenig besser kennenzulernen. Unser Ziel ist Loudoun Hill.

Während der Busfahrt denke ich über eine Möglichkeit nach, nicht irre zu werden an meinem Dasein. Ich fühle mich, als würde ich auf einer Treibjagd von einer bissigen Meute gehetzt werden.

Um mich herum ist eine Welt voller Gewalt: Auf der einen Seite arbeitet die Tötungsmaschine der Militärs. Die Killer erhalten vielleicht noch einen Orden für ihr Morden. Und auf der anderen Seite stehe ich – mit meinem Plan, ein Leben auszulöschen, damit es für mich ein Morgen gibt. Wo liegt hier der Unterschied – wenn es überhaupt einen gibt?

Sarkastisch lächelnd stelle ich fest, dass ich sicherlich keine Auszeichnung für meine Tat erhalten werde.

Der Bus fährt durch Paisley und Port Glasgow und hält dann am McLean-Museum. Dort steigen wir aus. Der Blick über den Meeresarm in Richtung Berge macht mich ein wenig besinnlich und lässt mich so etwas wie Ehrfurcht empfinden. Hand in Hand spazieren wir den Küstenpfad entlang. Mich fröstelt, weil unsere Kleidung nur wenig Schutz gegen den Wind bietet.

Aber die Kraft und Schönheit der Natur gibt mir ein gutes Gefühl. Kurzzeitig fühle ich mich richtig wohl in dieser Welt. Zugleich kehre ich routinemäßig zu meinen Planungen zurück. Tief unter uns schlägt das Wasser an die Felsen.

„Du, hier könnte ich gut einen Unfall vortäuschen", schlage ich vor. „Wenn ich hier hinabstürzen würde, würden mich die Wellen ins Meer hinaustragen. Es gäbe keine Chance, meinen Leichnam zu finden. Natürlich müssten wir Zeugen für meinen Sturz benennen können – und sichergehen, dass dich keiner verdächtigt, nachgeholfen zu haben. Was denkst du?"

„Ja, wenn du dir das zutraust. Ich möchte dir dazu nicht gerne etwas sagen, denn du bist derjenige, der es schaffen muss, irgendwie seinen Tod vorzutäuschen und dennoch zu überleben."

„Gut, ich glaube, hier werde ich es machen." In diesem Augenblick meine ich das völlig ernst. Noch habe ich aber keine Ahnung, ab welchem Zeitpunkt die Versicherungspolice gilt. Zunächst muss ja eine schriftliche Beurkundung der Gesellschaft vorliegen.

Der Platz könnte passen, aber zeitlich haut es einfach nicht hin. Ein fingierter Unfall macht eigentlich erst in mehreren Monaten Sinn. Es muss genügend Zeit nach dem Abschluss der Versicherung verstreichen, damit es nicht nach Betrug aussieht. Wir können aber keine zwei oder drei Monate länger warten. Unser Geld reicht nur noch für wenige Tage. Es kann durchaus sein, dass wir bereits am Hochzeitstag keinen müden Pence mehr haben. Ich stehe echt unter Zugzwang.

Die Bezahlung der Pension bereitet dabei keine Sorgen, denn ich habe für zwei Wochen im Voraus bezahlt. Übernachtung und Frühstück sind damit gesichert. In absehbarer Zeit werde ich aber kein Geld mehr für ein einfaches Sandwich, geschweige denn für ein schönes Menü haben. Wie soll ich das Marta erklären, nachdem ich ihr erzählt habe, dass meine Familie reich ist?

Noch immer stehen wir an der Felskante. Sieben Meter unter uns toben die Wellen des Ozeans. Die Welt wirkt so feindselig auf mich wie ein wildes Tier.

Ich werde es jetzt tun. Jetzt oder nie. Egal, was folgt. Fest ziehe ich Marta an mich, umarme und küsse sie leidenschaftlich. Ich will sie glücklich wissen, bevor ich so tue, als ob ich die Balance verliere und mit ihr gemeinsam in die tödliche Tiefe stürze.

Wäre ich nur ein geborener Killer, wie ich ihn aus Filmen kenne, und kein feiger Versager!

„Bernhard, was ist los?", fragt sie besorgt. „Du bist ja ganz weiß!" Sie streichelt mich. „Komm, lass uns auf die andere Seite gehen – nicht, dass du mir noch herunterfällst!" Behutsam führt sie mich von der Kante weg auf den befestigten Weg zurück.

*

„Guten Morgen, lieber zukünftiger Ehemann, in drei Tagen heiraten wir!" Die Worte erreichen mich im Halbschlaf, als Marta mich mit einem zärtlichen Kuss und einer Umarmung weckt. Es ist mir unangenehm und ich möchte sie am liebsten schlagen. Doch ich mache gute Miene zum bösen Spiel und lasse die Liebkosungen über mich ergehen.

*

Heute verbringen wir fast den ganzen Tag im Bett. Draußen hämmert der Regen an die große Fensterscheibe. Lebe ich noch in der Wirklichkeit? Ist mein Planen und Bangen ein Teil der realen Welt? Haben Menschen, die Drogen konsumieren, ähnliche Gefühle und Gedanken?

Wegen meiner finanziellen Probleme weiß ich nicht mehr aus noch ein. Wie viele Reiche in unserer Gesellschaft lassen es sich gut gehen – und manche von ihnen sind unbestrafte Räuber und Gauner. Ihr Eigentum ist nicht besser als anderes Diebesgut. Und diese wohlhabenden Kriminellen schließen mich systematisch vom Leben aus. Ich komme mir vor wie ein elender Hund.

„Du, Marta, du hast doch gesagt, dass du auch Geld aus Deutschland mitgebracht hast?"

„Ja, es sind genau einhundertvierundzwanzig Pfund übrig."

„Gut, ich muss nämlich bald zu unserer Bank gehen und arrangieren, dass meine Spar- und Darlehenskasse in Deutschland ein wenig Bares herüberschickt. Das wird aber ein paar Tage dauern. Kannst du mir dein restliches Geld so lange geben?“

„Ja, natürlich, Schatz!“

*

Seit Tagen, eigentlich schon seit Wochen trainiere ich, Marta wie eine Sache zu betrachten, keinesfalls als einen liebenswerten Menschen. Das ist nicht leicht. Seit unserem ersten Treffen hatte ich zwar den Drang, sie endgültig loszuwerden, trotzdem habe ich mich immer zurückgehalten. Gleichzeitig hat sie mich mit ihrer Liebe immer wieder angezogen.

Was immer passiert, sie darf nicht leiden. Noch wichtiger für mich ist, dass sie meine Tötungsabsicht nicht durchschaut. Dieses Problem muss ich noch lösen. Sie muss so schnell sterben, dass sie keine Zeit hat, körperliche oder seelische Schmerzen wahrzunehmen.

Plötzlich denke ich wieder an die Klippen. Fast wäre ich dort gemeinsam mit ihr in die Tiefe gesprungen. Dieser Ort könnte die Lösung sein. „Du Marta, wollen wir heute einmal wieder zu den Klippen fahren? Ich fand den letzten Ausflug richtig nett.“

Dass sie direkt zustimmt, erleichtert mich. Auf dem Weg von der Pension zur Bushaltestelle kreisen meine Gedanken um die Frage: Schlage ich Kapital aus ihrem bevorstehenden Tod oder nicht?

Meistens bin ich davon überzeugt, dass dies von Vorteil wäre, aber nicht immer. Finanzielle Unabhängigkeit, Luxus und hohes Ansehen locken mich natürlich sehr. So plane ich weiter – rücksichtslos, heimtückisch, voller Habgier. Aber ich würde sie auch töten, wenn wir keine Lebensversicherung auf ihren Namen abgeschlossen hätten.

Denn ich fühle mich wie ein Ventil, das dem Druck kaum noch standhalten kann. Es wird nicht mehr lange dauern, bis ich explodiere. Die Konsequenzen sind mir inzwischen auch egal. Seit Wochen wohnt ein Drang in mir, alle zu massakrieren, die in meine Nähe kommen. Immer stärker erhebt dieses Verlangen in mir sein teuflisches Haupt.

*

Wieder steuert ein Linienbus vielversprechend auf mich zu. Zufällig stehe ich auf der linken Seite des Gehsteigs und könnte mich einfach selbst vor die Räder werfen. Der Busfahrer hätte keine Chance zu reagieren. Allerdings müsste ich sichergehen, dass es zu einhundert Prozent klappt und ich nicht stattdessen lebenslang im Koma liege, dahinvegetiere oder auf Rollstuhl angewiesen bin.

Das wäre eigentlich zu schaffen und dennoch hält mich etwas davon ab. Was es ist, weiß ich selber nicht genau. Vielleicht sind es die häufigen und dramatischen Selbstmordversuche meiner Mutter, die letztlich nicht zum Exitus führten. Auf keinen Fall will ich in ihre Fußstapfen treten.

Wenn ich andere nicht töten kann, muss ich mich selbst aus dieser Welt befördern. Vielleicht bedeutet es, in die Hölle zu kommen. Trotzdem! Lieber dort landen, als die Hölle auf Erden zu erleben. Der rote Bus ist längst vorbeigefahren.

Heute ist es ganz schlimm: In meinem Kopf kreist ein Karussell schrecklicher Gedanken. Fantasiebilder kommen und gehen im Sekundentakt: Ich sehe, wie ich Marta mit meinen Händen erdrossle, mich Hilfe suchend dem nächstbesten Passanten in die Arme werfe, wahllos auf Fußgänger schieße, Marta ohrfeige, auf die Knie gehe und Gott um Hilfe bitte, laut meine innere Zerrissenheit herausschreie.

Mein Leben empfinde ich als unerträglich leidvoll und würde es deshalb gerne beenden. Andererseits spüre ich einen starken Selbsterhaltungstrieb. Große Furcht habe ich vor schlimmen Schmerzen nach einem fehlgeschlagenen Suizidversuch.

Gibt es keine Möglichkeit, mein Leben zu ändern, es neu zu beginnen?

*

Wir haben die Klippen erreicht. Irgendwie bin ich total erschöpft. Dass Marta und ich uns so nah sind, dass sich unsere Schultern berühren, ist mir unangenehm. Hoffentlich erwecke ich trotzdem den Eindruck, gerne neben ihr zu sitzen. Sie ist heute recht still, scheint sich hier oben aber wohlzufühlen.

In mir wächst der Gedanke, zu resignieren, alles aufzugeben. Seltsamerweise fühlt es sich an wie eine Versuchung. Soll ich die Versicherungsverträge widerrufen und meinen Plan, etwas Verbotenes zu tun, aufgeben? Soll ich die Bombe vor der Explosion entschärfen?

Dann denke ich an die vielen Schachpartien, die ich früher gespielt habe. Die Taktik steht fest, ein erster Zug ist gemacht und ich stecke mitten im Spiel. Marta muss ich als Bauernopfer hergeben, damit ich siege.

„Weißt du, Schatz, wenn wir irgendwann getrennt sind, weil du untertauchen musst, möchte ich erst einmal hier in Glasgow bleiben. Es genügt ja nicht, die Witwe zu spielen, sondern ich brauche auch Geld, um zu überleben. Und nach Deutschland möchte ich nicht zurück. Es wäre gut, wenn ich hier eine Arbeit finden und mein eigenes Geld verdienen könnte."

„Hm, gar keine schlechte Idee", stimme ich zu. In der Tat ist es ein guter Gedanke, der gleich zwei Türen offenhält. „Während du nach einer Beschäftigung suchst, werde ich probieren, irgendwo ein Büro zu mieten. Stellt die Polizei dann später fest, dass wir nach Arbeit gesucht haben, wird sie weniger Verdacht hegen. Dann liegt die Vermutung näher, dass es tatsächlich ein Unfall gewesen ist."

Zwar geht es ja darum, dass Marta endgültig von der Bildfläche verschwinden wird. Doch scheitert mein Plan, oder entscheide ich mich in letzter Minute anders, haben wir wenigstens etwas Geld in der Tasche. So könnte ich noch für eine Weile den Schein wahren und verhindern, dass ihr mein Bankrott klar wird. Sie ist ja immer noch davon überzeugt, einen reichen jungen Mann zu lieben, der in Deutschland und in den Niederlanden Aktienpakete, Wertpapiere und reichlich Barvermögen hat.

Könnten wir nicht ganz einfach beide wirklich hier arbeiten, Geld verdienen und glücklich werden? Das mit der Versicherung wäre mit einer Kündigung einfach zu regeln. Allerdings müsste ich Marta gestehen, nicht wirklich reich zu sein. Doch würde ihr ein bodenständiges Leben ohne den ganzen erträumten Luxus sicher auch gefallen. Vielleicht könnte ich mich sogar in sie verlieben?

Alles tobt in mir. Der Wunsch, jemanden zu töten, ist schier unbändig. Innerlich zerreißt es mich förmlich. Lange werde ich den Druck nicht mehr aushalten. Ich kann nicht mehr.

Aber ich kann ja auch nicht einfach zu einem Arzt gehen, mich untersuchen lassen und zugeben, dass ich Angst davor habe, jemanden umzubringen. Man würde mich augenblicklich wegsperren. Zur Polizei kann ich auch auf keinen Fall gehen. Zu Recht müsste ich befürchten, sofort eingesperrt zu werden.

Vielleicht könnte ich mich einem Pfarrer anvertrauen. Doch was hilft das schon? Früher hat es jedenfalls nichts gebracht, wenn ich es getan habe.

Nein, das geht nicht. Was würde Marta von mir denken? Spreche ich offen mit ihr, erkennt sie unweigerlich, dass ich sie überhaupt nicht liebe.

Ich muss bald um mich schlagen, sonst werde ich noch verrückt. Gaukelt mir das Leben Trugbilder vor? Meine Tagträume sind in den letzten Tagen fast genauso schlimm wie die nächtlichen Eskapaden des Unterbewusstseins.

*

Marta und ich entscheiden uns am nächsten Vormittag eigene Wege zu gehen. Sie will schauen, ob sie in irgendeinem Hotel als Dienstmädchen oder Reinigungskraft Beschäftigung finden kann, und ich will erkunden, ob sich hier in Glasgow eine Bank finden lässt, wo ich arbeiten kann. Wegen einer Wohnung spreche ich mit einem Makler. Zurzeit gibt es nichts Passendes.

Es erleichtert mich sehr, ohne Marta unterwegs zu sein. So brauche ich nicht ständig den Verliebten zu spielen und kann einfach so sein, wie ich mich fühle. Mittags muss ich nicht mit ihr in einem Restaurant sitzen und so tun, als ob ich alles Geld der Welt hätte. Denn mit jedem Essen, jedem Getränk schrumpft mein Kapital weiter.

Daraus entsteht ein Zeitdruck, der mich fertigmacht. Meine letzte Energie verbraucht sich für den Anschein, dass ich mir alles leisten kann. Dabei besteht die Gefahr, dass mir die letzten Pences aus den Fingern gleiten. Krampfhaft suche ich nach einem Ausweg aus dieser ganzen Misere. Leider finde ich nicht die Spur einer Lösung. Alles ist äußerlich und innerlich verworren, schier unlösbar miteinander verknotet. Von Tag zu Tag wächst meine Verzweiflung, so, wie der Geldbestand weiter abnimmt. Mehr und mehr spüre ich, dass ich keine andere Wahl mehr habe: Marta muss sterben.

Nach dem Tod meiner Frau wird man mich entweder wegen dieses schweren Schicksalsschlages bemitleiden oder wegen meiner Tat verurteilen. Doch selbst im letzteren Fall würde ich wenigstens ernst und wahrgenommen werden. Besser eine negative Aufmerksamkeit als gar keine.

*

„Du, ich habe Lust, mit meinen Eltern zu telefonieren. Die machen sich ganz bestimmt Sorgen. Vorhin in der Stadt dachte ich daran, aber ich wollte erst fragen, was du davon hältst?"

„Eigentlich keine schlechte Idee", antworte ich, obwohl ich davon überhaupt nicht begeistert bin. „Willst du ihnen auch sagen, wo du gerade bist?"

„Nein, das nicht, aber von unserer bevorstehenden Hochzeit will ich ihnen natürlich erzählen."

Meine Sorge ist, dass sie am Telefon etwas ausplaudert, was unseren Plan gefährden könnte. „Marta, bitte, sei vorsichtig mit dem, was du sagst. Mit keinem Wort darfst du den Versicherungsbetrug erwähnen. Später könnte jede Kleinigkeit gegen uns verwendet werden."

Von der nächsten Telefonzelle aus wählt sie die Nummer ihrer Eltern. „Papa, ich wollte nur mal kurz Hallo sagen ... Uns geht es gut, danke. Und euch? ... Wir machen Urlaub und wollen bald heiraten."

Ihr Vater scheint nicht begeistert zu sein. Marta verzieht das Gesicht, während sie ihm zuhört.

„Papa, ich will nicht mit dir streiten, ich wollte euch nur kurz Hallo sagen, damit ihr wisst, dass alles in Ordnung ist und ich sehr glücklich bin. Grüß bitte Mama von mir, ich muss jetzt Schluss machen, weil ich keine passenden Münzen mehr habe. Du, ich hab euch lieb. Ich melde mich wieder, ja? Tschüss!"

Sie trennt die Verbindung und scheint erleichtert zu sein. „Zu Hause ist alles in Ordnung, aber sie machen sich Sorgen um mich."

*

Marta vertraut mir. Ich schaffe es, den perfekten Liebhaber zu spielen. Manchmal sehne ich mich danach, sie lieben zu lernen. Gelegentlich ertappe ich mich dabei, richtig zu spüren, dass ich sie mag.

Zuweilen drängt es mich, ihr alles zu offenbaren, denn die Reinheit ihres Charakters leuchtet wie ein warmer Sonnenschein. Äußerlich ähnelt sie meiner Mutter, hat aber einen ganz anderen Charakter. Sie ist verständnisvoll und gütig. Trotzdem würde sie niemals verstehen, welche bösartigen Gedanken in meinem Kopf geistern.

Die Ringe mussten besonders schön und modisch sein. Das blutrote Brautkleid war richtig teuer. So viel Geld habe ich ausgegeben, dafür verfluche ich mich selbst. Tief im Herzen weiß ich: Bald muss ich ihr Leid zufügen, weil ich es nicht wagen kann, mein wahres Ich zu zeigen. Bis dieser Tag kommt, muss ich sie aber glücklich machen.

*

Nackt sitzen wir im Bett und malen den Grundriss unserer zukünftigen Villa in den USA auf. Das Wohnzimmer allein soll über einhundert Quadratmeter groß werden. Jeder von uns braucht ein eigenes Büro, dazu einen Empfangsraum, eine große Küche, ein gemütliches Esszimmer, ein riesiges Schlafzimmer, mindestens zwei Kinderzimmer und ein luxuriöser Swimmingpool mit mindestens zwanzig Metern Länge. Eine kleine Einliegerwohnung für das Personal ist selbstverständlich. Das frei stehende Haus soll zwei Stockwerke und ein Walmdach haben.

Wir steigern uns in eine Fantasiewelt hinein. Es ist schon Mitternacht, als wir miteinander schlafen. Danach liege ich wach. Sie atmet neben mir ruhig und gleichmäßig. Es macht mich verrückt.

Ohne das Licht einzuschalten, stehe ich auf und stelle mich nackt vor das große dunkle Fenster. Den ganzen Tag über haben wir Pläne geschmiedet. Alles dreht sich um Reichtum und Prestige. Marta glaubt tatsächlich an die Möglichkeit, diesen Traum wahr werden zu lassen.

In mir strebt alles nach Veränderung. Aus der Scheiße meines Lebens soll Gold werden. Die Ahnung, dadurch doch nicht glücklich zu werden, blitzt kurz auf. Schnell schiebe ich sie zur Seite.

„Auge um Auge, Zahn um Zahn", so steht es schon in der Bibel. Diese Worte lösen Rachegefühle in mir aus: Ich will Rache üben an Gott, an meinem Vater und an der ganzen Gesellschaft. Die Mächtigen werden sich jedoch durch meine Tat nicht bessern. Meine Hoffnung, dass sie durch mein Vorhaben zum Guten geführt werden, ist gering.

Gott hat an allem Schuld. Hätte er mir eine faire Chance gegeben, wäre es anders gekommen. Dann würde ich gut und angenehm leben. Vielleicht erkennt Gott durch den Mord in mir einen fast gleichwertigen Partner. Jemanden, der auch mit der Faust auf den Tisch schlagen kann.

Eine große Verzweiflung überfällt mich. Natürlich wird sich die Erde so oder so weiterdrehen. Doch das ist kein Trost angesichts dessen, was mit mir geschieht.

Ein unbändiges Verlangen glüht in mir, Amok zu laufen. Wie würde Marta reagieren, wenn ich mit einer schweren Maschinenpistole Passanten wahllos hinrichte? Sind alle tot, folge ich ihnen.

Doch eine entsprechende Waffe werde ich nirgends kriegen, das ist mir klar. Es ist kurz vor zwei Uhr morgens, als ich mich zu Marta lege und einschlafe.

*

Marta streichelt mich, als ich wach werde. „Morgen heiraten wir!"

„Oder auch nicht", denke ich im Stillen.

„Hast du Lust, heute wieder mit mir an die Klippen zu fahren? Das war letztes Mal so schön!"

Eigentlich habe ich keine Lust, aber ich willige ein. Wir nehmen den Bus und stehen eine gute Stunde später vor dem Mc-Lean-Museum.

„Ist das nicht wunderbar?", jubelt Marta, als sie auf die glänzende Wasserfläche blickt. „Die ganze Schönheit Schottlands liegt vor unseren Füßen."

Ich fühle mich elend und habe Schwierigkeiten beim Laufen. Meine Muskeln scheinen aus wackliger Götterspeise zu bestehen. So drohe ich, in mich zusammenzufallen.

Plötzlich bin ich davon überzeugt, Marta noch heute, vor der Hochzeit, töten zu müssen. In meinem Geldbeutel sind nur noch dreizehn Pence, nachdem ich vorhin im Museumsrestaurant Kaffee und Kuchen bezahlt habe. Am Abend werden wir nichts zu essen haben, das sehe ich schon. Zum Glück ist wenigstens das Frühstück der kommenden Tage bereits bezahlt.

Jetzt sind wir oben. Hand in Hand laufen wir über das Plateau, nur einen halben Meter vom Rand des Abgrunds entfernt. Ganz links, direkt an der Felskante, gehe ich.

„Mensch, sei vorsichtig, Schatz, geh nicht zu nah ran", warnt Marta und zieht mich zur Seite.

Stehen geblieben, umarme und küsse ich sie, um sie nach der Umarmung so zu drehen, dass jetzt sie an der Seite des Abhangs geht. Munter plappert sie vor sich hin, begeistert von den Schönheiten des Ortes.

Nun will ich so tun, als ob ich nach links stolpere, damit ich sie hinunterstoßen kann. Dann würde sie in dem Glauben sterben, ihr zukünftiger Mann sei gestolpert. Sie würde nicht merken, dass ich ein böser Mensch bin.

Doch ich traue mich nicht. Immer wieder sporne ich mich selbst dazu an, aber mir fehlt der Mut. In einem Stoßgebet bitte ich um Unerschrockenheit.

„Schatz, du bist ja ganz weiß! Bist du krank?" Sorgenvoll streichelt Marta mich und umfasst meine Schulter. „Du zitterst ja am ganzen Leib. Lass uns zurückgehen und einen Arzt aufsuchen!"

Mein Flehen ist nicht erhört worden. Der Plan ist gescheitert. Ich bin ein Versager. Genauso habe ich früher versagt, als es darum ging, die Mutter vor dem Vater zu beschützen.

Mein Herz rast und ich bin wütend auf Marta. Warum musste sie in mein Leben kommen? Sie hat selbst Schuld, wenn sie nicht mehr lange lebt. Die Aggression ihr gegenüber wächst ins Unerträgliche. Ich muss mich an ihr abreagieren.

In der Pension angekommen, zieht sie mich aus und steckt mich ins Bett. Dann bringt sie mir einen heißen Tee. Mit Müh und Not kann ich sie davon abbringen, einen Arzt zu holen. Weil sie mich so fürsorglich pflegt, ist meine Selbstachtung noch mehr im Keller.

Ich muss mein gekränktes Selbstwertgefühl wiederherstellen. Allen will ich beweisen, dass ich etwas wert bin. Auch Gott.

*

Es ist Donnerstag, der 12. Oktober 1972. Draußen ist es noch dunkel. Ich liege wach, lausche den sanften Atemzügen von Marta und warte darauf, dass der Wecker klingelt. Um sieben Uhr wollen wir aufstehen. Schon sehr lange bin ich wach und traue mich nicht mehr einzuschlafen.

Ein seltsamer Traum war das! Albträume kenne ich seit vielen Jahren, aber diesmal war es völlig anders. Das Unbekannte ängstigt mich zutiefst. In völliger Finsternis liege ich in einer Gruft, gefesselt mit schweren Eisenketten, unfähig, mich zu bewegen. Was bedeutet dieser Traum?

Das Gefühl lässt sich nicht abweisen: Ich muss mich endlich befreien. Heute oder nie!

Viele Momente fallen mir ein, in denen ich versagt habe: Tage wie gestern. Zitternd bin ich wie ein Feigling von Marta heimgeführt worden.

Heute soll mir das nicht nochmals passieren. Immer und immer wieder flehe ich um göttlichen Beistand – zum Mord.

Es ist ein besonderer Tag und wir beide wissen es. Die Besitzer der Pension werden unsere Trauzeugen sein.

Sie haben für uns einen besonders festlich geschmückten Frühstückstisch gedeckt: Cornflakes, Toast, Butter, Marmelade, gebratene Eier und Schinken warten auf uns. Starker Kaffee dampft in den Tassen. Im Hintergrund läuft eine Schallplatte mit romantischer Musik. In der Mitte des Tisches steht eine Vase mit einer roten Rose. Rosenblätter sind auf dem weißen Tischtuch ausgestreut und in einem Briefumschlag steckt eine Karte mit einem netten Hochzeitsgruß. Wir sind sprachlos.

Marta stürzt sich begeistert auf die Köstlichkeiten. Lustlos stochere ich mit meinem Löffel in den Cornflakes und murmele, viel zu aufgeregt zu sein, als dass ich jetzt mehr essen könnte.

Wenig später stehen wir im Standesamt. Die Trauung verläuft kurz und formell.

Zu unserer Überraschung sehen wir John Clark wieder, den wir auf dem Hinflug kennengelernt haben. Auch die drei Repräsentanten der Versicherung sind gekommen und noch einige andere Leute, die wir gar nicht kennen. Alle begrüßen uns herzlich.

In meinem hellbraunen Anzug stehe ich neben Marta, die ihr neues, blutrotes Kleid trägt. Der Beamte erklärt uns zu Mann und Frau.

Danach beglückwünschen uns alle. Im Besucherraum des Standesamtes hat John Clark einen Tisch für uns gedeckt. Wir sitzen auf edlen Lederstühlen und trinken schottischen Whisky. Marta fühlt sich nach dem zweiten Glas ein wenig beschwipst, ich bitte um ein drittes, um mir Mut anzutrinken.

Einige begleiten uns bis vor die Tür des nahe gelegenen Restaurants, in das wir eingeladen sind. Unser Vermieter ergreift das Wort: „Bitte essen und trinken Sie, was Ihnen gefällt. Ich habe mit dem Besitzer gesprochen und ihn darum gebeten, dass man Sie bevorzugt behandelt."

Vor dem Hauptgericht reicht Marta mir ihre Hand und beginnt, die meine zu streicheln. Tapfer lächelnd bin ich versucht, meine Hand zurückzuziehen, denn ich habe Angst vor dem Kommenden. Am liebsten würde ich laut schreien.

Nun bin ich drauf und dran, ihr hier und jetzt alles zu bekennen und sie um Verzeihung zu bitten. Sie sieht wie ein Engel aus, ein Engel in Gestalt meiner Mutter.

Doch ich kann mir einfach nicht vorstellen, dass ich Vergebung erfahren würde. Sie würde mich nicht verstehen. Außerdem wäre die Schande zu groß.

Wie elektrisiert sitze ich auf meinem Stuhl und versuche, gleichmäßig zu atmen. „Gott, bitte hilf mir!", bete ich wieder und wieder, während der Nachtisch serviert wird.

Dann frage ich sie: „Was hältst du davon, wenn wir heute Abend wieder an den Klippen spazieren gehen? Das ist so ein wunderbarer Ort – wie für uns gemacht."

Ohne zu zögern, stimmt sie zu. Hand in Hand machen wir uns bald darauf auf den Weg zur Bushaltestelle. Es ist, als ob ich träume. Alles wirkt so unreal. Mechanisch setze ich einen Fuß vor den anderen. Mehrmals müssen wir stehen bleiben. Einige Male mache ich sogar auf einer Bank kurz Pause.

Es ist nicht der Alkohol. Ich bin nicht betrunken. Dennoch kann ich mich kaum auf den Beinen halten.

Ich bin ein Versager. Als solcher verdiene ich es, wie eines der Lämmer behandelt zu werden, die mein Großvater immer mit seinem Taschenmesser grausam geschlachtet hat. Wut und Schmerz begleiten diese Gedanken. Heute muss ich mein Ziel erreichen und sie töten.

Wie sehr habe ich mich bemüht, mich Marta gegenüber als Mann zu erweisen! Dieser Schein muss unter allen Umständen gewahrt werden. Meine Ehre muss ich retten und mir Respekt verschaffen. Mit dem Geld der Lebensversicherung könnte ich ein Leben in Frieden und Luxus leben. Dann wäre ich endlich jemand.

Doch welche Bedeutung hat es überhaupt, eine gesellschaftlich anerkannte Person zu sein? Ich bin mir nicht mehr sicher.

Aber ich spüre, wie im Laufe dieser Überlegungen meine Kräfte zurückkehren. Feierlich schwöre ich mir, dass Marta noch heute Abend sterben wird.

*

Vor uns liegt in der Dämmerung das Meer. Uns bleiben zwei Stunden, um den letzten Bus vom Museum in die Stadt zu erwischen.

Marta ist von Glück erfüllt. Mit einer großen Geste wirbelt sie herum und zeigt auf die Möwen, die vor der Küste im letzten Tageslicht kreisen. „Schau mal, ist das nicht wunderbar?", jubelt sie, nimmt meine Hand und zieht mich weiter.

Wir haben uns vorgenommen, heute zum Abschluss noch bis ganz nach oben zu gehen, auf die höchste Klippe, die die anderen um gut zehn Meter überragt. Ich habe die Führung übernommen, Marta geht zwei Schritte hinter mir.

Plötzlich ruft sie meinen Namen. „Bernhard, lass uns zurückgehen! Ich glaube, ich habe gerade einen Schatten gesehen."

Noch nie habe ich sie so ängstlich gesehen. Ich blicke mich um, kann aber beim besten Willen niemanden entdecken.

Wieder ergreift Marta das Wort: „Irgendetwas stimmt hier nicht. Hier ist etwas Böses. Ich weiß nicht was, aber etwas liegt in der Luft."

Kalter Schweiß läuft mir über den Rücken. Ahnt sie etwas? Innerlich bereite ich mich darauf vor, allein zur Klippe zu laufen, um in die Dunkelheit zu springen.

Doch dann zwinge ich mich zur Ruhe. Eine Wahl habe ich sowieso nicht mehr, denn hier geht es ums Überleben. Es muss einfach sein.

„Komm, Schatz, alles ist in Ordnung", tröste ich sie. „Lass uns weitergehen und oben die Aussicht genießen." Ich fasse sie wieder an der Hand. Zögernd folgt sie mir.

Zwei Meter vor dem Abgrund bleiben wir stehen. Zunächst versuche ich, meine schnelle Atmung und einen stechenden Schmerz im rechten Fußgelenk zu beruhigen. Offenbar habe ich mir den Fuß vertreten, als ich eben von Stein zu Stein gesprungen bin. Vor dem letzten Aufstieg führte der Weg durch eine leichte Senke.

Schließlich fühle ich mich wieder als Herr der Dinge. „Wollen wir ein wenig näher herangehen und uns setzen?", frage ich mit unschuldiger Miene.

„Ja, meinetwegen, aber sei bloß vorsichtig. Ich merke ja, dass du heute nicht besonders gut zu Fuß bist. Außerdem ist es sicherlich gleich dunkel. Und hier geht es besonders steil nach unten."

Wir setzen uns einen halben Meter von der Felskante entfernt.

Meinen Arm lege ich um ihre Schulter und rede und rede: von einer märchenhaften Zukunft, von einem schönen Haus in den USA mit Butler und Swimmingpool, von Glück, Liebe und Kindern.

Marta lächelt zu mir herüber: „Du, Schatz, ich bin mir nicht sicher, aber es könnte durchaus sein, dass ich schwanger bin."

Mir stockt der Atem.

„Ja, ich hätte vor fünf Tagen meine Regel bekommen sollen, aber sie kam bis heute nicht. Was würdest du sagen, wenn es so wäre?"

„Das wäre wunderbar…" Etwas stockend kommen die Worte über meine Lippen.

Marta lehnt ihren Kopf an meine Schulter. „Ich liebe dich über alles", flüstert sie in die Dunkelheit hinein.

Wie sehr sehne ich mich in diesem Moment danach, diese Frau wirklich lieben zu können! Sie ähnelt so sehr meiner Mutter.

Schließlich flüstere ich in ihr Ohr: „Ich liebe dich auch über alles." Es ist die Wahrheit und zugleich die Lüge meines Lebens. Wir umarmen und küssen uns. Die letzte Zärtlichkeit.

„Schatz, es ist dunkel geworden. Lass uns nach Hause gehen", schlägt Marta glücklich vor.

„Ja, lass uns nach Hause gehen", erwidere ich. Doch ich habe ein ganz anderes Ziel vor Augen.

Marta sitzt an meiner rechten Seite. Meine rechte Hand lege ich auf ihre linke Schulter, allem Anschein nach, um mich beim Aufstehen abzustützen, doch ich möchte vor allem verhindern, dass sie vor mir hochkommt.

Als ich stehe, mache ich einen Schritt nach rechts und trete dann hinter sie. Sie richtet sich vor mir leicht gebückt auf. Ich mache schnell einen halben Schritt nach vorne, so, als würde ich stolpern und rufe dabei leise „Oh!". Dabei berühre ich sie mit beiden Händen am unteren Rücken und am Po und schubse sie beinahe sanft über die Kante.

Marta verliert das Gleichgewicht und fällt wie im Zeitlupentempo vornüber in die Dunkelheit. Ich höre noch einen gurgelnden Laut, bevor sie mit dem Kopf auf einem Felsvorsprung aufschlägt. Dann ist es totenstill.

II

Ein zärtlicher Gott

Fürchte dich nicht,
denn ich habe dich erlöst;
ich habe dich bei deinem Namen gerufen;
du bist mein!

Die Bibel. Jesaja 43,1

Kapitel 5

Die Augen des Bösen

Wie versteinert stehe ich am Rand der Klippe und lausche. Doch es ist absolut nichts mehr zu hören. „Marta!" Leise, fast nicht hörbar, flüstere ich ihren Namen.

Keine Antwort.

Ich befürchte, dass sie lebt, und hoffe zugleich, dass sie mir antwortet. Werde ich jetzt verrückt?

„Marta?", rufe ich drängend und warte voller Spannung auf Antwort. „Marta!" Diesmal überschlägt sich meine Stimme, als ich ihren Namen zum Himmel schreie.

Rufend und weinend laufe ich die Klippe entlang. „Nein, nein, nein!"

Noch einmal bleibe ich stehen. Den Kopf und beide Arme recke ich zum Himmel und brülle: „Gott! Ich habe das nicht getan! Hörst du! Ich habe es nicht getan!"

Dann sacke ich in mich zusammen, um mich kurz danach wieder aufzurichten: „Gott!" schreie ich feierlich und trotzig. „Ich habe das nicht getan. Ich werde es leugnen. Mein Leben lang."

Weiter vorne in Richtung Museum habe ich zwischen zwei großen Felsen einen Pfad nach unten gesehen, mit einem dicken Tau als Handlauf an den steilsten Stellen. Unten am Strand will ich zu der Stelle am Fuß der großen Klippe gelangen, an der ihr Körper aufgekommen sein könnte. Große Angst überfällt mich. Vielleicht lebt sie noch? Vielleicht kommt sie mir gleich auf dem Weg entgegen, blutend aus verschiedenen Wunden?

Es gibt nur eine Möglichkeit, Gewissheit zu erlangen: Ich muss ihren Leichnam finden. Sollte sie wider Erwarten doch am Leben geblieben sein, muss ich sie unbedingt davon abhalten, zur Polizei zu gehen. Dann war es ein Unfall. Ich bin gestolpert und habe sie mitgerissen. Ja, so könnte es gewesen sein.

Schon wenige Meter weiter falle ich im Dunkeln über ein großes Stück Treibholz und schlage der Länge nach hin. Heftiger Schmerz durchfährt mich, als ich mich aufrappele. Humpelnd erreiche ich schließlich die Straße, die zum Museum führt. Von hier aus sind es vermutlich knapp fünfhundert Meter bis zu der Stelle, an der sie aufgekommen sein muss.

Plötzlich sehe ich sie. Als Engel steht sie vor mir, keine fünfzehn Schritte entfernt. Ein Licht schwebt über ihr wie ein Heiligenschein. Weiter nähern kann ich mich ihr jedoch nicht, obwohl ich alle Kraft aufwende.

„Gott ist bei Marta", schießt es mir durch den Kopf.

Langsam gehe ich rückwärts. Ich will, nein, ich muss weg von hier! Es ist kurz vor halb elf, als ein Auto neben mir hält.

„Guten Abend, kann ich Ihnen helfen?" Die Fahrerin hat die Seitenscheibe heruntergekurbelt.

„Krankenwagen", stammele ich. „Meine Frau ist dort oben gestürzt… Krankenwagen." Verzweifelt zeige ich mit meiner Hand in Richtung Klippen.

„Was ist mit Ihrer Frau?"

„Gott ist bei ihr. Oben. Schnell. Krankenwagen."

„Ist Ihre Frau verletzt?"

„Weiß nicht. Krankenwagen. Schnell, schnell!"

Die Fahrerin hat die Situation anscheinend noch nicht ganz erfasst, aber sie spricht ruhig und klar zu mir. „Gut, Sie bleiben hier an der Straße stehen. Ich fahre jetzt zum nächsten Haus und telefoniere von dort aus, um die Polizei zu holen. Okay? Sie bleiben also hier und warten."

Warum will sie die Polizei holen, ich habe doch mehrfach ganz klar um einen Krankenwagen gebeten? Ahnt sie etwa, dass ich ein Mörder bin? Oder hatte sie Angst vor mir und wollte nur schnell wegkommen?

Wieder hält ein Wagen. Als der Fahrer erfährt, dass jemand anders bereits unterwegs ist, um Hilfe zu holen, entscheidet er sich dafür, bei dem verstörten jungen Mann zu bleiben. Augenscheinlich steht dieser unter Schock.

Tränen der Verzweiflung rinnen über mein Gesicht. Mein ganzer Körper krampft. Mich überschwemmt die Sorge, Gott könnte Marta wieder lebendig machen. Von Jesus gibt es ja solche Wundergeschichten. Verzweifelt flehe ich ihn an, er solle das bitte lassen. Eine wieder zum Leben erwachte Marta könnte womöglich bereits auf dem Weg zur Polizei sein und dort Anzeige erstatten.

Was soll ich ihnen noch sagen, wenn sie bereits alles erzählt hat? Und was soll ich dann auf die Fragen der Polizei antworten? Gedanken kreisen in meinem Kopf und formulieren Ausreden: „Es war ein Unfall! Marta hat die Balance verloren und ist hinuntergestürzt. Ich konnte sie nicht halten."

Aus der Ferne höre ich jetzt die Sirene eines Polizeiwagens. Wenig später hält eine schwarze Limousine neben mir. Zwei Polizisten steigen aus dem Wagen.

Sichtbar ringe ich um Beherrschung: „Meine Frau – sie ist die Klippen hinabgestürzt!"

Kurz darauf treffen weitere Beamte ein. Zwei fordern mich auf, mich in den Polizeiwagen zu setzen. Die anderen schwärmen aus.

Schließlich kommt ein Polizeibeamter zurück und beugt sich zu mir durch das offene Wagenfenster: „Am Fuß der Klippe liegt auf dem Strand eine Leiche. Wer ist das?"

„Das muss meine Frau sein. Sie hatte einen Unfall." Erleichtert realisiere ich, dass Marta offenbar tatsächlich tot ist. Aber natürlich könnte es auch sein, dass die Polizisten mich absichtlich anlügen, um zu sehen, wie ich auf diese Nachricht reagiere.

„Was für ein Unfall?"

„Sie ist hinuntergefallen", erwidere ich nervös und zeige mit der Hand zu den Klippen.

Weitere Fragen prasseln auf mich ein.

Eigentlich haben sie doch keinen Grund, mich des Mordes zu verdächtigen, oder? Da ich immer noch befürchte, Marta könnte den Sturz doch irgendwie überlebt haben, entscheide ich mich für die Flucht nach vorn. Obwohl der Mann von einer Leiche gesprochen hat, erkundige ich mich besorgt: „Wie geht es meiner Frau? Ist sie okay?"

Immer wieder stelle ich dieselben Fragen, ohne eine Antwort zu bekommen. „Lebt sie noch?"

Dann werde ich energischer und bitte darum, dass man mich ins Krankenhaus fährt, damit ich sie sehen kann. Fast beginne ich, selbst an diese Möglichkeit zu glauben. Doch wenn das Schlimmste eingetreten ist und Marta lebt, wird sie mich des versuchten Mordes beschuldigen.

Man bringt mich in ein großes Gebäude. Es muss das Polizeirevier sein.

*

Seit geraumer Zeit sitze ich auf einem Stuhl. Am anderen Ende des Tisches ist ein zweiter, noch unbesetzter Stuhl platziert. Eine kleine Lampe in der Mitte des Tisches blendet mich. Die zwei Polizisten, die mich hierher geführt haben, stehen unbeweglich im Raum, einer vor mir in der Nähe der Tür, einer genau hinter mir. Längst habe ich aufgegeben, ihnen Fragen zu stellen. Kein Wort kommt über ihre Lippen.

Am Anfang haben sie meine Personalien aufgenommen. Das Portemonnaie und alles andere, was ich in meinen Taschen hatte, haben sie mir weggenommen. Selbst den Ehering musste ich abgeben. Die Uhr an der Wand gegenüber zeigt kurz nach Mitternacht.

Einmal versuche ich aufzustehen und sage, dass ich jetzt zu meiner Frau möchte. Doch der Polizist hinter meinem Rücken drückt mich energisch und wortlos wieder auf den Stuhl.

Manchmal kommt jemand herein, flüstert den Beamten etwas zu und geht dann wieder. Nach meinem Gefühl haben sie längst alles herausgefunden und überlegen schon, wie sie mich bestrafen können.

Endlich kommen zwei weitere Männer herein, vermutlich Polizisten in Zivil. Der eine setzt sich auf den leeren Stuhl, der andere stellt sich neben mich. Beiden wünsche ich einen guten Tag, doch der Mann mir gegenüber fragt nur: „Was haben Sie mit Ihrer Frau gemacht?"

„Ich habe heute geheiratet", sage ich zögernd.

„Ja, und dann haben Sie Marta getötet, stimmt's?"

Vieles habe ich erwartet, doch keine solche unumwundene Anschuldigung. Blitzschnell entscheide ich mich für eine Ausweich-Strategie und betone, mein Englisch sei nicht das Beste. Deshalb hätte ich die Frage nicht verstanden. Dann beschließe ich, mich weiterhin dumm zu stellen, und frage zurück: „Wieso, ist meine Frau denn nicht mehr am Leben?"

Der Beamte reagiert barsch. „Marta ist tot. Wie ist sie gestorben?"

Aufspringend schreie ich: „Nein, das kann nicht wahr sein!"

Wieder drückt mich der Polizist in meinem Rücken grob auf den Stuhl zurück. Die Grenzen zwischen echter und gespielter Verzweiflung verschwimmen. Ein weiterer Polizist in Zivil betritt den Raum. Er wirkt sympathisch und fungiert ab sofort als Dolmetscher.

Bis in die frühen Morgenstunden dauert die Befragung.

Es ist wichtig, mir zu merken, was ich erzähle, deshalb präge ich mir dazu Bilder ein.

Am Ende habe ich das Gefühl, es geschafft zu haben. Die Beamten wirken überzeugt, es sei ein Unfall gewesen: Marta ist auf einem Stein abgerutscht und den Abhang hinuntergefallen.

Dann lässt mir die Frage: „War Ihre Frau versichert?" das Blut in den Adern stocken.

Schnell fange ich mich, bewahre Ruhe und antworte scheinbar gelassen: „Nein, nicht, soweit ich weiß."

Die Vernehmung ist damit vorbei. Erleichtert stehe ich auf und werde von einem Polizisten nach draußen gebracht.

Es ist fünf Uhr morgens, als man mich vor meiner Pension absetzt und die Wirtsleute aus dem Bett klingelt. Während sie vor der Tür warten, ergreift ein Beamter das Wort: „Ich heiße Morisson, Mr Duchois. Heute Nachmittag komme ich wieder vorbei und hole Sie ab, um mit Ihnen zur Leichenhalle zu fahren. Ich muss Sie bitten, Ihre Frau zu identifizieren. Und verlassen Sie bitte nicht die Stadt."

Mr Pine, der Pensionsinhaber, öffnet die Tür. Seine Frau steht im Nachthemd hinter ihm auf der Treppe.

Wenig später bin ich endlich allein in meinem Zimmer. Überall erinnern mich Kleidungsstücke an meine Frau. Wie träumend ziehe ich mich aus und trete vor den großen Spiegel.

Plötzlich zucke ich zusammen. Was war das?

146

„Mensch, Bernhard", spreche ich laut vor mich hin, „sei nicht doof! Augen sind Augen. Du kannst jetzt nicht einfach wegsehen und dich nie wieder im Spiegel betrachten. Du musst dich geirrt haben."

Allen Mut zusammennehmend, trete ich langsam einen Schritt vor und sehe in meinen Augen das Böse. Voller Schrecken wende ich mich ab und fliehe unter den Schutz der Bettdecke. Doch an Schlaf ist nicht zu denken.

*

Gedankenverloren sitze ich am Frühstückstisch, obwohl Mr Pine gegen zehn Uhr an meine Tür geklopft und mir angeboten hat, das Frühstück ans Bett zu bringen. Aber ich will nur raus aus diesem Zimmer. In den letzten Monaten fühlte ich mich wie ein Wasserkessel mit Deckel. Der heiße Dampf wollte austreten und konnte es nicht.

Nun ist der Kessel explodiert. Es ist geschehen.

Und ich weiß, dass meine Tat nichts genützt hat. Nichts ist besser geworden. Alles ist nur noch schlimmer als vorher. Es ist mir sogar irgendwie gleichgültig, dass ich es augenscheinlich geschafft habe, die Polizei zu überzeugen. Denn ich fühle mich trotzdem verloren! In die Augen kann ich mir selbst nicht mehr sehen.

Unauffällig schaue ich zum Nachbartisch. Erkennt das harmlose Ehepaar in mir das Böse?

Einige Löffel Cornflakes und ein wenig Kaffee, das ist alles, was ich hinunterbringe. Dann schaue ich meine Hände an und hasse sie. Diese Hände haben vor wenigen Stunden Marta in den Tod gestoßen. An meinen Händen klebt Blut.

Es klingelt.

„Mr Duchois, da sind Zeitungsreporter an der Tür. Die wollen Sie gerne sprechen. Ich wollte sie abweisen, aber sie beharren darauf, dass ich Sie frage, ob Sie kurz zur Tür kommen würden." Mr Pine ist total aufgeregt.

Um die Situation zu klären, komme ich mit zur Tür.

Mehrere Männer drängen sich mit Block, Mikrofon und Kamera und stellen mir alle möglichen Fragen.

Wie angewurzelt stehe ich auf der Schwelle und kann kaum fassen, welche Aufmerksamkeit mir zuteilwird. Kein Wort kommt über meine Lippen. Dann schließe ich die Tür.

„Warum? Warum?", murmele ich auf Deutsch vor mich hin, während mich der Wagen zum Leichenschauhaus bringt. Die Identifizierung verläuft kurz und schmerzlich.

Sehen kann ich nur ihr Gesicht. Ein weißes Laken bedeckt die Wunde an ihrem Kopf und den Rest ihres Körpers.

Obwohl ich ihr Gesicht eigentlich gerne liebevoll berühren würde, kann ich mich nicht dazu durchringen.

„Ist das Ihre Frau?" Statt einer Antwort breche ich weinend zusammen.

Mit dem Wagen geht es zurück. Mr Morisson reicht mir zum Abschied die Hand. „Mr Duchois, ich wünsche Ihnen alles Gute. Passen Sie gut auf sich auf. Falls ich irgendetwas für Sie tun kann, können Sie mich jederzeit anrufen."

„Danke, Mr Morisson."

*

„Herr Kern?"

„Ja?"

„Ich bin es, Bernhard. Ich weiß gar nicht, wie ich Sie anreden soll: ‚Papa' oder ‚Herr Kern'?"

„Ist Marta bei dir?" Misstrauen schwingt in der Stimme ihres Vaters mit.

Ein kurzes Zögern, dann antworte ich: „Ja."

„Wo seid ihr?"

„In Schottland."

„Wo genau?"

„In Glasgow. Herr Kern, ich muss Ihnen etwas mitteilen. Es geht um Marta. Sie hatte einen Unfall. Nun ist sie im Himmel."

Stille.

„Wie geht es ihr?"

„Sie ist nun ein Engel. Sie ist im Himmel."

Wieder Stille.

„Ich habe gefragt, wie es ihr geht."

„Ich habe doch gesagt: Sie ist nun ein Engel und im Himmel."

Herr Kern atmet schwer. „Wo genau wohnst du in Glasgow?"

„In der Duke Street. Nr. 13."

„Gut. Dann bleib mal, wo du bist. Ich mache mich auf den Weg." Herr Kern unterbricht die Verbindung.

In einem nahe gelegenen Hotel buche ich ein Zimmer für meinen Schwiegervater. Dann gehe ich zum Versicherungsbüro. Der Bezirksdirektor ist zufällig anwesend.

„Ich muss etwas mit Ihnen besprechen. Ich möchte die Lebensversicherung kündigen."

„Warum möchten Sie die beiden Verträge kündigen, Mr Duchois?"

„Meine Frau ist gestorben. Sie hatte einen Unfall."

Er schaut mich kritisch an. Nach kurzem Überlegen sagt er dann: „In der Zeitung habe ich heute Morgen gelesen, dass eine deutsche Frau tödlich verunglückt ist. Ich hatte natürlich keine Ahnung, dass es sich um Ihre Frau handelt. Mr Duchois, was soll ich sagen? Zuerst einmal mein herzliches Beileid."

Über eine Stunde unterhalten wir uns. An meiner Absicht, die Versicherung zu kündigen, halte ich unbedingt fest. Auch wenn ich nur noch drei Pence in der Brieftasche habe – das Geld der Versicherung will ich jedenfalls nicht.

Der Bezirksdirektor weiß nicht, was er tun soll. Schließlich sagt er: „Gut, ich habe folgenden Vorschlag: Ich werde mir die ganze Angelegenheit durch den Kopf gehen lassen. Es braucht einfach ein wenig Zeit, um alles einordnen zu können. Anschließend trete ich mit Ihnen wieder in Kontakt. Dann können wir alles Weitere regeln. Ich muss auch mit dem Vorstand darüber reden. Wollen wir so verbleiben?"

*

Kann es sein, dass Verbrecher wie ich mit Absicht Fehler begehen, damit sie überführt und ihrer gerechten Strafe zugeführt werden? Ist ein schlechtes Gewissen, eine ungesühnte Tat, schwerer zu ertragen als eine Haftstrafe?

Das Gewirr der Gedanken löse ich nicht auf. Im Moment ist mir ohnehin alles völlig egal.

*

Gleich nach seiner Ankunft in Glasgow hat Herr Kern Kontakt mit der Polizei aufgenommen. Er beschuldigt mich, seine Tochter Marta nach Schottland entführt zu haben, um sie dort zu ermorden. Dieser Vorwurf führt dazu, dass ich wieder aufs Revier gebracht werde. Voller Angst treffe ich dort auf meinen wütenden Schwiegervater.

Dieses Mal nimmt man mich ins Kreuzverhör. Zunächst ist Martas Vater anwesend. Später wird er gebeten, den Raum zu verlassen. Stundenlang schleppt sich das Verhör hin. Scheinbar glaubt man mir weiterhin. Ein Protokoll wird erstellt und mir laut vorgelesen. Am Ende soll ich alles unterschreiben.

Doch ehe ich den Kugelschreiber in die Hand nehmen kann, stürmt Mr Morisson wutentbrannt ins Zimmer, packt mich am Kragen, hebt mich vom Stuhl und wirft mich energisch gegen die Wand. Mein Hinterkopf wird feucht. Vor meinen Augen tanzen Sterne. Blut läuft in meinen Nacken.

Wütend drückt der Ermittler seinen ausgestreckten Zeigefinger auf meine Brust und schreit: „Sie haben Marta ermordet, um ihre Lebensversicherung zu kassieren. Deshalb haben sie sie getötet! Stimmt's? Sie verdammtes Schwein! Geben Sie schon zu, dass Sie ein dreckiger Mörder sind!"

Mit beiden Händen stößt er mich durch den Raum. Dann packt er mich, hält mich fest und rammt sein Knie in meinen Magen. Schmerzverzerrt breche ich zusammen.

Befehle hallen durch den Raum. Die meisten Anwesenden gehen hinaus. Nur zwei uniformierte Beamte beobachten regungslos an der Wand stehend, wie ich mich zurück zu meinem Stuhl schleppe und darauf zusammensacke.

Zehn Minuten später erscheint Mr Morisson in Begleitung eines zweiten Kriminalpolizisten, der zunächst kein Wort spricht. Der Übersetzer kommt dazu. Ein Tonbandgerät steht auf dem Tisch. Meine Befürchtung ist, dass sie mit mir machen, was sie wollen. Keiner hat für mich Partei ergriffen, als ich geschlagen wurde.

Doch nun scheint alles anders zu sein, auch wenn ich mir darauf keinen Reim machen kann. Der neue Polizist hat eine freundliche Art und geht systematisch alles nochmals mit mir durch. Die gleichen Fragen …. Meine ganze Biografie wird einbezogen.

Unvermutet trifft mich plötzlich ein Satz des Verhörenden: „Lieber Mr Duchois, es ist doch das Beste für Sie, wenn Sie jetzt einfach die Schuld auf sich nehmen. Geben Sie zu, dass Sie Marta die Klippe hinuntergestoßen haben. Kommen Sie, geben Sie es doch zu."

„Ich glaube, es ist besser, wenn ich zuerst mit einem Anwalt spreche." Meine Knie werden weich.

„Kommen Sie, sagen Sie einfach einmal: ‚Ich habe es getan!' Sie werden sich danach besser fühlen. Glauben Sie mir! Geben Sie es doch einfach zu. Dann haben wir es hinter uns. Es ist doch normal, dass junge Leute sich streiten. Vielleicht haben Sie da oben gestritten und Marta dann verärgert hinabgestoßen."

Beharrlich widersetze ich mich dem Vorschlag. „Ich möchte erst einen Anwalt sprechen. Bis dahin sage ich gar nichts mehr."

Nun erklärt der freundliche Polizist: „Mr Duchois, ich verspreche Ihnen, dass wir Ihnen einen guten Anwalt besorgen werden. Haben Sie einen besonderen Wunsch?"

„Nein."

„Gut. Wissen Sie, ich kenne einen guten Anwalt, der jung ist und trotzdem viel Erfahrung hat. Den werde ich gleich anrufen und ihn hierherbitten, damit er Sie unterstützen kann. Ist das so in Ordnung?"

„Ja."

„Möchten Sie einen Tee oder Kaffee haben? Haben Sie schon etwas gegessen?"

„Nein, noch nicht."

„Möchten Sie denn etwas haben?"

„Ja gerne, wenn es geht."

Dann ist es jedoch vorbei mit den Höflichkeiten: Mr Morisson brüllt mich erneut an, offensichtlich ist ihm das alles viel zu weichgespült. „Hören Sie einmal zu, Sie Frauenmörder, mit

Ihnen müsste man kurzen Prozess machen. Nichts mit Essen und Trinken!" Er kommt so nahe, dass mich seine Nase beinahe berührt. Eine feuchte Aussprache und sein heißer Atem schüchtern mich noch mehr ein.

Und wieder ändert sich von einem Moment auf den anderen die Lage. Der freundliche Beamte greift ein und schickt Morisson aus dem Vernehmungszimmer. „Bailley ist mein Name", stellt er sich mir vor. „Es tut mir leid, dass mein Kollege sich so gehen lässt. Das soll nicht wieder vorkommen."

Kaffee wird ins Zimmer gebracht. Mr Bailley schenkt mir ein. „Nun trinken Sie erst einmal und stärken Sie sich ein wenig."

Der erste Schluck tut gut, und ich bin dankbar, dass es diesen Polizisten gibt.

„Wissen Sie, Mr Duchois, ich war auch einmal so jung wie Sie und habe früher auch manchen Unsinn getrieben. Ehrlich gesagt kenne ich keinen Menschen, der nicht auch einmal etwas Doofes tut. So, nun entspannen Sie sich erst einmal ein wenig. Mr Morisson wird nicht so bald wieder hereinkommen. Sagen Sie mir doch einfach von Mensch zu Mensch, was auf der Klippe wirklich passiert ist!"

Eine völlig frei erfundene Geschichte traue ich mir nicht zu. So konstruiere ich im Eiltempo eine teuflische Lüge und drehe die Wahrheit um: Warum soll Marta nicht versucht haben, mich dort oben auf der Klippe zu töten?

Zögernd erzähle ich dem freundlichen Beamten nun meine Version der ganzen Geschichte: „Gemeinsam haben Marta und ich einen Versicherungsbetrug geplant. Mein Tod sollte wie ein Unfall aussehen, Marta sollte die Versicherungssumme der auf mich abgeschlossenen Lebensversicherung kassieren. Blutspuren am Rand der Klippe sollten dokumentieren, dass ich abgestürzt sei. Und ich sollte für eine Weile untertauchen. Nach einiger Zeit wollten wir uns dann in Amerika treffen, um dort ein schönes Leben zu führen.

Oben auf der Klippe saßen wir gestern Nacht eine knappe Stunde am Abhang. Als es Zeit war, aufzubrechen und in die Pension heimzukehren, hat Marta versucht, mich die Klippe hinunterzustoßen. Offenbar wollte sie nicht teilen und die Versicherungssumme für sich alleine kassieren.

Natürlich habe ich mich gewehrt. In dem Gerangel verlor sie den Halt und fiel. Es war Notwehr!"

Mr Bailley zeigt sich überrascht: „Ich freue mich darüber, dass Sie Ihre Aussage ändern. Es war also auf jeden Fall kein Unfall. Eine Rangelei fand statt. Doch appelliere ich an Ihr Ehrgefühl. Machen Sie doch reinen Tisch! Einen versuchten Versicherungsbetrug geben Sie ja schon zu. Das heißt, Sie werden auf jeden Fall vor Gericht kommen. Wissen Sie was? Das Gericht wird Ihnen zugutehalten, dass Sie die ganze Wahrheit sagen. Ein paar Jahre Gefängnis bringt schon der Betrug. Haben Sie Marta wirklich getötet, kommen vielleicht noch ein, zwei Jahre dazu. Okay, das sind ein paar Jahre mehr, aber Sie haben dann ein reines Gewissen."

An meiner Darstellung ändere ich nichts.

„Denken Sie doch einmal an Ihre Eltern: Ihren Vater, Ihre Mutter! Würden die nicht wollen, dass Sie die Wahrheit und nichts als die Wahrheit sagen?"

„Wann kriege ich denn nun endlich einen Anwalt?"

„Der ist auf dem Weg. Okay, dann muss ich Ihnen einfach vertrauen und davon ausgehen, dass Ihre Aussage auf der Wahrheit beruht. Gut, ich will jetzt noch mal nachschauen, wo Ihr Anwalt bleibt. Ich komme gleich wieder." Mit diesen Worten verlässt der nette Mann den Raum.

Kaum eine halbe Minute später ist Mr Morisson wieder da und schickt seine beiden Kollegen raus, bevor er mich erneut hart und unbarmherzig anpackt: „Hör zu, du Mörderschwein! Entweder sagst du mir jetzt die Wahrheit oder deine letzte Stunde hat geschlagen! Ich sage dir auch, wie das geht: Erstens weiß keiner, dass du hier bist. Niemand wird dich vermissen. Und zweitens brauche ich meine Hände an so einem Schwein, wie du es bist, gar nicht dreckig zu machen.

Nein, da gibt es etwas viel Besseres! Mr Kern ist ja hier. Auf dein Verlangen hin bitte ich ihn gleich noch einmal herein und lasse euch beide dann allein. Nun, er weiß ja jetzt, dass du seine Tochter ermordet hast. Er wird sich an dir rächen wollen. Und, weißt du was, ich werde ihm das erlauben. Es sei denn, du sagst mir auf der Stelle die volle Wahrheit!"

Es ist durchaus vorstellbar, dass Martas Vater mich als Vergeltung auch umbringen möchte. Letztendlich ist das trotzdem besser, als jetzt die Wahrheit zu sagen. Lieber sterben als zugeben, ein Mörder zu sein.

Energisch schaue ich Mr Morisson an und beharre auf meiner Forderung: „Ich will einen Anwalt."

Er schnaubt: „Ich bin dein Anwalt. Ich kann dich am Leben lassen oder ich kann dich sterben lassen. Es ist deine Wahl."

Doch ich wiederhole nur: „Ich will einen Anwalt!"

„Gut, ich hole Mr Kern jetzt herein. Du hast es so gewollt. Dann lasse ich euch allein. Du kannst ja versuchen, ihm zu erzählen, wie sich alles zugetragen hat. Sag ihm, dass Marta dich angeblich von der Klippe hinunterstoßen wollte. Sicherlich macht es ihm nichts aus, so etwas über seine Tochter zu hören. Oder was denkst du?"

Meine Angst wächst. Dieser muskulöse, zwei Meter große Landwirt erwürgt oder erschlägt mich im Handumdrehen! Wird der Polizist das wirklich zulassen? Hoffentlich kommt Mr Bailley bald zurück!

„Nein, das ist nicht nötig", antworte ich besorgt.

„Aber ja, es erfordert schon der Anstand, ihn hereinzulassen."

Auf seinen Befehl hin öffnet sich die Tür. Herr Kern steht im Türrahmen, begleitet von zwei kräftigen Polizisten. Der ganze Raum scheint von Uniformierten jetzt nur so zu wimmeln. Herr Kern setzt sich auf den freien Stuhl.

„Was hast du mit Marta gemacht?", fragt er gepresst. Es ist offensichtlich, dass dieser trauernde Vater sich äußerst anstrengen muss, um nicht sofort vor Zorn zu explodieren.

„Nichts, Herr Kern."

„Gut, dann schlage ich vor, dass wir beide jetzt allein auf die Klippe gehen und du mir genau sagst, was dort oben wirklich passiert ist. Okay?"

„Das ist doch eine gute Idee", willigt Mr Morisson ein.

„Nein, bitte nicht!", wende ich mich Hilfe suchend an die Umstehenden. Aber merkwürdigerweise scheint mich keiner zu verstehen. „Ich glaube, der Mann will mir etwas antun."

„Ach, das glaube ich nicht", meint Mr Morisson feinsinnig lächelnd. „Und falls doch, können wir auch nichts dafür."

Martas Vater steht auf, lehnt sich weit über den Tisch und greift nach mir. Erst im letzten Moment halten ihn die Polizisten zurück. Dann wird er auf einen Wink von Mr Morisson wieder aus dem Vernehmungszimmer geführt.

Nun ist der Ermittler wieder allein mit mir und kommt direkt auf mich zu. „So, nun will ich einmal so tun, als wäre ich Marta und versuche, dich umzubringen. In Ordnung? Wie gesagt, wir proben das jetzt einmal. Wir wollen das Ganze rekonstruieren. Du musst also versuchen, meine Attacke abzuwehren, und meinen Mordversuch verhindern."

Trotz der extrem ernsten Situation kann ich mir ein Lächeln nicht verkneifen. Ganz eindeutig ist das ein Bluff.

Ein paar harte Ohrfeigen bringen mich schnell zur Besinnung und vertreiben das Lachen.

„Hör gut zu! Und das sage ich nur einmal. Entweder sagst du jetzt die ganze Wahrheit oder ich werde dich töten. Hast du verstanden? Wenn du glaubst, dass ich das nicht tun würde, hast du dich gewaltig getäuscht! Du wärst nicht der Erste, der aus diesem Revier nicht lebendig herauskommt.“

Er stößt mich vom Stuhl, wirft mich zu Boden und tritt auf mich ein. „Schwein! Du verdammter Strolch! So, nun zeig mir, wie du dich gewehrt hast, als sie dich hinunterstoßen wollte!“ Er traktiert mich mit seinen Füßen, zieht mich hoch, schubst mich wieder weg und boxt gegen meinen Schädel. „Na, hat sie dich so angegriffen?“

Wütend versucht er, mich so zu provozieren, dass ich zurückschlage. „Hat sie das genauso getan, wie ich das tue? Aber du wehrst dich ja gar nicht! Dann hättest doch *du* von der Klippe fallen müssen.“

Als er immer weiter auf mich einprügelt, bin ich irgendwann am Ende meiner Kräfte und beginne, laut zu heulen. „Irgendwie habe ich diese Strafe ja verdient“, denke ich verzweifelt, „aber jetzt kann ich einfach nicht mehr. Entweder hört er auf mit den Schlägen oder ich will sterben.“

Irgendwann hört Mr Morisson endlich damit auf, mir wehzutun, und verlässt den Raum. Man führt mich zu einer Zelle, die etwa drei Quadratmeter misst. Ein Stuhl ist das einzige Mobiliar. Essen wird mir gebracht: Pommes frites, Wurst und Spiegelei, ein Becher Tee.

Mein Anwalt besucht mich in der Zelle. Mr Wheatley möchte mich über meine Rechte aufklären, aber ich habe keine Kraft mehr, ihm zuzuhören. In seiner Gegenwart werde ich wenig später schließlich des Mordes an Marta Kern angeklagt.

„Möchten Sie etwas sagen?", fragt Mr Morisson.

„Sie brauchen das nicht zu tun", informiert mich der Anwalt.

„Es ist okay. Ja, ich möchte etwas sagen: Ich bin unschuldig. Ja, ich habe Marta den Berg hinuntergestoßen, aber es war Selbstverteidigung. Ich bin kein Mörder."

*

Von diesem Moment an bin ich in Untersuchungshaft. Ein deutschsprachiger Polizist betreut mich.

„Möchten Sie einen Anruf tätigen?"

„Ja, gerne, aber ich habe kein Geld."

„Machen Sie sich darüber keine Sorgen, das zahlen wir schon. Wen möchten Sie gerne anrufen?"

Darüber sinne ich nach. Etwas in mir fühlt sich entlastet, weil ich nun offiziell beschuldigt werde, Marta ermordet zu haben. Zugleich ist mir klar, dass es noch hart für mich werden wird. Hilfe könnte ich gut gebrauchen, vor allem emotionalen Beistand. Kann und soll ich die Eltern anrufen?

Doch dann, befürchte ich, könnten sie mich auch für einen Mörder halten und nichts mehr mit mir zu tun haben wollen. Vielleicht zeigt mein Vater Schadenfreude angesichts meiner massiven Schwierigkeiten? Was soll ich tun?

Groß ist mein Bedürfnis, mit jemandem zu sprechen, der es eventuell gut mit mir meint. Deshalb frage ich, ob ich meine Eltern anrufen darf. Es ist halb ein Uhr nachts.

„Bitte, legen Sie nicht auf", bettle ich, als der Beamte, der sich um die Telefonverbindung nach Deutschland bemüht, die Augenbrauen hochzieht, weil er vermutet, dass zu dieser Tageszeit doch niemand abnehmen wird.

„Duchois", meldet sich Henri senior mit müder Stimme.

„Glasgow in Schottland, die Polizei hier. Guten Tag, Mr Duchois. Einen Moment bitte." Der Beamte reicht den Telefonhörer an mich weiter.

„Papa?"

„Ja."

„Papa, ich bin es. Bernhard."

„Ja?"

„Papa, ich brauche dich. Ich bin in Schwierigkeiten."

„Ja?"

„Papa, ich bin auf einer Polizeistation. Die haben mich wegen Mordes angeklagt. Meine Frau hat einen Unfall gehabt, und die glauben, ich hätte sie getötet."

„Ja?"

„Bitte hilf mir, Papa!"

Mein Vater wird sich wie in einem schlechten Traum fühlen. Seit Monaten belästige ich ihn, rufe mitten in der Nacht an, sage dann gar nichts oder nenne ihn ein Dreckschwein. Traut er mir jetzt zu, dass ich mir eine derart absurde Geschichte ausdenke, um ihn zu schikanieren?

Offensichtlich entscheidet er sich dafür, das alles nicht für einen üblen Scherz zu halten. „Ich werde dir helfen, mein Sohn. Mama und ich werden dir beistehen."

„Danke, Papa."

„Das ist in Ordnung, Bernhard."

„Ich hätte nicht gedacht, dass du mir helfen würdest, nach all den Schwierigkeiten zwischen uns."

„Vergiss das, mein Sohn! Dafür sind Eltern da, um ihren Kindern beizustehen."

„Danke, Papa."

„Es ist alles in Ordnung, mein Sohn. Verlier nicht den Mut."

In dieser Nacht werden meine Eltern nicht mehr schlafen. Sie machen sich Sorgen.

Am nächsten Morgen bringt ihnen ein Nachbarsjunge die BILD-Zeitung. Auf der Titelseite ist ein großes Bild von Bernhard, ihrem Sohn. Darunter prangt die Schlagzeile: „Ist dieser Bräutigam ein Mörder?"

*

„Möchten Sie eine Zigarette?", fragt mich der Polizist.

„Ja, danke." Diese menschliche Behandlung ist so wohltuend. Seit der offiziellen Anklage sind die Übergriffe vorüber. Eigentlich hatte ich mir immer vorgestellt, es wäre genau umgekehrt.

Im großen schwarzen Innenraum des Gefängniswagens sitze ich auf einer hölzernen Bank, auf jeder Seite von einem Sicherheitsbeamten flankiert. Ein dritter Ordnungshüter sitzt mir gegenüber und gibt mir Feuer. Dies ist die erste Zigarette mit Handschellen. Eng umschließen sie meine Handgelenke.

Kapitel 6

Kapitän auf sinkendem Schiff

Die achtzig Kilometer kommen mir endlos vor. Es ist Sonntag, der 15. Oktober, als der Gefangenentransporter in Edinburgh ankommt. Der Motor wird abgestellt, die Tür von außen geöffnet. Für Sekunden erfasse ich das Tageslicht, bevor man mich durch eine Eisentür und dann einen Gang entlangführt. Dort werde ich von Gefängniswärtern in Empfang genommen.

Alle gehen durch eine vergitterte Tür und stehen dann in einem Raum mit vielen kleinen Türen aus Holz und Stahl ringsum. In der Mitte befindet sich ein großer hölzerner Abstelltisch. Polizisten und Justizvollzugsbeamte tauschen sich kurz aus. Dann werden meine Handschellen abgenommen. Ein Justizbeamter führt mich durch eine der Türen in eine kleine Zelle, deren Tür hinter mir verschlossen wird.

Der Raum ist aus verputztem Stein und hat höchstens einen Quadratmeter Grundfläche, bei einer Höhe von schätzungsweise vier Metern. Eine kleine Bank nimmt fast die Hälfte der Fläche ein. Drehen, stehen und sitzen, das geht. Die Zeit schleppt sich dahin. Wie viel Uhr es ist, weiß ich nicht, weil man mir auch die Armbanduhr weggenommen hat. Knappe vier Tage habe ich nicht mehr geschlafen. Am liebsten würde ich mich sofort hinlegen. Doch das geht leider nicht.

Endlich öffnet sich die Tür. Ein Justizvollzugsbeamter befiehlt etwas. Ich verstehe ihn nicht und frage nach. Der Befehlston wird noch härter. Mir wird klar, dass ich mich ausziehen soll. Jacke, Hemd, Schuhe, Hose, Strümpfe und Unterhose... Gehorsam lege ich alles auf den großen Tisch im Vorraum. Dann muss ich zurück in die kleine Zelle. Wieder wird die Tür verriegelt und verschlossen.

Nach einer Viertelstunde öffnet sie ein medizinischer Wärter in weißem Kittel. Mit einem festen Schreibblock in der einen Hand und einem Bleistift in der anderen befragt er mich. Nackt stehe ich vor ihm. So gut es eben geht, antworte ich.

Dann begutachtet der Wärter meinen Körper mit einer Taschenlampe. Dazu muss ich mich umdrehen, bücken und wieder umdrehen. Schließlich hebt er mit seinem Bleistift den Penis und die Hoden hoch und begutachtet alles.

Kritisch schaut er dabei auf seine Notizen. Er steckt das Ende des Stifts, mit dem er gerade meine Genitalien berührt hat, in seinen Mund, holt einen Radiergummi aus der Tasche, radiert einen Eintrag weg, nimmt den Bleistift aus dem Mund und korrigiert seine Notiz. Mir ist zum Lachen zumute, aber ich traue mich nicht.

Anschließend muss ich in einem anderen Raum ein Bad nehmen. In einer Wanne mit maximal fünfzehn Zentimeter Wasser wasche ich mich unter der Aufsicht des Wärters. „Jetzt ist es genug", befiehlt er. Gerade fange ich an, mich mit dem Handtuch abzutrocknen, da reißt er es mir weg. „Geh, Nazischwein!"

Zurück in der Zelle bedrückt mich die Enge so sehr, dass ich mich nicht getraue einzuschlafen. Irgendwann muss ich zur Toilette und klopfe zaghaft an die Zellentür. „Hallo, ist jemand da?" Keiner öffnet, obwohl ich schließlich lauter klopfe und rufe.

Erst einige Zeit später öffnet ein Wärter meine Tür und gibt mir eine Unterhose ohne Gummi, eine Hose ohne Verschluss und ein rot-weißes Hemd ohne Knöpfe, dazu graue Socken und

Schuhe ohne Schnüre. Augenscheinlich sind alle diese Kleidungsstücke bereits sehr oft getragen worden.

Dringend bitte ich jetzt darum, austreten zu dürfen, bis ein Wärter mich zu einem Urinal begleitet. Er bleibt stehen, während ich mich erleichtere. Wieder eingeschlossen, ziehe ich mich an. Meine schnurlosen Schuhe sind viel zu groß, ich verliere sie fast beim Laufen.

Endlich, nach Stunden, werde ich aus dem engen Käfig befreit. Flankiert von zwei Sicherheitsbeamten gehe ich, meine Unterhose und meine Hose mit der linken Hand festhaltend, in der rechten Hand zwei Wolllaken, ein ursprünglich weißes Bettlaken und einen Kopfkissenbezug tragend, durch verschiedene Türen und betrete schließlich einen Innenhof. Lange, trostlose Mauern und endlos erscheinende Reihen von vergitterten Zellenfenstern begrüßen mich. Man bringt mich in den D-Block des Untersuchungsgefängnisses.

Es bereitet mir weiterhin starke Schmerzen, mit meinem geschwollenen Fuß aufzutreten. Zweimal verliere ich einen Schuh, obwohl ich die Zehen schon zusammenziehe, damit er nicht so schnell vom Fuß rutscht. „Schneller, du Arschloch!", brüllt mir der Wachhabende auf Englisch ins Ohr.

Dunkel und bedrohlich mutet die Halle für Untersuchungsgefangene an: achtzehn Zellen unten links, achtzehn Zellen unten rechts, die gleiche Aufteilung dann wieder in den Stockwerken eins und zwei. Irgendwann waren die Wände einmal dunkelgrau angestrichen und die eisernen Türen dunkelgrün. Nun bröckelt die Farbe und der Rost nagt am Metall.

*

Der Verantwortlich für Block D erhält in meinem Beisein die Informationen zum neuen Untersuchungsgefangenen. Seine Miene wird finster. „Ah, dann bist du also das Nazischwein, das seine Frau kaltblütig von der Klippe geworfen hat, nur, um reich zu werden. Das freut mich, dass du zu uns kommst.

Regel Nummer eins: Was immer ein Wächter zu dir sagt, das tust du sofort mit der Bemerkung ‚Ja, Sir!‘. Regel Nummer zwei: Du wirst nicht sprechen, es sei denn, ein Wärter erlaubt es dir. Alle anderen Regeln wirst du noch lernen, du verdammter Mörder! Hast du verstanden?"

„Ja."

„Ja, SIR!", schreit der Aufseher und gibt seinem Schrei einiges an Spucke mit.

„Ja, Sir. Und haben sie vielleicht einen Gürtel für meine Hose? Irgendwie sind da keine Knöpfe dran."

„Wir haben vielleicht einen Gürtel für deinen Nacken."

Dann öffnet er die Zelle Nummer zwei.

„Rein in die gute Stube", dazu salutiert er sarkastisch mit „Heil Hitler" und hält seinen linken Zeigefinger unter seine Nase, um den Schnauzer anzudeuten.

Kaum habe ich meine Zelle betreten, wird die Tür mit vibrierendem Lärm zugeschlagen. Es folgt das sich stets wiederholende Drücken der Türklinke, die nur an der Außenseite montiert ist.

Ein penetranter Geruch von Kot und Urin durchzieht den Raum. Der steinerne Fußboden hallt bei jedem Schritt. An den Wänden entdecke ich neben Bleistiftmarkierungen und Blutspuren auch Reste von Fäkalien. Eine Strohmatratze, ein Gebilde wie ein Kopfkissen und ein flacher Eimer bilden das Mobiliar. Ein Heizungsrohr mit einem Durchmesser von zehn Zentimetern schlängelt sich von einer Zwischenwand zur anderen.

Plötzlich erregt ein metallisches Geräusch meine Aufmerksamkeit: Die Klappe vor dem Spion in der Tür wird zurückgeschoben und ein Auge schaut hindurch. Mir ist es egal, ob ich beobachtet werde. Müde bin ich und möchte erst einmal nur schlafen. Die Matratze, so hart und dreckig sie auch ist, fühlt sich für mich wie eine Wohltat, ja, eine Wonne an.

Von draußen höre ich das Scheppern von Schlüsseln, die in die Schlösser gesteckt werden. Dann fliegt die Tür auf. Ein relativ kleiner und junger Wächter steht wie John Wayne in der Türöffnung. Sein Name ist Alan White. „Aufstehen, du Drecksack!"

Schnell genug zu reagieren schaffe ich nicht. Daraufhin stellt er die Türklinke so, dass die Tür nicht mehr ohne Schlüssel zufallen kann, schreitet in die Zelle und setzt seinen Arbeitsschuh auf meinen Hals. „Lass dir das eine Warnung sein, Nazi. Wenn ich dir das nächste Mal etwas befehle, sagst du: ‚Ja, Sir!', und tust es dann sofort! Verstanden?"

„Ja, Sir!", röchle ich. Geräuschvoll werde ich wieder eingeschlossen. Rasch schlafe ich ein, um gleich wieder geweckt zu werden. Dieses Mal muss ich mich nackt ausziehen und meine Kleidung und die Brille abgeben. Erschöpft sinke ich auf das Bett.

Im Traum stehe ich am Strand und schaue zur Klippe hinauf. Ein Schatten stürzt herab. Mit einem schrecklichen Geräusch zerschellt Martas Körper neben mir. Aus dem Dunkel höre ich ihre anklagende und zugleich warnende Stimme: „Bernhard!" Verzweifelt beginne ich zu weinen.

Meine Zelle ist hell erleuchtet. Da ich pinkeln muss, hebe ich den Deckel des flachen Eimers an, der in der Ecke steht. Er ist voller Urin und Kot. Angewidert drücke ich den metallenen Klingelknopf neben der Tür. Nach fünf Minuten steht ein Wärter regungslos im Türrahmen.

„Sir, darf ich den Eimer leeren?"

Ohne einen Kommentar wird die Tür wieder geschlossen. Es bleibt mir nichts anderes übrig, als den bereits ziemlich gefüllten Eimer zu benutzen. Wenig später hebe ich die schmutzige Matratze etwas an und störe dabei einige Kakerlaken auf. Eine flüchtet zwischen die Laken, die mir als Zudecke dienen.

„Gott, was mache ich eigentlich hier? Bitte sag es mir. Sag mir, warum ich lebe!"

Gespannt halte ich inne, um zu hören, ob er antwortet. Nichts.

„Gott, ich weiß nicht, warum ich lebe. Aber eines verspreche ich dir: Ich werde es rausfinden. Ja, ich werde es rausfinden."

*

Das grelle Licht von der knapp vier Meter hohen Zimmerdecke scheint Tag und Nacht. Zweieinhalb mal drei Schritte misst der Raum. Zeit wird bedeutungslos.

Immer wieder kommt ein Wärter vorbei, hebt die Verkleidung des Spions hoch und schaut hindurch. Meistens rüttelt er kräftig an der Klinke, manchmal tritt er kräftig gegen die Zellentür, bevor er geht. Tag und Nacht. Aber ich hasse es ja ohnehin, zu schlafen und von der Dunkelheit zu träumen, weil ich dann Marta sehe, die beim Hinabstürzen meinen Namen ruft.

Die Tage schleichen dahin. Allmählich gewöhne ich mich an die Routine: Um sechs Uhr morgens wird aufgeschlossen. Meine Kleidung und die Brille bringt man in die Zelle, damit ich mich anziehe. Auf Schritt und Tritt von einem Wärter verfolgt, darf ich mich dann waschen. Vierzehn Waschbecken sind in einer Halle im Erdgeschoss nebeneinander installiert. Der

Wärter reicht mir Seife, ein Handtuch, die Zahnbürste und ein Pulver zum Zähneputzen.

Ein Spiegel mit Plastikrahmen, fest an der Wand verklebt, schafft ein verzerrtes Spiegelbild. Dennoch ist es klar genug, dass ich unbedingt vermeiden muss, in meine eigenen Augen zu schauen. Immer noch sehe ich den Teufel in mir. Zum Schluss reicht mir der Wärter eine Rasierklinge.

Mit Rufen wie „Sieg Heil!", „Verdammter Mörder!" oder „Deutsches Schwein!" werde ich zu einer der drei Toiletten eskortiert. Die Seiten der Häuschen haben eigentlich ausreichend Sichtschutz, sodass ein wenig Privatsphäre gewahrt werden könnte. Aber die Vorderseite besteht lediglich aus einer fünfzig Zentimeter hohen Tür, die sich von der Kniehöhe an hochzieht. Das Bewachungspersonal hat damit genügend Sicht, um sicherzugehen, dass der Gefangene nichts Verbotenes auf dem WC durchführt. Durchschnittlich darf ich bis zu fünf Minuten auf dem Örtchen verweilen. Dann muss ich zurück in meine Zelle gehen, den Eimer herausholen und ihn ausleeren.

Spätestens um 6:15 Uhr ist erneuter Einschluss. Von jetzt an darf ich tagsüber auf der Matratze sitzen oder liegen, mich jedoch keinesfalls mit den Wolldecken bedecken. Um sieben Uhr kommen Wärter und verteilen Frühstück: Zwei Scheiben Weißbrot, ein Stück Margarine, ein Topf Haferflocken, mit Salz zubereitet, und ein Becher Tee samt Plastikmesser und Plastikgabel werden auf einem Tablett auf den steinernen Fußboden gesetzt. Der Kalfaktor, ein Gefangener, der als „Vertrauensmann" dem Wärter helfen soll, schiebt es mit Schwung in Richtung Gefangener, der solange am anderen Ende der Zelle vor dem Fenster stehen muss.

Erst, wenn die Tür wieder verschlossen ist, darf der Häftling sein Frühstück zu sich nehmen. Natürlich sind Haferflocken durch den Schubs verschüttet worden. Fünfzehn Minuten später muss der Gefangene sein Tablett mit eventuellen Essens- und Getränkeresten neben die Tür stellen und sich anschließend auf seiner Matratze oder stehend vor dem Fenster aufhalten.

Der Tee schmeckt immer ein wenig säuerlich. Viele Jahre später erfahre ich vom Gefängnisdirektor, dass das Beruhigungsmittel Bromid ständig als Beigabe des Tees verabreicht wird. Soziale und sexuelle Aggressionen der Gefangenen sollen so in Schach gehalten werden.

Um zehn Uhr ist Hofgang. Von hohen Mauern umgeben und mit Stacheldraht bewehrt gibt es einen Platz von zehn Metern Länge und sieben Metern Breite. Unter Aufsicht von mehreren Wärtern muss ich mich mit zwei oder drei Mitgefangenen kreisförmig im Uhrzeigersinn bewegen. Stillstehen ist verboten. Jeder Versuch einer Kommunikation, auch nur ein angedeutetes „Hallo" wird sofort disziplinarisch mit einem Verbot oder sofortiger Rückführung in die Zelle geahndet. Bei schönem Wetter dauert der Rundgang zwanzig Minuten.

Das Mittagessen kommt um 12:15 Uhr: Suppe, Hauptgericht und Nachtisch auf einem Tablett. Zur Zellenmitte geschubst, landet meistens die Hälfte der Suppe auf dem Tablett oder dem Fußboden. Um dreizehn Uhr werde ich zur Toilette begleitet. Dort darf ich auch wieder den Eimer leeren. Danach ist wieder Einschluss.

Um fünfzehn Uhr wird eine Tasse Tee ausgegeben. Glücklicherweise stellt man sie neben die Tür, wo ich sie nach dem Einschluss aufheben darf. Das Abendessen folgt um 18:30 Uhr und besteht aus zwei Scheiben Graubrot mit Margarine, Wurst oder Schinken, manchmal einem Spiegelei und einem Becher Tee. Die leere Teetasse vom Nachmittag muss vorher neben die Tür gestellt werden.

Ungefähr um zwanzig Uhr wird meine gesamte Kleidung entfernt, die ich vorher säuberlich zusammengelegt und neben der Tür platziert habe. Ebenso meine Brille. Dann darf ich mich auf die Matratze legen und zudecken. In den meisten Nächten werde ich nicht gestört.

An die Asseln und Kakerlaken kann ich mich nicht gewöhnen. Auf dem Fußboden der Halle und im Hof wimmelt es von ihnen. Ein knappes Dutzend dieser Parasiten ist ständig in meiner Zelle unterwegs, am liebsten unter der Matratze oder in den Decken. Besonders abends, wenn ich mich ohne Brille in meiner Zelle bewege, höre ich ab und zu ein knackendes Geräusch, weil ich unabsichtlich im Gehen eine Kakerlake zerquetscht habe.

Nach meiner Tat ist eine zunehmende Angst vor Geräuschen in mir erwacht: Die unerwartete Berührung einer Kellerassel, der Befehl eines Wächters, das Öffnen und Schließen der Tür, die Tritte gegen sie, klirrende Schlüssel, ein Flugzeug über dem Gefängnis und vieles mehr versetzen mich in Furcht und Schrecken. Hinzu kommen Angstzustände, wenn ich nachts auf der stinkenden Matratze liege und von Albträumen gequält werde.

Wieder und wieder höre ich dann Marta meinen Namen rufen: „Bernhard! Bernhard!" Ihre Stimme klingt klagend, das kann ich gut verstehen. Doch scheint sie mich mit ihren Rufen auch irgendwie wecken und warnen zu wollen. Wovor? Vielleicht vor der Hölle?

Irgendwie habe ich das Gefühl, sie lebt in einer anderen, guten Sphäre weiter, die ein Verbindungsfenster besitzt, durch das sie meine Seele erreichen kann. Sicherlich kennt sie aber auch die gegenüberliegende dunkle, hässliche Welt – die Hölle. Vielleicht getraue ich mich nicht, diesen Gedanken ernsthaft nachzugehen, weil ich mein Leben selbst schon als Hölle empfinde. Meine Fantasie schafft es kaum, sich etwas noch Schlimmeres vorzustellen.

Im Traum stehe ich häufig am Fuß der Klippe und sehe Martas Körper im Zeitlupentempo fallen, bis er mit einem fürchterlichen Laut am Boden zerschellt. Es ist ein Geräusch, als ob ich einen Apfel zertreten würde. In Wirklichkeit kann ich den Fall jedoch nicht gesehen haben. Denn nachdem ich ihr den Stoß gegeben habe, ist sie in der Dunkelheit des Abgrunds verschwunden.

Oft überlege ich, wie ich dieser qualvollen Welt entrinnen kann. Aber durch die vierundzwanzigstündige Überwachung ist jeder Selbstmordversuch schon von vornherein zum Scheitern verurteilt. Vor dem vergitterten Fenster stehend stammele ich immer wieder: „Gott, ich war es nicht. Nein, ich war es nicht. Ich war es nicht." Kaum zehn Minuten eines Tages vergehen, ohne dass ich diese Gedanken laut oder still äußere. Immer, wenn mich das schlechte Gewissen überfällt, wiederhole ich diese Unschuldsbeteuerung.

In meiner Fantasie spiele ich Fragen durch, die der Staatsanwalt im Gerichtsverfahren stellen könnte. Meine Vorbereitung zielt darauf ab, mit überzeugenden Worten aller Welt zu beweisen: Hier steht ein unschuldig angeklagter, trauernder Witwer, den eigentlich jeder bemitleiden müsste. Hoffentlich werden meine Mitmenschen erkennen, dass ich edel und aufrecht bin!

*

„Guten Tag." Ein Pastor betritt meine Zelle und bleibt im Türrahmen stehen. Ein großer Schlüsselbund klimpert in seiner rechten Hand.

Zögernd erwidere ich die Begrüßung und ertappe mich dabei, nicht gerade erfreut darüber zu sein, diesen Geistlichen kennenzulernen. Sein Gesicht sieht streng und anklagend aus.

„Aufstehen!", befiehlt er knapp, als ich weiterhin unhöflich auf meiner Matratze sitzen bleibe. Am liebsten würde ich meine aufgestaute Wut auf ihn loslassen. Was zum Teufel gibt ihm das Recht, so brutal mit mir zu sprechen, wie es sonst die Wärter tun? Doch ich traue mich nicht und stehe mit einer entschuldigenden Geste auf.

„Kann ich Ihnen helfen?", fragt er mich.

Dadurch fühle ich mich plötzlich ermutigt, ihn dazu zu benutzen, meine imaginäre Unschuld zu festigen. „Ja, Herr Pastor, das können Sie. Wissen Sie, ich bin unschuldig. Meine Frau hat versucht, mich umzubringen. Als wir auf einer Klippe miteinander rangen, habe ich sie hinabgestoßen. Glauben Sie, dass ich im Gerichtsverfahren die Wahrheit erzählen soll? Darf ich sie wirklich belasten? Das Problem ist nämlich, dass ich meine Frau sehr geliebt habe und ihren Namen nicht durch den Dreck ziehen will. Was meinen Sie? Darf ich die Wahrheit sagen oder nicht?"

Die sorgsam formulierte Fragestellung erfüllt mich mit Stolz. Erstens dränge ich damit den Geistlichen förmlich dazu, sich mit mir, dem augenscheinlich Unschuldigen, zu verbünden. Zweitens habe ich es in diesem Moment wirklich zum ersten Mal geschafft, tatsächlich selbst an meine eigene Unschuld zu glauben.

Der Pastor hat jedoch nicht vor, sich mit mir zu verbünden, das verrät sein Blick. Stattdessen fragt er nur: „Sie sind Deutscher?"

„Nein, ich bin Niederländer. Doch meine Hauptsprache ist Deutsch."

Ohne ein weiteres Wort zu sagen, dreht er sich um und schließt die Tür. Wieder bin ich allein, abgesehen von den kleinen schwarzen Tierchen, denen ich auszuweichen versuche.

Einige Zeit später stelle ich eine offizielle Anfrage an den Hauptwächter. „Sir, ich habe gehört, dass es möglich ist, ein Radio zu nutzen. Darf ich eines haben?"

„Wir werden es uns überlegen und dir zu entsprechender Zeit eine Antwort geben."

„Danke, Sir. Darf ich noch eine Frage stellen?"

„Ja."

„Ich sehe, dass manche Gefangene ab und zu rauchen. Darf ich das auch?"

Der Wärter tauscht sich mit seinen Kollegen aus. „Auch das werden wir dir irgendwann mitteilen."

Wenige Tage danach erfahre ich, dass es mir gestattet ist, auf eigene Kosten ein UKW-Radio zu nutzen. Ebenfalls auf eigene Kosten darf ich einmal in der Woche von der Gefängniskantine Tabak im Wert von 18 ½ Pence sowie eine Packung Zigarettenpapier kaufen. Streichhölzer muss ich ebenfalls selbst bezahlen, darf sie jedoch nicht im Besitz haben. Der leitende Wärter in der Halle wird sie verwalten.

Wenn ich rauchen möchte, muss ich klingeln und den Wärter bitten, mir von meinen eigenen Streichhölzern Feuer zu reichen. Es ist jedes Mal anders, wenn ich klingle, weil ich eine rauchen will: Manchmal öffnet sich die Zellentür. Beim nächsten Mal bekomme ich eine Abfuhr. Dann wieder gibt man mir Feuer zum Anzünden einer selbst gedrehten Zigarette.

Jeden Freitag darf ich auf einem vorgedruckten Formular mit einem geliehenen Bleistift etwas schreiben. Gerne nehme ich so wöchentlich mit meinen Eltern Kontakt auf. Henri und Bernadette überweisen mir Geld für Tabak und für ein Transistorradio.

Die Hallenwärter müssen jedes geschriebene Wort lesen und zensieren. Da ich deutsch schreibe, wird der Brief zuerst zum

Deutschen Konsulat geschickt. Dort wird er ins Englische über-setzt. Dann prüfen ihn die Wärter. Die zensierte Übersetzung wandert wieder ins Konsulat mit der Bitte, die Korrekturen ins deutsche Original zu übertragen. Zum Schluss lesen die Auf-seher das für sie unverständliche Original und versenden es per Post nach Deutschland.

Manchmal bekomme ich kurz Besuch: Der deutsche Pas-tor lauscht meinem zusammengeschusterten Märchen, ohne eine Miene zu verziehen. Mein Anwalt bereitet sich darauf vor, die diabolische Lügengeschichte gerichtsreif zu machen. Oder der Hallenwärter kommt vorbei und überreicht mir einen Brief.

Henri und Bernadette betreten Neuland, als sie mich besu-chen wollen. Henri fragt an, ob sie mich noch vor Verhand-lungsbeginn sprechen dürfen, woraufhin ihn der Sicherheits-chef des Gefängnisses ausführlich belehrt: „Normalerweise ist jeder persönliche Besuch vor einer Gerichtsverhandlung nicht erlaubt. Ich habe jedoch das Gericht angerufen und gefragt, un-ter welchen Umständen eine Ausnahme möglich sei. Nun, die Antwort ist folgende: Sie dürfen gleich mit Ihrem Sohn maxi-mal fünfzehn Minuten sprechen. Dabei müssen Sie Abstand halten. Unter keinen Umständen dürfen Sie ihn berühren, ihm auch nicht die Hand zum Gruß reichen.

Sie müssen ständig deutsch sprechen. Holländisch ist nicht erlaubt. Ein Dolmetscher des deutschen Konsulats und ein wei-terer, den das Gericht bestellt hat, werden anwesend sein. So-bald Sie, Mr Duchois, ein Wort sprechen, das die Dolmetscher nicht verstehen, wird der Besuch sofort unterbrochen. Auch dürfen Sie beide nichts erwähnen, was mit dem kommenden Prozess zu tun haben könnte. Ihr Sohn hat die gleichen Anwei-sungen. Macht er eine Bemerkung zu seiner Anklage, dürfen Sie nicht antworten. Wahrscheinlich würde auch dann Ihr Besuch sofort beendet werden. Zwei Polizisten und ich selbst werden ebenfalls anwesend sein."

Henri spricht ruhig und freundlich. Bernadette kämpft mit den Tränen. Ihre Zuwendung kann ich spüren, obwohl die Kommunikation unter diesen Umständen äußerst schwierig ist.

Vater versichert mir, er werde zu mir halten, egal, was komme. Schuldbewusst muss ich an meine früheren Tötungsfantasien ihm gegenüber denken.

„Hast du es getan, Bernhard?", fragt Mutter plötzlich.

„Entschuldigung, Mrs Duchois", unterbricht einer der Dolmetscher, „diese Frage bezieht sich auf die Anklage und darf deshalb nicht angesprochen werden."

„Ist doch auch egal", ergänzt Vater. „Was immer du gemacht hast oder nicht, mein Sohn, wir mögen dich so, wie du bist. Du bist und bleibst unser Sohn."

Diese väterliche Güte beschämt mich. Seine vorbehaltlose Annahme bewegt mich sehr. So habe ich meinen Vater noch nie kennengelernt.

*

Es sind nur noch wenige Wochen bis zur Verhandlung. Mir ist bewusst, dass ich im Kreuzverhör alle Fragen beantworten muss, ohne mich in Widersprüche zu verwickeln. Darauf bereite ich mich gut vor, indem ich detaillierte Antworten ausarbeite. Den geplanten Versicherungsbetrug werde ich offenbaren und mit dem bereits bei der Polizei Ausgesagten beginnen: Marta hat mich gestoßen. Zuerst hat sie mich leidenschaftlich geküsst und dann zu überrumpeln versucht.

Jeden Schritt versehe ich vor meinem inneren Auge mit Bildern, damit ich eine Aussage jederzeit korrekt wiederholen kann, ohne an einzelnen Punkten zu hängen. Wieder und wieder übe ich Fragen und Antworten ein. Denn nur, wenn ich selbst daran glaube, kann ich andere überzeugen, dessen bin ich mir sicher. Damit alles plausibel klingt, muss es Martas Gedanke gewesen sein, zum wiederholten Male an den Klippen spazieren zu gehen.

Ihren guten Charakter und ihre Liebe will ich unbedingt hervorheben, so, wie ich sie tatsächlich erfahren habe. Der Richter und die Geschworenen sollen den Eindruck bekommen, dass ich von ihrem Versuch, mich zu töten, völlig überrascht wurde. Dass es dann anders kam und sie selbst stürzte, hat mich schwer getroffen.

Mit der Zeit lerne ich, mich beim Hofgang doch mit anderen Gefangenen zu unterhalten. Geht ein Häftling zwei Schritte hinter dem anderen im Kreis, so sind die Wächter an bestimmten Punkten so weit entfernt, dass man sich mit gesenktem Kopf etwas zuflüstern kann.

Bei einem der Gänge lerne ich Jimmy kennen. Er ist jung und auf den ersten Blick einfach gestrickt. Als er hört, dass ich angeklagt sei, am 12. Oktober meine Frau ermordet zu haben, meint er, zufällig an diesem Tag auch in Glasgow gewesen zu sein.

„Und was hast du an jenem Donnerstag getan?"

„Ich ging in der City spazieren."

„Allein?"

„Ja."

Meine Gedanken kreisen. Gelingt es mir, Jimmy zu einer entlastenden Aussage zu bewegen, bin ich aus dem Schneider. Er muss nur angeben, an jenem Abend mit uns an den Klippen gewesen zu sein und gesehen zu haben, wie Marta mich hinunterstoßen wollte.

Beim nächsten Hofgang erzähle ich ihm von dem geplanten Versicherungsbetrug und von Martas überraschendem Mordversuch wegen des Geldes. Dann bedaure ich hörbar, dass kein Augenzeuge mich entlasten kann. „Willst du mein Zeuge sein? Du könntest mir sehr helfen!"

Gespannt warte ich auf eine Reaktion meines Gesprächspartners, doch dieser scheint keine Miene zu verziehen.

„Ich weiß, es wäre Betrug. Aber du würdest nur das beschreiben, was wirklich passiert ist, und ich würde dir zum Dank die Hälfte der Versicherungssumme geben. Die andere Hälfte spende ich für einen guten Zweck."

„Einfach nicht lockerlassen ...", denke ich.

Schließlich stimmt Jimmy zu: „Okay, warum nicht?"

In den nächsten Tagen weise ich ihn in alle Einzelheiten ein und erkläre ihm, was er zu tun hat. Zuerst spiele ich ihm eine Zeichnung der Klippe zu. Aus einem Buch, das ich in der Bücherei geliehen habe, reiße ich die erste leere Seite heraus. Zum Glück habe ich auch einen Bleistift, den mir einmal ein Wärter geliehen hat und den ich ihm nicht wieder zurückgegeben habe. Auf der Skizze markiere ich, wo Marta und ich standen. In der Ich-Form schreibe ich ihm Aussagen auf, die er dann nur noch wiederholen soll.

„Präg dir alles genau ein und schau dir vor allem das Bild ganz genau an. Hast du alles verstanden und dir gemerkt, dann zerreiß den Zettel."

„Nein, ich schmuggle ihn mit aus dem Gefängnis. Es kann sein, dass ich sonst etwas vergesse. Keine Sorge, in so etwas habe ich Erfahrung."

„Einverstanden. Hör zu: Sobald mein Gerichtsverfahren anfängt, gehst du zur Polizei und sagst, du hättest mitbekommen, ein Ausländer werde beschuldigt, seine Frau getötet zu haben. Dann erklärst du, dass es anders war – du hättest nämlich alles mitangesehen. Kapierst du das?"

Jimmy scheint wirklich nicht der Hellste zu sein. Trotzdem könnte es funktionieren. Nach kurzer Zeit wird er aus der U-Haft entlassen, er erhält nur eine Geldstrafe auf Bewährung.

*

Das Gerichtsverfahren dauert über drei Wochen – für schottische Verhältnisse eine sehr lange Zeit. Eine Zeitung behauptet später, es sei das längste Verfahren in der Geschichte der schottischen Justiz gewesen. Natürlich wird jedes gesprochene Wort vom Englischen ins Deutsche beziehungsweise vom Deutschen ins Englische übersetzt. Das dauert.

Einer der ersten Zeugen ist der Polizist, der damals den Einsatz an den Klippen koordiniert hat. Er sagt vieles, was ich weiß oder bereits vermutet habe. Doch es gibt auch neue Details.

Plötzlich werde ich weiß wie eine getünchte Wand: Der Polizist spricht vom Schatten einer Person, die kurz nach der Tat dort gesichtet wurde, einen Moment später aber nicht mehr aufzufinden war. Obwohl man mit einem großen Polizeiaufgebot die Gegend rings um die Klippen abgesucht habe, sei es nicht gelungen, diese Person, einen möglichen Zeugen, zu entdecken.

Als ich mir vorstelle, dass mich jemand bei meiner Tat beobachtet haben könnte, werde ich von Furcht überflutet. Auf einmal sehe ich die reale Gefahr, als Mörder entlarvt zu werden.

Viele der fünfundsechzig vorgeladenen Zeugen sprechen die Wahrheit. Der Ermittler Morisson hingegen glänzt mit seiner Fähigkeit zu lügen: Einige seiner Behauptungen sind wahr, andere nur teilweise, und manche Aussagen sind völlig erfunden. Offensichtlich wendet der Polizist eine ähnliche Taktik an wie ich selbst.

Mein Anwalt rät mir mehrmals, im Gerichtssaal keine emotionalen Äußerungen von mir zu geben. Wesentlich sei, immer ganz sachlich zu bleiben.

Über weite Strecken schaffe ich das auch, bis der Richter dem Kriminalbeamten die Frage stellt: „Haben Sie dem Angeklagten jemals vorgeworfen, dass er schuldig sei?"

„Nein, niemals", erwidert Mr Morisson selbstsicher.

In diesem Moment stehen mir seine unmenschliche Verhörmethode, seine Morddrohungen und die Art und Weise, wie er mich brutal verprügelt hat, so deutlich vor Augen, dass ich laut „Lügner!" rufe. Dann weine ich hemmungslos wegen der damals erfahrenen Gewalt und auch in einer Vorahnung der immer näher rückenden Schande eines Schuldspruchs.

Später entschuldige ich mich wegen dieses emotionalen Ausbruchs beim Richter. Doch mein Anwalt beruhigt mich: Es sei nicht verkehrt, doch ein wenig Gefühl zu zeigen.

Dann kommt ein junger Engländer namens Jimmy in den Zeugenstand. Es stellt sich heraus, dass meine Skizze von den Wärtern entdeckt wurde. Man hat das Schriftstück gleich an die Staatsanwaltschaft weitergereicht.

Jimmy sagt aus, ein anderer Häftling habe ihm während des Hofgangs das Papier zugesteckt. Er wüsste nicht, was er damit anfangen sollte. Der Staatsanwalt nimmt ihn ins Kreuzverhör, doch er bleibt bei seiner Version, keine Ahnung zu haben, was diese Skizze und die Worte auf dem Zettel bedeuten.

Wenig später stehe ich selbst im Zeugenstand und beantworte alle Fragen entweder wahrheitsgemäß oder nach den Bildern, die ich in mir gespeichert habe. Zwei Tage lang spiele ich den trauernden Witwer, der das alles nicht verstehen kann. In diesen Stunden wachse ich in die groteske Überzeugung hinein, wieder der Kapitän im eigenen Leben zu sein und das Steuer fest in der Hand zu halten. Am Ende glaube ich meinen Lügen beinahe selbst.

Ein Leben lang habe ich mich danach gesehnt, dass die Leute mich anschauen und mir zuhören. Wie oft wurde ich von meiner Mutter unterbrochen, wenn ich etwas sagen wollte. Nun kann, darf und soll ich reden. Sogar viele Reporter hören mir zu. Und mein Anwalt informiert mich darüber, dass das britische Fernsehen täglich eine Sondersendung zu meinem Fall bringt.

*

Es ist Montag, der 5. Februar 1973. Mehr als neunzig Minuten spricht Richter Wylie zu den fünfzehn Geschworenen. Er bekennt, wie außerordentlich schwierig er es findet zu entscheiden, was genau passiert sei. Der Angeklagte habe wohl einen Versicherungsbetrug begehen wollen, der Abend im Oktober könne aber genau so verlaufen sein, wie der Beschuldigte ihn schildere.

Andererseits sei es auch möglich, wenn auch schwer vorstellbar, dass der junge Mann kaltblütig und berechnend seine Ehefrau ermordet habe. Falls die Geschworenen jedoch irgendwelche Zweifel an der Schuld des Angeklagten hätten, müssten sie ihn für unschuldig befinden.

Am späten Nachmittag kehrt die Jury in den Gerichtssaal zurück. Sie entscheidet mit einer Mehrheit von elf zu vier, der Angeklagte sei schuldig, seine Frau absichtlich ermordet zu haben. Ziel sei es gewesen, sich durch ihren Tod um eine große Versicherungssumme zu bereichern.

Richter Wylie verliert seinen gemütsvoll väterlichen Ton. Sachlich und streng spricht er mich an: „Bernhard Duchois, Sie sind des Tatbestands des Mordes für schuldig befunden worden. Nach dem schottischen Gesetz habe ich keine Alternative, als Sie im Namen des Volkes zu lebenslanger Haft zu verurteilen.

Da Sie kein Bürger dieses Landes sind, halte ich es für meine Pflicht, Sie darüber zu informieren, dass diese Strafe nicht bedeutet, dass Sie für den Rest Ihres Lebens im Vollzug bleiben. Nein. Nach einer Anzahl von Jahren werden Sie voraussichtlich auf freien Fuß gesetzt werden, wenn man zu der Entscheidung kommt, dass dies möglich ist, ohne dass Sie eine Gefahr für die Öffentlichkeit darstellen. Falls Sie nach der Freilassung jedoch erneut ein Verbrechen begehen, wird man Sie zurück ins Gefängnis bringen. Dort müssen Sie dann bis zum Ende Ihres Lebens verweilen. Haben Sie das verstanden?"

Wie angewurzelt stehe ich da, unfähig, mich zu bewegen oder zu äußern.

„Haben Sie verstanden?"

Träume ich oder wache ich? Verzweifelt versuche ich, in der Realität anzukommen, und bin weiterhin unfähig zu reagieren.

Der Richter wendet sich an den Dolmetscher: „Bitte sagen Sie dem Gefangenen, dass er auf meine Frage antworten muss."

Der Gerichtssaal verharrt in Stille. Nach einer langen Pause antworte ich leise mit „Ja". Später werden die Medien berichten, der Verurteilte habe den Schuldspruch regungslos und teilnahmslos aufgenommen.

Für die meisten Berichterstatter erscheint die Tat so ungeheuerlich, dass nur eine Möglichkeit in Betracht kommt: Die Welt hat es mit einem Ungeheuer zu tun. Es ist notwendig, dass sich die menschliche Gesellschaft von diesem Abschaum reinigt. „Das Monster muss verschwinden", titelt eine Zeitung.

Kapitel 7

Innen und außen

Schlüsselgeräusche lassen mich hochschrecken. Die Tür wird geöffnet. „Hier ist eine Zeitung für dich!" Lächelnd reicht sie mir ein Beamter mit den Worten: „Kannst du erst einmal behalten."

Als ich die Schlagzeile lese, erstarre ich: „Das ist der Klippen-Mörder." Daneben prangt ein großformatiges Foto von mir. Auf fünf Seiten wird über den Fall berichtet. Als ich ein weiteres Mal umblättere, breche ich weinend zusammen, denn unter einem großen Foto von Angelika steht: „Das ist die Frau, die beinahe einen Mörder geheiratet hätte." In dem Interview bekennt sie: „Ich liebe ihn noch immer. Aber ich weiß, dass ich ihn vergessen muss."

Die Seite ist nass von meinen Tränen, als ich alles gelesen habe. Verzweiflung packt mich. Die Welt scheint einzustürzen. Nur noch Schluss machen!

Langsam schleiche ich zum Spiegel und versuche, ihn von der Wand zu reißen. Mit den scharfen Kanten will ich mir dann die Pulsadern aufschneiden.

Vergebens. Sosehr ich auch zerre, der Spiegel ist fest montiert. Einen Gürtel oder Schnürbänder, mit denen ich mich erdrosseln könnte, habe ich nicht. So gehe ich zum Fenster und schlage mit den Fäusten gegen die Glasscheibe. Aber auch dieser Versuch misslingt: Die Scheibe lässt sich nicht zerstören. Nach etlichen Hieben merke ich, dass ich mir höchstens das Handgelenk brechen werde, jedoch nicht das Glas.

Marta starb durch einen Genickbruch. Kurzerhand nehme ich Anlauf und rase mit voller Wucht, den Kopf vornübergebeugt, gegen die Zellenmauer. Alles um mich wird schwarz. Mein Körper sackt zusammen.

*

Nach vier Monaten Untersuchungshaft glaube ich zu wissen, wie der Alltag eines Verurteilten abläuft. Weit gefehlt. Meine neue Zelle, in die man mich nach der Verurteilung verlegt, ist sieben Quadratmeter groß. Ich teile sie jedoch mit drei anderen Häftlingen.

Neben zwei Etagenbetten gibt es einen kleinen Schrank, einen kleinen Spiegel, eine Pinnwand und einen flachen Eimer. Das Fenster ist relativ groß, aber natürlich vergittert. In der Halle stehen zwei Snookertische und eine Tischtennisplatte.

Vom Wärter bekomme ich einen Nassrasierer mit einer Rasierklinge, eine Zahnbürste, eine Nagelbürste, einen Zahnputzbecher und einen Trinkbecher. Man informiert mich darüber, dass künftig um sechs Uhr geweckt wird. Dann beginnt das Waschen. Um sieben Uhr wird im großen Saal gefrühstückt.

Eine halbe Stunde später geht es zur Arbeit. Mittagessen ist um 12:30 Uhr. Gegessen wird ebenfalls im großen Saal. Bei schönem Wetter dürfen wir alle zum Hofgang. Bei schlechtem Wetter bleiben wir in der Halle. Von 13:30 bis 17:00 Uhr wird wieder gearbeitet. Danach gibt es Abendbrot.

Um 17:30 Uhr werden alle in ihren Zellen eingeschlossen. Dienstags wird die Zelle um neunzehn Uhr nochmals geöffnet. Dann dürfen wir uns zwei Stunden in der Halle bewegen, Snooker, Tischtennis oder Dart spielen oder fernsehen.

Arbeit ist Pflicht. Wer sie verweigert, wird bestraft.

Teilnahmslos lasse ich die Belehrungen über mich ergehen.

Mir ist alles egal. Ich habe versagt bei dem Versuch, mir das Leben zu nehmen.

Beziehungen und Bindungen an die Außenwelt brechen nach und nach ab. Alles, was bisher zu meinem Versagen geführt hat, könnte sich hier im Gefängnis noch vertiefen und verschlimmern. Dessen bin ich mir voll bewusst.

Aber irgendwie vertraue ich darauf, eine Gelegenheit geschenkt zu bekommen, mich selbst zu finden. Irgendwie werde ich überleben. Die Zeit, die ich im Gefängnis absitzen muss, will ich nutzen. Für eine weitere Suche nach dem Sinn des Daseins. Und dafür, lieben zu lernen.

*

Die Halle wurde im Viktorianischen Zeitalter gebaut und kann eigentlich maximal vierundneunzig Gefangene aufnehmen. Im Jahr 1973 tummeln sich hier in der sogenannten B-Halle jedoch rund zweihundert Häftlinge.

Im unteren Stockwerk sind jeweils drei oder sogar vier Gefangene in einer Ein-Mann-Zelle untergebracht. Im zweiten Stock werden die Zellen mit zwei Gefangenen belegt. Hat sich einer das Privileg verdient, im oberen Stockwerk untergebracht zu werden, hat er die Zelle für sich allein.

Meine Tage verbringe ich im unteren Stockwerk mit drei Mitgefangenen in einer Minizelle. Man geht mit voller Rohheit miteinander um. Nahezu täglich kommt es zu Gewaltausbrüchen und brutalen Übergriffen: Fäuste fliegen oder man bekommt einen Fußtritt. Mindestens einmal in der Woche wird Gebrauch von Messern oder Rasierklingen gemacht.

Die Wärter tun ihr Bestes, um diese Aggressionen zu stoppen, meist mit noch mehr Brutalität. Der Stärkere gewinnt – das ist hier durchgängiges Lebensprinzip. Wer am meisten Gewalt ausüben kann, der hat recht.

Auf dem Heizungsrohr stehend, kann ich nach draußen sehen. Acht Scheiben, je dreißig Quadratzentimeter groß, sind fest durch Metallprofile miteinander verbunden und von außen zusätzlich mit Streben vergittert.

Es gibt nicht viele Menschen, mit denen ich reden kann, denn die Bewacher lassen es meist gar nicht erst zu. Ein Gespräch mit Sexualstraftätern ist grundsätzlich verboten. Die Einzigen, die jovial und fast normal mit mir kommunizieren, sind Mörder, andere Gewaltverbrecher und gewöhnliche Diebe.

*

„Duchois, ich habe Post vom Deutschen Konsulat erhalten. Sie fragen, ob wir deutsche Gefangene haben. Ich gehe davon aus, dass du Deutscher bist."

„Sir, ich bin Niederländer."

„Wieso Niederländer? Wo bist du geboren? In Holland oder in Deutschland?"

„In Deutschland, Sir."

„Dann bist du Deutscher."

„Verzeihung, Sir, aber ich bin Niederländer. Mein Vater ist Niederländer und meine Mutter Deutsche. Laut Gesetz bin ich deswegen Niederländer."

„Du bist hier in Schottland, Duchois. Hier hat der Bürger die Nationalität des Landes, in dem er geboren ist. Also bist du Deutscher."

„Sir, schreiben Sie das ruhig dem Deutschen Konsulat. Es ist jedoch nicht richtig. Sie können es auch an meinem niederländischen Pass erkennen."

„Ich kenne deinen Pass. Erstens kann er gefälscht sein, und zweitens, wie gesagt, wenn du in Deutschland geboren bist, dann bist du auch Deutscher."

„Sir, Jesus ist in einem Stall geboren. Heißt das, dass er ein Pferd ist?"

„Raus!" Die Sicherheitsbeamten schleppen mich in die Strafzelle.

*

Jederzeit können die Wärter mich holen. Meistens habe ich dann keine Ahnung, was sie mit mir vorhaben. Gehe ich den verschiedenen Möglichkeiten nach, gerate ich leicht in Panik. Geschichten fallen mir ein, die ich von Mitgefangenen gehört habe: Drei, vier oder fünf Beamte haben sie verprügelt. Es gibt Gerüchte, einige seien derart misshandelt worden, dass sie darüber wahnsinnig wurden. Andere sollen an den ihnen zugefügten Verletzungen gestorben sein. Höre ich Schlüssel scheppern, zucke ich jedes Mal zusammen.

Die schreckliche Enge in der Zelle belastet mich. Dauernd stoße ich an irgendetwas. Mein Zellennachbar George bewegt sich ständig auf seinem knarrenden Bett hin und her. Das nervt. Schlafend ist er ganz erträglich, tagsüber dagegen oft äußerst aggressiv. In einer Einkaufspassage hat er grundlos mit einem Messer auf einen ihm unbekannten Passanten eingestochen – knapp siebzig Mal. Er wurde zu lebenslanger Haft verurteilt. Einfach „Hallo" zu ihm zu sagen, kann in einem Desaster enden.

Sofort springt er auf und ruft: „Was willst du von mir? Komm, sag! Was glotzt du mich so an? Willst du mich stechen oder was?" Oft unterstreicht er seine Worte mit Fausthieben und Fußtritten.

Paul, der Zweite im Bunde, schläft oft und schnarcht dabei heftig. Auch er sitzt wegen Mordes. Er hat sich eine Pistole besorgt und seinen Vater erschossen, weil er dachte, es gehe nicht anders. Er hat sich scheinbar immer unter Kontrolle und ist nicht dumm.

Der Vierte in unserer Zelle heißt David. Er saß schon einmal zwei Jahre, weil er ein kleines Mädchen vergewaltigt hat. Kaum freigekommen, verschleppte er eine Zehnjährige in seine Wohnung, missbrauchte sie sexuell und schnitt ihr dann die Kehle durch.

Zitternd liegt der schmächtige Mörder auf der unteren Matratze von Georges Etagenbett. Er hat Angst davor, dass George aufwacht. Dann vergeht nämlich kaum eine Minute, in der dieser ihm nicht ins Gesicht spuckt, ihn gegen das Schienbein tritt, ihn an einem Ohr zu Boden zieht, ihn als Kinderficker beschimpft oder ihn einfach nur so zusammenschlägt.

David ist jedoch klug genug, um George nicht bei den Wärtern zu verpetzen. Er weiß aus Erfahrung, dass sie sowieso nichts unternehmen würden, um George zur Rechenschaft zu ziehen. Stattdessen würden sie vermutlich quer durch die Halle rufen: „Der Kinderficker David aus der eins-zwölf hat sich über den George beschwert."

Dies hätte zur Folge, dass einige Gefangene sich im Rudel zusammenfinden würden, um David in seiner Zelle brutal zu vergewaltigen. Zum Abschluss würden sie ihm noch mit einer Rasierklinge in die Wange schneiden.

Am liebsten würde ich ihm beistehen, doch das traue ich mich nicht, denn darunter würde ich selbst schlimm leiden müssen. Auf der Beliebtheitsskala stehe ich sowieso weit unten: ein Nazi, der hinterrücks seine Frau ermordet hat. Nur wenige haben Mitleid mit mir und glauben an meine Unschuld.

Das Verbot, mit anderen zu sprechen, besteht weiterhin, doch hält sich kaum einer daran. Das Personal akzeptiert dies, wenn nicht zu laut gesprochen wird.

Die Macht des Tabaks ist überwältigend, unsere Abhängigkeit von ihm riesengroß. Jeder kann sich von seinem Wochenlohn ein paar Rauchutensilien kaufen. Seife und Shampoo stehen auch hoch im Kurs. Mit diesen Artikeln wird gehandelt und erpresst.

David kann nur die Kippen rauchen, die andere Gefangene wegwerfen. Sein gesamter Wochenlohn wird ihm von anderen Häftlingen weggenommen.

Die Hierarchie unter den Gefangenen ist ein Spiegelbild der Außenwelt. Kindermörder und Sexualstraftäter erhalten bei der wöchentlichen Wäscheausgabe die kaputtesten und unpassendsten Teile, die man sich vorstellen kann. Zu große oder viel zu kleine Hemden, Unterhemden und Unterhosen sind die Erkennungszeichen dieser Underdogs. Alle anderen tragen normale Größen und durchweg intakte Kleidung.

Die großen Gangsterbosse schaffen es sogar irgendwie, mit gebügelten Hemden herumzulaufen. Die meisten von ihnen sind in ihrem Stolz, etwas Besseres zu sein, durchaus integer. Andere buckeln nach oben und treten nach unten.

Dann gibt es auch noch die mittellosen Überlebenskünstler, wie es in einer Hierarchie von Reichen und Armen, Mächtigen und Schwachen typisch ist. Sie leben auf Kosten anderer. Ihr Standardvokabular besteht aus: „Hast du mal ...?"

Die Bandenbildung ist bei Gefangenen und Wärtern gleichermaßen gefürchtet: Gnadenlos bedrohen, erpressen und verprügeln diese ihre Mitgefangenen. Jede Bande kontrolliert ein Stockwerk. Und wehe, einer dringt in das Revier einer anderen Gang ein! Dann kommt es zu einer unerwarteten und doch sorgsam vorbereiteten Explosion von Knüppeln und Messern.

Alarm wird ausgelöst. Eine große Anzahl von Aufsehern schlägt blind auf die sich streitenden Gruppen ein. Nicht selten werden dabei auch Wärter verletzt. Je mehr Sicherheitsbeamte lädiert werden, desto brutaler werden die Drahtzieher der Banden anschließend in den Strafzellen behandelt.

Sie stellen später mit Stolz ihre gebrochenen Rippen, Arme oder Beine wie eine Kriegstrophäe dar. Denn diese Behandlung zeigt ja, wie gefährlich sie tatsächlich vom Personal eingestuft werden, und ist somit eine ausdrückliche Warnung für die Mitgefangenen.

Ganz clevere Bandenbosse verbrüdern sich heimlich mit bestechlichen Beamten und erhalten so regelmäßig genügend Tabak, Seife, Shampoo, sogar löslichen Kaffee und Zucker.

*

Für mich wäre es gut, wenn ich etwas zum Lesen hätte. Dadurch könnte ich mein Englisch nach und nach verbessern. Vielleicht fände ich bei der Lektüre ja auch Hinweise und Antworten auf meine uralte Frage: Warum gibt es mich eigentlich?

Doch überall liegen nur Kriegscomics herum. Offiziell gibt es keinen Platz für ein Buch, obwohl sieben Bücher pro Zelle erlaubt wären. Nur die Bibel zählt zur Grundausstattung. Leider sind viele ihrer Seiten herausgerissen. Denn das dünne Papier eignet sich hervorragend für selbst gedrehte Zigaretten.

Ich weiß: Einen Sinn in meinem Leben werde ich nur finden, wenn ich hier körperlich und psychisch überlebe. Vor allem versuche ich, unauffällig zu bleiben. Wer auffällt, wird verletzt. Gleichzeitig bemühe ich mich, die offiziellen Regeln dieses Gefängnisses zu befolgen, ohne bei den Mitgefangenen den Eindruck zu erwecken, ich sei ein Arschkriecher. Denn auch das hätte Folgen.

Jede Woche muss ich in der Halle antreten und mich in Gegenwart des Hallenwächters auf eine Waage stellen. Mein Körpergewicht pendelt sich auf sechsundvierzig Kilogramm ein. Knapp dreißig Kilo habe ich in den letzten Monaten verloren.

*

„3456 von 1972. Duchois. Lebenslänglich, Sir."

„Was kann ich für dich tun, Duchois? Oder soll ich erst sagen: ,Sieg Heil!'?", provoziert der Hallenwächter.

„Sir, ich frage an, ob ich ein Buch aus der Bücherei ausleihen darf."

„Du kennst die Regeln: Sieben Bücher pro Zelle. Wie viele Bücher sind zurzeit bei dir auf der Zelle?"

Blitzschnell muss ich abwägen: Sage ich, dass ich es nicht weiß, werden die Wächter die Zelle durchsuchen, um festzustellen, wie viel Literatur dort vorhanden ist. Finden sie mehr als sieben Comic-Hefte, beschlagnahmen sie diese und teilen den anderen drei Gefangenen mit, die überflüssigen Hefte hätten sie mitgenommen, da Duchois angefragt habe, ein Buch auszuleihen. Tadel wäre das Mindeste, vielleicht würde es auch ein blaues Auge oder einen Schnitt mit der Rasierklinge bedeuten. Behaupte ich dagegen, nur sechs Hefte wären bei uns, könnten sie ebenfalls eine Durchsuchung starten.

„Sieben, Sir."

„Gut, dann weißt du ja die Antwort. Oder?! Übrigens, welches Buch wolltest du denn gerne haben? Sicherlich ‚Mein Kampf‘.“

Diese Provokation lasse ich ins Leere laufen. „Nein, Sir, einfach nur ein gutes Buch.“

„Aber da sind doch sieben gute Bücher in der Zelle.“

„Sir, das sind nur Kriegscomics.“

„Ach, die sind dir nicht gut genug. Möchtest du etwas Intellektuelles haben, wie zum Beispiel ‚Mein Kampf‘?“

„Nein, Sir. Wie gesagt möchte ich nur ein gutes Buch ausleihen, zum Beispiel einen Roman von Dostojewski oder John Steinbeck oder etwas Historisches oder etwas von Böll, Sartre und Hegel oder Ähnliches.“

Der Hallenwärter sieht einen neben sich sitzenden Kollegen an: „Hast du schon einmal etwas von diesen Leuten gehört? Ich glaube, der Nazi-Gefangene will uns verarschen. Hey, Gefangener mit der verdammten 3456“, schreit er jetzt wütend, „ich sage dir zum letzten Mal, dass die Regeln besagen: Pro Zelle sieben Bücher. Mehr sind nicht erlaubt. Und nun verpiss dich.“

„Sir, wenn ich noch einmal etwas fragen darf?“

„Nun gut.“

„Sagen Sie mir, Sir, warum nur sieben Bücher in einer Zelle sein dürfen? Warum können Sie uns nicht acht Bücher gewähren?“

Jetzt wird er äußerst ärgerlich. „Hör zu, du Nazi-Sau, Befehl ist Befehl. Ich frage meinen Vorgesetzten auch nicht, warum dies oder das erlaubt ist oder nicht. Ich gehorche einfach. Du tust das nicht.“

„Strafzelle“, nickt er seinem Kollegen zu, woraufhin mich drei Wärter in eine abgelegene kleine Halle zerren. Dort befinden sich drei Strafzellen. Eigentlich sind es normale Zellen, jedoch ohne jegliches Mobiliar und ohne Fenster. Die Wächter betätigen den Lichtschalter, stoßen mich in den stockdunklen Raum und verriegeln die Tür.

Ich lande heute nicht das erste Mal in der Strafzelle. Wenn ich mich richtig orientiere, ist heute Donnerstag. Morgen früh werde ich zur Bestrafung vor dem Gefängnisdirektor erscheinen müssen. Und ich muss als Strafe vermutlich mindestens bis Montag früh hier aushalten.

Schritte sind zu hören, dann knirscht ein Schlüssel im Schloss. Das plötzliche Licht blendet mich. „Hier, dein Essen." Auf dem Tablett wird die Mahlzeit über den Fußboden geschubst. Sofort ist die Tür wieder zu und das Licht aus.

Im Dunkeln versuche ich, so gut es geht, die beiden Brotscheiben zu belegen. Es fühlt sich an wie Käse. Hoffentlich haben die Wärter diesmal keine Kakerlaken dazugepackt. Nicht daran denken, dass sie die Nahrung auch bespuckt haben könnten! Mit Heißhunger esse ich.

Kaum zehn Minuten später wird die Zelle wieder geöffnet. Ein Beamter bleibt draußen, drei große Männer kommen herein. Einer von ihnen stellt die Essensreste vor die Tür. „Ausziehen!"

Gehorsam entkleide ich mich und falte die Sachen ordentlich zusammen.

Ein Wärter reicht mir eine Wolldecke. „Ist dir kalt?"

Verwundert über diese Geste der Menschlichkeit, ausgerechnet in der Strafzelle, antworte ich freimütig: „Ja, ein wenig."

„Das ist gut, du Nazi. Ich wünsche dir, dass du noch mehr frierst und dass die Kakerlaken überall in dich hineinkriechen: in Mund, Nase, Ohren und das Arschloch, damit du begreifst, was du Marta angetan hast."

Das hat gesessen. Der Wärter hat meinen wunden Punkt getroffen: meine Schuld. Täglich versuche ich, sie zu verdrängen.

*

In der Tür steht ein römisch-katholischer Priester und fragt, ob er hereinkommen darf. Der unerwartete Besuch und die dämliche Frage sind fast zum Lachen: Als Gefangener habe ich doch nichts zu bestimmen. Will er reinkommen, dann kommt er rein. So einfach ist das.

Der Priester bleibt jedoch im Türrahmen stehen, schaut mich freundlich an und wartet tatsächlich auf eine Antwort.

„Ja, gerne."

„Ich heiße Peter McLaughlan und bin Priester hier im Gefängnis." Er streckt mir seine Hand hin. „Eigentlich darf ich Sie offiziell gar nicht besuchen, da Sie evangelisch sind, wie ich am Türschild erkennen kann. Aber ich glaube, keiner hat etwas dagegen. Die sind alle so nett hier: die Wärter, die Verwaltung, die zivilen Beschäftigten, die Gefangenen. Jeder gibt mir das Gefühl, willkommen zu sein. Ja, ich hätte nie gedacht, dass es sich so verhalten könnte."

Bei dem Gedanken, alle seien nett, muss ich grinsen. Der Priester erscheint sehr locker. Er könnte gut und gern ein sympathischer Clown sein. Von ihm geht etwas aus, das in mir das Gefühl weckt, gemocht zu werden, vorbehaltlos angenommen zu sein, so, wie ich bin. Sogar die Hand gibt er mir, einem verurteilten Mörder.

Selber zu reden, habe ich in diesem Moment keine Lust, doch ich wünsche mir, dass er weiterspricht. Seine Worte sind wohltuend.

„Wissen Sie, ich bin für jeden da. Ob katholisch, evangelisch oder ob Sie an gar nichts glauben – das ist völlig egal. Wir alle sind Gottes Kinder, das ist die Hauptsache. Draußen habe ich auch schon so gelebt. Ich glaube, es gibt keinen großen Unterschied zwischen drinnen und draußen. Wir alle hoffen doch, ein Stück Leben zu finden, etwas Hoffnung, weil wir alle dies brauchen. Auch ich bin angewiesen darauf, dass Menschen mir zuhören, mich herausfordern und an Gott und die Welt erinnern. Sind Sie schon einmal hier zur Kirche gewesen?"

Ich habe bereits irgendwo aufgeschnappt, in irgendeiner Kapelle auf dem Gelände gäbe es sonntags einen Gottesdienst. Nun bestätigt der Priester dieses Gerücht.

„Nein, noch nicht."

„Ach, wissen Sie, nur wenige kommen sonntags zur Kirche, eigentlich schade. Dabei sind alle willkommen, egal, was sie glauben, solange sie andere tolerieren. Jeden Sonntag um neun Uhr ist Gottesdienst. Kommen Sie doch! Ganz gleich, was andere sagen. Wir alle brauchen Vergebung. Alle müssen wir einen Sinn in diesem Dasein finden."

Plötzlich horche ich auf und unterbreche ihn: „Sie sprechen von einem Sinn im Leben. Was ist er denn?"

„Oh, das ist eine gute Frage. Darüber könnten wir uns bis ins hohe Alter unterhalten. Eines ist jedoch sicher: Wir müssen unsere Verletzungen und unsere Schmerzen zurücklassen, bevor wir nach vorne gehen können. Auch wenn wir einige Zeit unseres Lebens mit Katastrophen vergeudet haben, ist das kein Grund, weitere Jahre zu verplempern. Für mich jedenfalls ist der Sinn des Lebens, akzeptiert zu haben, dass Gott uns annimmt und ich so vorwärtsgehen kann.

Gut, ich will wieder weiter. Ich würde mich jedenfalls sehr freuen, wenn Sie auf mich zukommen würden, wenn wir uns einmal wiedersehen. Dann können Sie herausfinden, wer ich bin. Falls ich Sie einmal besuchen soll, dann lassen Sie Ihren Namen einfach ins Buch des Seelsorgers schreiben. Dann komme ich vorbei. Und machen Sie sich keine Gedanken, wenn Sie keine großen Themen haben. Es tut einfach gut zu reden."

Der Priester verabschiedet sich, dann zögert er. „Ich merke gerade, dass ich ein Problem habe: Das Licht war ja aus, als ich hereinkam. Wenn ich das Licht nicht gleich wieder ausmache, kriege ich Schwierigkeiten. Darf ich das Licht wieder hinter mir ausmachen?"

„Ja, tun Sie das ruhig. Doch können Sie mir vorher noch die Uhrzeit sagen?"

„Ja, fünf Minuten nach neun."

„Oh, dann ist es sowieso Zeit für mich zum Schlafengehen."

Zu schlafen ist aber nicht so einfach. Der harte, kalte Fußboden eignet sich nicht dazu. Meine Gedanken kreisen um diesen komischen Priester. War es nur ein Traum, dass er plötzlich in der Tür stand? Nein, ich habe ihn ja schon in der Halle gesehen.

*

Zwei Gefangene warten mit dem Rücken an der Wand. Zu ihnen stelle ich mich. Heute hat offensichtlich der stellvertretende Gefängnisdirektor die Aufgabe, die Strafen festzulegen.

Endlich bin ich an der Reihe. Eingekesselt von zwei schrankgroßen Wärtern werde ich in den Raum geschleppt. Der Atem des hinter mir stehenden Wachmanns streift unangenehm meinen Nacken. Vor mir ein großer Schreibtisch. Dahinter sitzt der stellvertretende Gefängnischef. Zwei weitere Beamte stehen auf beiden Seiten des Tischs.

„Stillgestanden! Sag Nummer, Name und Strafe zum Direktor und sprich ihn mit ‚Sir' an", lautet der Befehl.

„3456 von 1972, Duchois, lebenslänglich, Sir."

Nun schildert der Hallenwächter seine Version: „Sir, dieser Gefangene kam gestern in mein Büro. Er bat um Erlaubnis, zusätzlich zu seinen sieben Büchern in der Zelle ein achtes Buch zu erhalten. Als ich dies mit der Begründung ablehnte, nur sieben Bücher seien erlaubt, rebellierte er und verlangte ausdrücklich wieder nach einem weiteren Buch. Ich verwarnte ihn und befahl ihm, diese Entscheidung zu akzeptieren. Als er die Anfrage wiederholte, ließ ich ihn in die Strafzelle bringen."

„Duchois, Sie haben die Anklage gehört. Was haben Sie zu Ihrer Verteidigung zu sagen?"

„Sir, eigentlich stimmt alles, was Mr Todd berichtet. Doch sehe ich nicht ein, dass mein Wunsch eine Strafhandlung ist. Ich habe lediglich nachgefragt, warum die bestehende Regelung unbedingt aufrechterhalten werden müsse. Begründet habe ich das vor allem mit der Tatsache, dass die sieben Bücher, die ich mir mit den drei anderen Gefangenen meiner Zelle teile, alles Kriegscomics sind. Das heißt, sie sind keine richtige Literatur, sondern Kitsch, und außerdem möchte ich nicht dauernd nur Propaganda gegen Deutsche lesen, weil sie in keiner Weise wahr ist. Das hat auch nichts damit zu tun, dass ich angeblich Deutscher sei. Ich bin nämlich Holländer. Ich kenne die Deutschen nur gut."

„Ich habe dich verstanden", zischt der stellvertretende Gefängnisdirektor. „Und nun hör gut zu: Du bist ein verurteilter deutscher Mörder. Wir machen die Regeln, und nicht du. Du hast lediglich die Pflicht, diese Regeln zu befolgen. Außerdem steht es dir nicht zu, ein Urteil darüber zu fällen, ob Comic-Hefte Kitsch sind oder nicht. Und du hast keine Ahnung, was die Deutschen dem britischen Volk angetan haben. Ich sage dir knallhart: Duchois, pass auf! Du stehst nun schon zum dritten Mal vor mir. Diese rebellische Art werden wir nicht tolericren. Verstanden?"

„Sir, ich rebelliere nicht. Ich möchte lediglich …"

„Sei still, Gefangener 3456!", brüllt der Sicherheitschef. „Aufgrund deiner Uneinsichtigkeit, mit der du die Befehle verweigerst, bestrafe ich dich mit fünf Tagen Einzelhaft. Und jetzt raus hier!"

Die drei Wärter neben und hinter mir drängen mich aus der Tür und zerren mich zurück in die Einzelzelle. Es ist dieselbe wie vorhin.

Dunkel. Frühstück. Dunkel. Mittagessen. Dunkel. Abendbrot. Dunkel. Nacht. Dunkel.

*

Die alte Welt habe ich gehasst. Nun hasse ich auch diese neue Umgebung. Das schließt meine Mitgefangenen ein. Wie pervers ist ihr Charakter! Weit und breit bin ich der Einzige, der gut und anständig ist, denke ich, zeige meine Abscheu aber nicht.

Wie der Wind weht, verhalte ich mich und passe mich jeder Situation an. Wird von mir erwartet, dass ich brutal zuschlage oder hinterhältig trickse, dann tue ich das. Soll ich lächeln, dann grinse ich eben. Alles Gewünschte erfülle ich aus einer riesigen Angst davor, vergewaltigt oder mit einem Messer verletzt zu werden. Schmerzen ängstigen mich total. Natürlich darf niemand diese Furcht mitbekommen.

Wenn Bandenmitglieder meinen Tabak wollen, zahle ich bereitwillig. Ziemlich schnell bekomme ich allerdings heraus, wer der Kopf der Bande ist. Dann versuche, ich Freundschaft mit ihm zu schließen, und gewinne so ein kleines Stückchen Sicherheit.

Irgendwann kann ich meine Selbstmordversuche nicht mehr zählen. Oft nehme ich die Rasierklinge aus dem Rasierer und gehe damit ins Bett. In der rechten Hand halte ich sie und erbitte mir von Gott die Kraft, so tief in die Pulsader schneiden zu können, dass ich sanft in ein Nichts hinübergleite.

Doch dann erwacht die Angst: An ein Nichts zu glauben, gelingt mir nicht. Es ist viel wahrscheinlicher, dass meine ganzen Taten nach dem Tod auf mich zurückfallen werden. Alle meine Grausamkeiten und Verbrechen werden sich tausendfach auf mein Haupt entladen.

Ununterbrochen schaue ich im Bett auf meine Hände. Sie haben Marta in den Tod gestoßen. Es sind Hände, die keine Hände mehr sein dürften. Innig wünsche ich mir, keine Hände mehr zu haben.

*

Durch den katholischen Priester McLaughlan schaffe ich es schließlich, gegen den Willen des uniformierten Personals immer wieder ein neues Buch zum Lesen bei mir zu haben. Da ich viel Zeit habe, kommt der Seelsorger jeden Tag vorbei, nimmt das gelesene Buch in Empfang und gibt mir ein neues. Manchmal schaffe ich es auch, eine Tageszeitung zu lesen.

Der Bürgerkrieg in Kambodscha bedrückt mich. Richard Nixon, dieser mächtige Mann, gerät wegen der Watergate-Affäre ins Zwielicht, das wundert mich wenig. Es freut mich, dass die Bundesrepublik einen Beauftragten für den Zivildienst ernennt. Wütend lese ich von dem ägyptischen und syrischen Angriff auf Israel am Versöhnungstag der Juden. Die UdSSR und die

USA liefern die Waffen für diesen Krieg. Gewinnsucht und unmenschliches Morden gehen Hand in Hand.

Alle Gefangenen sind happy, als Prinzessin Anne und Hauptmann Mark Philips am 14. November 1973 vor den Traualtar treten. Die Inhaftierten dürfen die Zeremonie auf dem Bildschirm mitverfolgen. Zum Mittagessen gibt es richtiges Fleisch: Jeder bekommt ein halbes Hähnchen.

Nach und nach gewöhne ich mir an, mich nachts nicht nur ängstlich zu bemitleiden, sondern den täglichen Erfahrungen nachzuspüren, um sie einzuordnen. Es ist ein Versuch, Stück um Stück das Puzzlespiel meines Lebens zusammenzusetzen und zu verstehen, was sich alles abgespielt hat.

Draußen habe ich mich immer nach dieser inneren Möglichkeit gesehnt und nie die Ruhe dazu gefunden. Nun gibt es Momente des Nachdenkens und der Reflexion.

Meine Lektüre öffnet mir Türen: Religion, Philosophie und Psychologie interessieren mich besonders und christliche Biografien finde ich spannend. Es gibt Menschen, deren Leben durch besondere Momente zum Guten hin umgekrempelt wurde. Eine Eifersucht entsteht in mir auf diejenigen, die das Schöne in dieser von Gott gewollten Welt erblicken können.

Manchmal lese ich im Neuen Testament der Bibelausgabe, die ich zu meiner Konfirmation bekommen habe. Mein Denkspruch steht im Römerbrief: „Lass dich nicht vom Bösen überwinden, sondern überwinde das Böse mit Gutem."

Vieles was ich in der Bibel lese, ist schwer zu verstehen, weil mir der ganze Lebensstil vor zweitausend Jahren fremd bleibt. Anderes ist einfach zu begreifen. Und Jesus scheint das merkwürdig undurchschaubare Leben als gar nicht so kompliziert empfunden zu haben.

„Bernhard, ich werde nächste Woche wieder zurück in eine Gemeinde gehen. Dann kann ich dich nicht mehr besuchen. Mit dem Wärter aus der Bibliothek habe ich vereinbart, dass du jede Woche bis zu sechs Bücher ausleihen darfst. Du musst ihm nur die Titel mitteilen. Falls er das Buch nicht in der Gefängnisbücherei besitzt, wird er es in der Stadtbibliothek für dich ausleihen. Du musst lediglich dafür sorgen, dass alle ausgeliehenen Bücher unversehrt und pünktlich abgegeben werden."

„Danke. Ich freue mich darüber. Doch ich werde dich vermissen. Du bist ein netter Typ."

„Dann mach's gut, Bernhard. Ich werde an dich denken und für dich beten. Wenn du weitersuchst, wirst du eines Tages das Ersehnte finden. Gott segne dich."

Meine Sehnsucht nach einem gnädigen Gott steigert sich ins Unendliche.

*

Jeder Gefangene darf einmal im Monat einen halbstündigen Besuch empfangen. Der Gefängnisdirektor hat allerdings das Recht, dieses Privileg teilweise oder ganz zu streichen. Auf dieser Basis reiche ich eine Anfrage ein, ob ich die halbstündigen Besuchszeiten aufsparen und addieren kann. Ich kann und will es meinen Eltern nicht zumuten, jeden Monat die weite Reise auf sich zu nehmen, um ihren Sohn für dreißig Minuten zu sehen.

Genehmigt wird, pro Jahr maximal fünf Stunden anzusammeln. Diese darf ich dann nach vorheriger Ankündigung aufbrauchen. Nun ist es bald so weit: Fünf Stunden verteilt auf fünf Tage dürfen mich meine Eltern besuchen. An diesem Samstagvormittag werden sie in Glasgow landen und wollen mich gleich nach dem Mittagessen aufsuchen.

Um fünf Uhr nachmittags warte ich allerdings immer noch vergeblich. Seit einer Stunde ist Aufschluss. Meistens stehe ich dann am Gitterrand im zweiten Stockwerk und beobachte den Hallenwärter.

Alan White, den ich in der Untersuchungshaft als sehr unangenehm kennengelernt habe, steht am Pult. Seit einigen Wochen absolviert er seinen Dienst in der B-Halle. Ein Kollege leistet ihm Gesellschaft.

Mir ist klar, dass es Schwierigkeiten geben kann, wenn ich nun störe. Trotzdem spreche ich White an: „Sir, darf ich Ihnen eine Frage stellen?"

Die beiden Beamten schauen gar nicht auf und reden weiter miteinander.

„3456 von 1972, Duchois, lebenslänglich, Sir. Darf ich Ihnen eine Frage stellen?", ergänze ich nun formell.

Sie unterhalten sich weiter und lachen.

Jetzt müsste ich mich eigentlich verziehen, aber vielleicht kann ich mit einem taktvollen und vorsichtigen Versuch ausnutzen, dass sie offensichtlich bester Laune sind. „Sir ...?"

„Ja, was ist, du verdammtes Nazi-Schwein? Was willst du?"

„Ich erwarte seit dem Mittagessen Besuch von meinen Eltern. Und nun ist es schon nach fünf."

Der Wärter wird ernst. „Deine Eltern waren mit dem Flugzeug unterwegs, stimmt's?"

„Ja, Sir."

„Nun, hast du nicht mitbekommen, dass das Flugzeug über England abgestürzt ist und alle Passagiere an Bord dabei ums Leben gekommen sind?"

Soll ich das glauben? Schweigend stehe ich da. Alan White ist einer der Gemeinsten. Gleichzeitig wirkt er so, als könne ihm so eine Katastrophe tatsächlich ein wenig leidtun.

„He, Nazi, hast du nicht verstanden, was ich gesagt habe? Sie sind abgestürzt." Er breitet seine Arme aus und macht das Geräusch eines abwärts trudelnden Flugzeugs nach. „Genau so ging der Flieger nach unten, das habe ich jedenfalls in den Nachrichten gehört."

Eine fürchterliche Ahnung steigt in mir auf: Alan White kennt tatsächlich die Wahrheit und will mir nun die Nachricht vom Tod meiner Eltern so verletzend wie möglich beibringen.

„So, du dreckiger Mörder! Hör gut zu, was ich dir sage: Vater – tot, Mutter – tot, alle tot. Verstanden? Und nun hau ab, du Drecksack. Und: Sieg Heil!"

David, ein Mitgefangener und Freund, hört die letzten Brocken der Unterhaltung. Inzwischen zittere ich am ganzen Körper vor Schmerz und vor Zorn. Ganz gleich, ob Vater und Mutter wirklich verunglückt sind oder ob der Wärter nur einen üblen Scherz gemacht hat, die Zündschnur für eine Explosion glimmt.

„Komm, Bernhard, lass uns gehen! Komm!" David fasst mich fest an der Schulter und führt mich aus dem Dunstkreis des Beamten. Vor Wut bebend folge ich ihm auf meine Zelle.

Am nächsten Tag erhalte ich meinen ersten Besuch. Völlig überrascht reagieren die Eltern auf meinen Hinweis, sie schon am Vortag erwartet zu haben. „Wir haben gestern doch extra angerufen und uns zu deiner Halle durchstellen lassen. Den Wärtern haben wir berichtet, dass sich der Flug nach Glasgow um ganze vierundzwanzig Stunden verschoben hat. Sie haben uns fest versprochen, dir das auszurichten."

Die fünf Besuche vergehen schnell. Normalerweise finden sie im Gruppenraum statt. Dann muss ich mit den Eltern durch eine Panzerglasscheibe kommunizieren. Ab und zu führt uns ein verständnisvoller Beamter in ein kleines Besucherzimmer.

Dort gibt es einen kleinen Tisch und vier Stühle. Wir können die Stunde genießen.

Bernadette erzählt viel. Immer wieder schildert sie einen Traum: Es soll am 12. Oktober 1972 gewesen sein. Sie träumte, ich sei von Marta brutal angegriffen worden. Daraufhin wehrte ich mich. Marta stürzte und fand den Tod.

Egal, was andere sagen, für sie bin ich ihr Sohn, edel und gut und vor allem kein Mörder. Abfällig, ja, gehässig spricht sie über meine Frau, die nur Böses gewollt habe. Dabei hat sie mich ja noch in der Untersuchungshaft gefragt, ob ich es getan hätte.

Mutters Worte bohren sich in mein Herz: Die Früchte meiner eigenen Schlechtigkeit muss ich nun ernten. Diesen bösartigen Unsinn habe ich fabriziert. Nun gilt es, die Konsequenzen zu tragen. Mutter ist einfach nicht stark genug, die Möglichkeit zuzulassen, ihr Sohn sei ein Mörder.

Vater dagegen verhält sich in Bezug auf die Schuldfrage still, als ob sie ihm gleichgültig sei. Seine Worte sind freundlich und bauen mich auf.

Dann kommt schon der letzte Besuch. „Du, wir haben ein bisschen Zahnpasta und eine Zigarre für dich mitgebracht", meint Mutter fürsorglich.

„Das ist leider nicht erlaubt, Mama."

„Ach, das merkt doch keiner. Nimm es einfach und versteck es in deinen Taschen. Nachher kannst du in deiner Zelle die Zigarre in aller Ruhe rauchen. Und du brauchst für eine Weile auch nicht mehr das eklige Zahnputzpulver zu benutzen."

„Mama, ich werde nach jedem Besuch durchsucht, und wenn sie etwas bei mir finden, werde ich bestraft."

„Blödsinn. Bei solchen Kleinigkeiten passiert dir sicher nichts. Es sind ja keine Eisensägen oder etwas anderes Verbotenes."

Henri mischt sich ein. „Wenn Bernhard Bedenken hat, wird er schon seine Gründe haben. Lass es doch, Bernadette. Wir wollen doch nicht, dass er in Schwierigkeiten kommt."

Sie bleibt unbeeindruckt. „Das ist nur eine ganz normale Zigarre. Und normale Zahnpasta."

„Mama, bitte nicht, die filzen mich immer gründlich. Oft muss ich mich nackt ausziehen. Die Regeln sind einfach: Nichts, rein gar nichts darf ich annehmen."

„Ach, Junge, mach dir keine Sorgen. Tu uns einfach den Gefallen und steck es ein."

Widerwillig gebe ich nach und verstecke beides zwischen Hosenbund und Rücken in der Hoffnung, dass die Zigarre nicht zu sehr zerdrückt wird.

„Pass gut auf dich auf!", verabschiedet sich der Vater.

„Viel Freude mit der Zigarre!", wünscht mir die Mutter.

„Hast du etwas bei dir?", fragt der Beamte, nachdem sie gegangen sind.

„Nein, Sir", lüge ich.

„Gut, dann wollen wir mal sehen…" Mit diesen Worten beginnt er, mich zu filzen.

Zuerst komme ich in die Strafzelle, das Loch. Danach werde ich in eine andere Halle strafversetzt und verliere für mindestens zwei Jahre das Recht auf offenen Besuch. In Zukunft gibt es nur noch Gespräche durch gepanzertes Glas.

Die für mich neue A-Halle hat keinerlei Privilegien. Damit verliere ich automatisch auch meinen Arbeitsplatz in der Druckerei. Über ein Jahr verbringe ich damit, den Fußboden der Halle zu säubern. Jeden Vormittag und jeden Nachmittag knie ich auf dem Belag und schrubbe ihn von vorne bis hinten.

Mir graut davor, Wärter White in der Halle zu sehen. Irgendwie schafft er es manchmal hierherzukommen. Dann nimmt er mir die Bürste weg und zwingt mich, meine Zahnbürste aus der Zelle zu holen, damit ich damit weiterschrubbe.

*

Es regnet. Über einhundert Gefangene haben Rundgang in der Halle. Alan White durchquert den Raum und geht an mir vorbei. Kurzerhand nimmt er mich am Ärmel und schleppt mich in die Hallenmitte.

„He, alle mal aufgepasst!", schreit er in die Runde der sich bewegenden Männer. „Seht ihr dieses Nazi-Schwein? Letztens hat er mir doch gesagt, dass ihr alle verdammte Wichser seid. Ja, er hat als Schwuler ein großes Mundwerk. Seht ihn euch an: Nicht nur ein verdammter Nazi, sondern auch ein perverser Homosexueller!"

Dann zieht er ab und lässt mich hilflos stehen. Angst ergreift mich. Hier sind Gefangene beisammen, die schwer zu kontrollieren sind. Sie haben keinerlei Hemmungen, sich zu jeder Zeit und an jedem Ort zu prügeln, zu stechen oder zu vergewaltigen. Durch die gerade verbreitete Lüge werde ich zum Freiwild für mörderische Angriffe und Vergewaltigungen. Mit äußerster Anstrengung zwinge ich mich zur Ruhe und überlege.

Mein Blick fällt auf Peter, Schlachter von Beruf und schon achtzehn Jahre im Bau. Für die Ermordung von zwei Männern bekam er lebenslänglich. Einen von ihnen drehte er nach der Tat durch den Fleischwolf. In den Haftjahren hat er mehrmals Gefangene und Wärter brutal niedergeschlagen und auf sie eingestochen. Mit großer Wahrscheinlichkeit wird er bis zu seinem Tod im Gefängnis bleiben.

Scheinbar ruhig und sicher gehe ich auf ihn zu und sage: „Hallo."

Mein Vertrauen richtet sich darauf, dass Peter genug Knasterfahrung hat und mir glauben wird. Irgendwie muss ich ihn als Freund gewinnen. Er ist jedenfalls der Einzige in der Halle, der mir Schutz bieten kann. Denn niemand traut sich an diesen „verrückten Schlachter" heran.

„Der Wärter mag dich wohl nicht besonders…", begrüßt er mich.

„Ja, ich befürchte, er will mich fertigmachen. Darum erzählt er diese Lügen."

„Nun, da bin ich ja gespannt, was die anderen mit dir machen werden", lacht er verschmitzt.

„Sollen sie nur versuchen", versuche ich, cool und souverän zu wirken. Dann biete ich Peter an, einige Kartoffeln zu stehlen, um gemeinsam in der Halle etwas Alkohol zu brauen. Tatsächlich schaffe ich es, eine große Tüte Kartoffeln hereinzuschmuggeln. Meine Idee, den Kartoffelsud im Feuerlöscher unter den Augen der Wärter heimlich gären zu lassen, macht mich zum Helden. Nur wenige Wochen später trinken wir Selbstgebrannten in einer kleinen Runde von Gefangenen.

Peter findet mich spitze. „Prost auf unseren kleinen Nazi", lacht er in die Runde.

So rette ich meine Gesundheit, ja, vielleicht sogar mein Leben. Aber Peter ist der Boss einer Schutzgeldbande. Zug um Zug schlittere ich mit hinein und bin dabei ganz schön aufgeregt. Der erhöhte Genuss von Tabak und Kaffee ist wirklich nicht übel. Und normale Zahnpasta und Zucker sind auch nicht von der Hand zu weisen. Schon bald fordert Peter mich auf, eigene Forderungen einzutreiben.

Auf einmal habe ich eine Liste mit vierzehn Namen. Wöchentlich muss ich bestimmte Artikel von ihnen besorgen, meistens Tabak, Teebeutel und Kaffee, aber auch Bargeld. Anfänglich fällt es mir richtig schwer, die Forderung auch nur auszusprechen. Es ist hart, dass ein Gefangener für sein Überleben bezahlen muss, nur, weil er zu keiner Gang gehört. Weigert sich jemand, sein Schutzgeld zu bezahlen, erhält er Besuch von einer Schlägergruppe.

Mit der Zeit werde ich energischer und mein Gewissen quält mich immer weniger. Peter ist beeindruckt von mir. „Du arbeitest sehr sauber. Und du hast offensichtlich noch nicht versucht, mich übers Ohr zu hauen. Das finde ich gut von dir."

An einem Samstagvormittag habe ich eine halbe Stunde Zeit, meine Zelle zu säubern und die Toilette zu benutzen. Die Wärter sind gerade damit beschäftigt, einige Toilettentüren aufzuschließen. Da fällt mir auf, wie ein Wärter im zweiten Stock die Zelle Nr. 12 aufschließt, dann die Klinke einrasten lässt und die Tür wieder anlehnt.

Johnny liegt hier auf Anweisung des Sicherheitschefs. Er ist ganz allein. Wie oft ist der schmächtige Kerl schon verprügelt, gestochen und brutal vergewaltigt worden. Seine Schuld besteht darin, mehrere kleine Mädchen sexuell belästigt zu haben. Neulich wurden ihm beide Arme gebrochen. Daraufhin hat ihm der Sicherheitschef Schutz in Form von Einzelhaft in der A-Halle gewährt.

Dieses Türöffnen ist merkwürdig. Aus dem Augenwinkel beobachte ich, was passiert. Drei Mitgefangene gehen in Johnnys Zelle und der Beamte dreht sich in die andere Richtung.

Was kann ich tun und was lasse ich besser? Peter zu informieren, lohnt sich nicht. Der würde sich nur freuen, wenn Johnny etwas abbekommt. Beamte anzusprechen, getraue ich mich auch nicht.

Kein Ton ist aus Zelle 12 zu hören. Viele Minuten vergehen. Dann verlassen die drei den Raum und verschwinden schnell in ihren eigenen Zellen. Kurz darauf stolpert Johnny heulend und schreiend aus seiner Zelle, nur mit einem Gefängnishemd bekleidet. Aus seinem Hintern fließt Blut am Bein hinunter.

Mit schlechtem schauspielerischem Talent bemitleidet der Beamte ihn und begleitet ihn nach unten. Zwei Kollegen eskortieren ihn lächelnd aus der Halle, um ihn ins Gefängniskrankenhaus zu bringen.

Es stellt sich heraus, dass die Gefangenen Johnny erst getreten und dann vergewaltigt haben. Damit er sich nicht wehren konnte, haben sie ihn mit einem Messer am Hals bedroht. Anschließend haben sie das Messer in seinen After gesteckt.

*

Irgendwann bin ich wieder zurück in „meiner" B-Halle. Mein fester Vorsatz ist, in Zukunft nicht mehr in die Mühle des Gefängnisregimes zu geraten. Wenn ich die A-Halle überlebt habe, und das ist mir doch gut gelungen, schaffe ich es sicherlich eines Tages, in die C-Halle aufzusteigen. Dort werden die meisten Privilegien vergeben.

Auch meinen Job in der Druckerei bekomme ich zurück. Die Grundlagen des Druckens lerne ich rasch. Es gelingt mir, eine gute Arbeit abzuliefern, und mein Verdienst erhöht sich nach und nach auf 35 Pence. Das reicht für Tabak und ab und zu eine richtige Zahnpasta. Auch Teebeutel und löslichen Kaffee kann ich mir damit gönnen.

Gerne und bewusst teile ich solche Dinge mit anderen Gefangenen. Das sichert mir ihr Wohlwollen. Und der Gottesdienst am Sonntag wird für mich zu einem regelmäßigen Bestandteil der Woche.

Es ist Teepause. Alle arbeitenden Gefangenen dürfen um zehn Uhr eine kleine Pause einlegen. Jedem ist erlaubt, einen Becher Tee zu trinken.

Einer spricht mich an: „Hallo, bist du Bernhard? Hier ist eine Nachricht von einem Typen aus der A-Halle."

Unauffällig nehme ich den Zettel entgegen und bedanke mich beim Überbringer. Erstaunt lese ich: „Ich war da an dem Abend. Ich habe alles gesehen. Ein Freund."

Kalt läuft es mir über den Rücken. Beim Tatort hat die Polizei damals einen Schatten gesehen. Und nun, nach so vielen Jahren, meldet sich dieser Unbekannte ausgerechnet bei mir!

„Na, schlechte Nachrichten, Bernhard?"

„Wer hat dir den Wisch gegeben?", frage ich den Kalfaktor, der immer noch wie gelangweilt an der Druckmaschine steht.

„Wie ich gesagt habe, ein Typ in Halle A. Wie er heißt, weiß ich nicht. Ich kenne ihn überhaupt nicht."

„Kannst du ihn mir beschreiben?", hake ich unruhig nach.

„Nein. Der Absender hat mir den Zettel über einen Kerl in der Küche zukommen lassen. Warum fragst du? Stimmt etwas nicht?"

„Nein, schon okay, danke", lüge ich ihn an.

Daraufhin dreht sich der Kalfaktor um und geht zum Ausgang.

„Was ist los mit dir, Bernhard? Du siehst aus, als ob du gerade ein Gespenst gesehen hättest", meint ein anderer Gefangener.

*

Im Durchschnitt braucht ein Gefangener für den Aufstieg von Halle B nach C ein Jahr. Mit allen Umwegen benötige ich die doppelte Zeit. Aber irgendwann habe ich es geschafft.

Die C-Halle ist kleiner und älter, aber wesentlich sauberer. Da in jeder Zelle nur ein Gefangener lebt, scheint die Halle fast leer zu sein. Die meisten Häftlinge verbringen hier etliche Jahre, bevor sie dann in den freien Vollzug entlassen werden.

Auf den ersten Blick tun sie mir leid, weil sie still und unterwürfig ihr Dasein fristen. Aber es gibt hier zum Glück auch nicht mehr jeden Tag eine neue Prügelei oder Messerstecherei. Und es kommt zu weniger Vergewaltigungen. Dafür gibt es etliche Pärchen. Offiziell muss das Personal dies natürlich unterbinden.

Von meiner Gang trenne ich mich in aller Freundschaft. Das erleichtert mich. Inzwischen habe ich genug gelernt, um das Gefängnisleben auch ohne solche Unterstützung zu überstehen. Gefährliche Situationen kann ich erkennen, analysieren und bewältigen. Als Gangmitglied habe ich viel Unheil angerichtet. Etliche mussten leiden, damit es mir einigermaßen gut ging.

Nun habe ich meine Hände reingewaschen. Das denke ich zumindest.

Es ist Zeit, noch etwas mehr zu mir selbst zu finden. In meiner kahlen Zelle und in der akustisch brauchbaren Halle dichte ich und mache Musik. Seit meinem neunten Lebensjahr spiele ich Trompete, das Instrument habe ich vor meiner Abreise nach Schottland verkauft. Auf meinen Wunsch hin haben mir meine Großeltern ein neues gekauft – und meine Eltern haben mir die Trompete bei einem ihrer Besuche mitgebracht. Außerdem spiele ich seit einer Weile Gitarre und komponiere darauf auch Lieder. Meine Eltern haben mir die Gitarre geschenkt, das Spielen habe ich mir im Knast selbst beigebracht.

Mein Gedächtnis trainiere ich mit verschiedenen Übungen und spreche nach wie vor viel mit mir selber. Aber ich bin ruhiger geworden.

Kapitel 8

Ein einsamer Wanderer

Nun habe ich einen Raum ganz für mich allein. Keiner lenkt mich ab. Danach habe ich mich in der Zeit davor immer gesehnt. Es gibt kein Schnarchen, keine Prügeleien, keinen Gestank aus einem Eimer, den zwei oder mehr Gefangene als Urinal oder Latrine gebrauchen.

Eines Tages finde ich einen kleinen Läufer, den ein Wärter entsorgt hat. Keiner hat etwas dagegen, dass ich ihn auf den Fußboden meiner Zelle lege. Eine kleine weiße Gardine dekoriert das Fenster. Allmählich entdecke ich wieder eine längst verlorene Intimsphäre. Nur noch selten kommt es zu Routineuntersuchungen, wie sie eben Vorschrift sind.

In allen diesen Veränderungen bleibt jedoch meine Ruhelosigkeit, ja, sie steigert sich noch. Meine Sinne kreisen um die Sehnsucht, geliebt zu werden. Mein Verstand setzt sich permanent mit der Frage auseinander, warum Gott bislang immer so grausam zu mir gewesen ist.

Trotzdem beginne ich nach und nach, ihn mit Achtung anzusprechen. Ich bitte ihn höflich, mir einen Ausweg aus dem Irrgarten meines Lebens zu zeigen, und flehe ihn in manchen Momenten inständig um Hilfe an.

Was ich früher als Gebete verstand, war an ein schlechtes, ja, bösartiges Wesen gerichtet. Nun ahne ich, dass Gott gut und ansprechbar sein könnte. Mit ihm ringe ich darum, von dem Schlechten in mir erlöst zu werden. Gott soll mich von allem

Hass und der Wut befreien. Viele meiner Gedanken schreibe ich auf. Zu diesen Texten fallen mir später Harmonien und ganze Melodien ein.

An zwei Abenden der Woche nehme ich an einem Weiterbildungsangebot teil und erreiche den O-Level in Englisch, Religion und Geschichte sowie einen A-Level in Deutsch. Bei einem landesweiten Wettbewerb für Inhaftierte gewinne ich den zweiten Preis im Bereich musikalischer Kompositionen. Der Preis: 25 Pfund und die Empfehlung der Jury, noch ein wenig Harmonielehre zu lernen. Daraus wird die konkrete Möglichkeit, in einem Fernkurs von einem Universitätsdozenten begleitet zu werden.

Diese Aufgeschlossenheit und Förderung freuen mich sehr, aber meine alten Probleme lasten weiter auf mir: Wie ein heimatloser, einsamer Wanderer komme ich mir vor. Jede Nacht ist die Hölle. Martas Stimme hallt ständig in meinem Unterbewusstsein. Kaum lege ich mich hin, ruft sie: „Bernhard!"

Inzwischen habe ich schon Hunderte von Biografien gelesen, in denen der christliche Glaube eine Rolle spielt. Zeile für Zeile, Buch für Buch verschlinge ich. Es bewegt mich sehr, wenn ich vom Leid und der Freude derjenigen lese, die Gott als ein gutes Gegenüber erlebt haben. Solche Frauen und Männer beneide ich. Eifersüchtig werde ich Zeuge ihrer Erfahrungen.

*

Es ist Mittwoch, der 7. Mai 1975, ungefähr fünf Uhr nachmittags. Zeit zum Lesen. Gestern Abend habe ich ein neues Buch begonnen. Es hat den Titel „Das Kreuz und die Messerhelden". Jetzt schlage ich es wieder auf und lese weiter. Ein amerikanischer Pastor beschreibt darin seine Kontakte mit jungen Kriminellen.

Mich faszinieren sein Mut und seine Bereitschaft, psychische und körperliche Qualen auszuhalten, um diesen von niemandem geliebten Verbrechern Nähe zu zeigen und ihnen zu helfen. Ich strecke mich auf meinem Bett aus und lese eine Passage, in der Wilkerson[1] mitten auf der Straße den Gewalttätern die Botschaft der Bibel erklärt:

Als ich endlich anfing zu sprechen, wählte ich einen Text aus dem Johannesevangelium (Kapitel 3,16): „Also hat Gott die Welt geliebt, dass er seinen eingeborenen Sohn gab, damit alle, die an ihn glauben, nicht verloren werden, sondern das ewige Leben haben."

Ich sagte ihnen, dass Gott sie liebt – so, wie sie sind. In diesem Augenblick. Er weiß, wer sie sind. Er kennt ihren Hass und ihre Wut. Er weiß, dass einige von ihnen sich des Mordes schuldig gemacht haben. Doch weiß Gott auch, was sie in Zukunft machen werden, nicht nur, was sie in der Vergangenheit angestellt haben.

Das war alles. Ich sagte, was ich zu sagen hatte, und dann hörte ich auf.

Eine schwere, unfassbare Stille schwebte über der Straße. Ich konnte die Flagge hören, die sich im leichten Wind bewegte.

Dann sagte ich diesen jungen Frauen und Männern, dass ich Gott nun um ein Wunder bitten würde, damit ihr Leben genau jetzt völlig neu beginnen möge. Ich senkte meinen Kopf und betete, Gottes Heiliger Geist möge sein Wirken entfalten.

Anschließend schaute ich auf. Keiner rührte sich.

Ich fühle etwas, was ich noch nie im Leben erfahren habe: Die Sätze, die ich lese, sind lebendige Wirklichkeit. Ich richte mich auf meinem Bett auf und setze mich hin. Meine Füße stelle ich auf den Fußboden, knie nieder und falle anschließend flach auf den Boden.

Dann weine ich, aber dieses Weinen ist ganz anders als früher. Ich heule, weil ich mich selbst plötzlich durchschaue. Mein wahres Selbst zu erkennen, das schmerzt. Den Schatten zu entdecken, den ich werfe und der ich selbst bin, tut mächtig weh.

Es ist der Moment einer radikalen und intensiven Selbsterkenntnis: Nun sehe ich mein wahres Ich. Mit unauslotbarem Schmerz taste ich nach meinem Schatten und weiß, wer ich wirklich bin: die Eitelkeit in Person. Mein ganzes Sein war nur Fassade. Keinen Tupfen Gutes erkenne ich in diesem Lebensbild, dafür unendlich viel Schlechtes, Diabolisches und Nutzloses.

Eigentlich bin ich nicht einmal eine Bestrafung wert, denn Strafe soll ja verknüpft sein mit einer Hoffnung auf Besserung. Die abgrundtiefe Bosheit meines Herzens erfüllt mich mit unendlicher Scham, während mein ganzes heuchlerisches Leben noch einmal vor mir abrollt. Ich bin nicht mehr wert als ein Stück Scheiße.

Die Zeit scheint stehen zu bleiben. Ich wälze mich auf dem Fußboden, krampfend, heulend, mit den Fäusten hämmernd.

Und dann, so plötzlich, wie ich mein wahres Ich entdeckt habe, geschieht das Überraschende: Gott kommt zu mir.

Der Gott verzeihender Liebe kommt an diesem Nachmittag in meine Zelle. Er, den ich seit Jahren gehasst habe, ist auf einmal da und streichelt die Seele seines verstörten Gegenübers. Obwohl ich mit meinen Augen nichts sehen und mit meinen Ohren nichts hören kann, juble ich innerlich, als ich IHN erkenne.

Seine heilige Gegenwart kommt aus dem Himmel durch das vergitterte und verglaste Fenster hindurch in meine Seele hinein. Eine ewige Zärtlichkeit offenbart sich mir, dem Überwältigten. Und die Vergebung des allmächtigen Gottes bewirkt so etwas wie eine neue Geburt.

Mein ganzer Körper prickelt wie nach einem Frühlingsschauer, der mit wärmenden Regentropfen meine Haut berieselt hat. Eine himmlische Energie durchdringt mich und ich fühle mich geliebt und gereinigt.

Mir wird vergeben. Etwas wie ein Besenstoß wischt die unzähligen Fragen meiner Lebensgeschichte weg. Und der wahre Sinn meines Lebens offenbart sich mir: IHN zu lieben, der mich von Anfang an geliebt hat.

Als ich endlich einordnen kann, was mit mir passiert, weine ich erneut viele Tränen. Doch diesmal sind es Tränen großer Erleichterung und Freude. Mit verweintem Gesicht springe ich hoch und danke Gott, dem ich mein Leben übergebe: „Ich liebe dich! Ich liebe dich! Ich liebe dich! Danke. Danke. Danke! Hurra! Hurra! Ach, Papa, was kann ich sagen? Ich werde dich lieben bis zu meinem letzten Atemzug. Vierundzwanzig Stunden am Tag werde ich auf dich ausgerichtet sein. Mein Leben gehört dir. Mach mit mir, was du möchtest. Danke, Herr. Danke. Hurra!"

Noch viel mehr rufe ich an diesem Nachmittag in meiner Zelle. Wäre ein Beobachter aus Fleisch und Blut dabei, würde er mich bestimmt für verrückt halten. Denn ich bin wie von Sinnen: Ich springe, tanze, singe, pfeife, weine, lache, lobe und danke vor lauter Freude über mein neues Leben: ein Leben in der Nähe eines liebenden Gottes...

Vor knapp vierundzwanzig Jahren kam ich auf diese Welt und lernte, in einer augenscheinlich feindseligen Umgebung zu überleben. Heute werde ich in das wahre Leben geboren.

*

Es ist 18:30 Uhr. Ein Wärter öffnet meine Zellentür und geht, ohne zu kontrollieren, weiter zur nächsten. Alle Gefangenen dürfen nun bis neun Uhr ihre freie Zeit gestalten. Mit meinem Handrücken wische ich die Tränen aus meinem Gesicht und trete hinaus auf den Flur.

Alles scheint anders, wie verwandelt. Mir ist, als sei mir eine Brille mit höheren Dioptrien verschrieben worden: Die Lichter an den Wänden, der graue Fußboden, die einzelnen Mitgefangenen, die eilig aus den Zellen flitzen, um zuerst am Billardtisch oder der Tischtennisplatte zu sein, der Wärter in seiner schwarzen Uniform – alles scheint neu und irgendwie schön zu sein.

Zunächst will ich meinen Freund Alain in der Nachbarzelle besuchen. Im Türrahmen bleibe ich stehen und lächle ihn an.

„Bernhard, was ist los? Hast du geweint?"

„Alain", stammele ich.

„Du, was ist los, Kumpel?" Alain kommt näher, legt seine Hände auf meine Schultern und schaut mir fest in die Augen.

„Alain, er liebt uns!"

„Wer liebt uns? Du meinst doch nicht den Wärter Murdoch, nicht wahr!"

„Gott! Gott liebt uns!"

Alain lacht laut und herzlich. „Nun, und was ist daran neu?"

„Ach, Alain, ich wusste es nicht! Ich habe immer gedacht, dass… Aber das ist jetzt auch egal. Die Hauptsache ist, dass er uns wirklich über alles liebt!"

Freundlich und gütig schaut Alain mich an. Er hat viel Leid in seinem Leben erfahren: Er musste mit ansehen, wie einer seiner Freunde seinen Vater ermordet hat. Und da der Täter anfangs leugnete, diesen Mord begangen zu haben, wurde Alain ebenfalls zu lebenslanger Haft verurteilt. Nach der Urteilsverkündung gab der Schuldige zwar zu, dass Alain nichts mit dem Mord zu tun gehabt hatte, doch da war es schon zu spät. Obwohl Alain unschuldig ist, muss er die lebenslange Strafe absitzen. Danach, das hat er sich vorgenommen, will er ins Kloster gehen; er ist römisch-katholischer Christ.

Jetzt lächelt er mich an, klopft mir freundschaftlich auf die Schulter und sagt: „Freut mich, dass du das jetzt auch weißt!"

Zwei andere Gefangene lungern vor der Zelle herum, in der ich immer noch ein wenig durcheinander und mit feuchten Wangen stehe.

„He, Deutscher, was ist los mit dir?", raunt mir der eine zu.

„Na, Bernhard, was ist denn passiert?", tuschelt der andere.

Zu flüstern ist Routine im Vollzug. Das gilt besonders für Dinge, die das Bewachungspersonal nicht mitbekommen soll. Leise gesprochene Dinge sind aller Erfahrung nach äußerst wichtig und finden rasch Verbreitung, oft mit einem Upgrade des Inhalts.

Immer noch überwältigt berichte ich stakkatoartig, was ich in meiner Zelle erlebt habe. Es fällt mir sehr schwer, das soeben Erfahrene in Worte zu fassen. Mit etwas ruckartigen Gesten stammele ich: „Gott liebt uns. Gott kam in meine Zelle und hat mich angesprochen. Und er liebt uns alle."

Begeistert schaue ich in die Gesichter meiner erstaunten Mitgefangenen, doch die verziehen sich schnell. „Er ist verrückt geworden", murmelt der eine im Weggehen.

„Jetzt hat es ihn auch erwischt!", lacht der andere.

Wie ein Steppenfeuer verbreitet sich die Nachricht in der Halle und im ganzen Gefängnis: Der Deutsche ist ein religiöser Wahnsinniger geworden!

Manche vermuten, ich spiele den Idioten, um mehr Beachtung zu finden. Sie wissen, dass ich manchmal Mitgefangene mit komplizierten Gedankengängen und einem großen Wortschatz übers Ohr gehauen habe.

Andere gehen davon aus, dass ich tatsächlich übergeschnappt bin. Sie sind sicher, dass ich in einer Irrenanstalt für Straffällige enden werde.

Dann gibt es noch wohlmeinende Erklärungen für eine mögliche Erkrankung: Der Druck sei einfach zu groß für mich geworden, weil ich ja wirklich einer der wenigen unschuldigen Häftlinge sei.

Kurz vor neun Uhr abends rufen die Wärter zum Einschluss. Mir bleiben noch zehn Minuten. Mit meinem Becher gehe ich zu dem Kessel mit heißem Wasser. Mein Lächeln reicht von einem Mundwinkel zum anderen. Ich fühle mich so frei und frisch. In meiner Zelle lege ich einen Teebeutel ins Wasser und schütte zwei Löffel Zucker dazu.

Als ein Wärter eintritt, bin ich noch immer am Rühren. Routinemäßig streift sein Blick den ganzen Innenraum, um sicherzustellen, dass kein anderer Häftling hier ist. Sein Blick bleibt an mir hängen: „Bist du okay, Duchois?"

„Oh ja, Sir, mir geht es wunderbar. Danke."

„Bist du sicher?" Der Wärter meint es gut und macht sich Sorgen.

„Ja, Sir, ich bin sicher. Es ist nur, dass es so wunderbar ist. Haben Sie jemals erfahren, dass Gott Sie über alles liebt?"

Der Wärter hat keine Zeit, sich auf eine lange Diskussion einzulassen: Er muss alle Türen im dritten Stock abschließen, um danach nochmals von Zelle zu Zelle zu gehen und durch den Spion die Gefangenen zu zählen... Aber vielleicht löst diese persönliche Frage in ihm auch ein gewisses Unbehagen aus. „Weiß ich nicht... aber wenn du glaubst, dass mit dir alles in Ordnung ist, dann... gute Nacht."

„Gute Nacht, Sir."

Träumend stehe ich mit meinem Becher Tee am Fenster und schaue in den hellen Himmel. Von einem nie erfahrenen Frieden erfüllt, spreche ich mit Gott: „Ach, Papa, ich danke dir. Das ist richtig klasse! Das Leben ist schön – die Bäume da hinten, der kleine Vogel, der da draußen herumflattert – ist er nicht süß? Ach, ich fühle mich jetzt auch so frei! Danke, danke, danke!"

Dann spitze ich meine Lippen und küsse in die Richtung einer quellend in die Höhe wachsenden Wolke. „Ich liebe dich", flüstere ich.

Ja, ich bin verliebt. Draußen löst die Dunkelheit das Tageslicht ab. Längst hat ein Wärter das Zellenlicht abgeschaltet. Es muss so gegen elf Uhr sein. Ich bin müde und freue mich darauf, schlafen zu gehen. Als ich mich ohne Hetze ausziehe, summe ich auf einmal ein Lied. Im Bett merke ich erst, dass ich sehr, sehr müde bin.

*

Die Sonne scheint durch die Gitterstäbe in meine Zelle hinein, als ich wach werde. Heute fühle ich mich ganz anders als sonst: wie ein kleines Kind, das vom Mittagsschlaf erwacht. Mein ganzer Körper pulsiert. Ein wunderbares Gefühl!

Es kann noch nicht einmal sechs Uhr in der Frühe sein. Noch sind unsere Türen verschlossen, kein Schritt eines Wächters ist in der Halle zu hören.

„Guten Morgen, Papa", flüstere ich. Still genieße ich die Gegenwart Gottes. Seinen himmlischen Geist meine ich von den Zehen bis zum Scheitel zu spüren. Freudentränen laufen über mein Gesicht.

Mir fällt auf, dass diese Nacht keine Albträume mit sich gebracht hat. Kein einziges Mal habe ich Martas Stimme aus dem Dunkel gehört.

Dankbarkeit überwältigt mich, als ich aus dem Bett steige und niederknie. Leise und innig danke ich für die unverdiente Güte, die mir zuteilgeworden ist: Gestern durfte ich IHN kennenlernen und in dieser Nacht brauchte ich zum ersten Mal nicht mehr unter Albträumen zu leiden. Das ganze Leben haben sie mich geplagt und gequält. Doch jetzt wird mein Leben heil, denn es gehört ganz dem Einen.

Plötzlich fällt mir der Spiegel an der Wand ein. Normalerweise habe ich es immer vermieden, in diese diabolischen Augen zu schauen, die mir aus dem Spiegel entgegensahen. Doch nun spüre ich ein fast heiteres Vertrauen und drehe mich mit geschlossenen Augen um. Sekundenlang verharre ich vor dem Spiegel, während sich ein Lächeln auf meinem Gesicht ausbreitet.

Dann öffne ich die Augen und sehe das schönste Spiegelbild meiner neu geschaffenen Seele. Vor lauter Glück beginne ich zu weinen.

In diesem Augenblick höre ich auf, ein Gefangener zu sein, denn Gott hat mich wahrlich befreit. Meine kühnsten Sehnsüchte sind mehr als erfüllt. Jeden Moment genieße ich in vollen Zügen. Ein Leben in Hülle und Fülle beginnt.

*

Hughie, Pat und ich sitzen neben der Druckmaschine und genießen unseren Tee in der Vormittagspause.

„Ach, Bernhard, ich kann schon ein bisschen verstehen, was du meinst", sagt Pat. „Es gibt ja in der Geschichte der Christenheit doch einige Menschen, die Gott auf eine ähnliche Weise erfahren haben. Wenn ich bedenke, dass du hier schon einige Jahre sitzt, obwohl du nichts getan hast, glaube ich, Gott will dir mit dieser Vision Kraft geben, um eine solche Ungerechtigkeit weiter auszuhalten."

Das sind die Früchte meines vorherigen Lebens: Vehement und ausdauernd habe ich versucht, mich und die Welt davon zu überzeugen, dass ich unschuldig bin. Nun darf ich zur Wahrheit stehen.

„Pat und Hughie, bitte, bitte, ich habe euch etwas zu sagen: Das stimmt nicht. Ich habe euch bislang angelogen. Die ganze Zeit. Marta hat nie versucht, mich zu töten. Sie ist völlig unschuldig. Ich war derjenige, der sie aus lauter Bosheit hinabgestoßen hat."

Die Worte sind ausgesprochen und bleiben bei meinen verdutzten Gesprächspartnern haften. Die Freundlichkeit auf ihren Gesichtern verschwindet. Pat sieht mir mit einer gewissen Härte in die Augen. Es ist zu spüren, dass er nicht länger mein Freund sein möchte. Abrupt steht er auf, holt mit der rechten Hand aus und versetzt mir mit den Worten „Verdammter Lügner. Mörder!" einen Kinnhaken.

Sofort falle ich hintenüber, dann wird mir schwindelig.

Als wenig später ein neuer Ausbildungslehrgang zum Maler und Dekorateur angeboten wird, greife ich zu. Damit kann ich meine handwerklichen Fähigkeiten erweitern und komme aus der Reichweite von Pat und Hughie.

*

Mit Gott zu sprechen, wird ein selbstverständliches Element jedes Tages. Seine liebevolle Nähe macht es mir leicht, Vertrauen zu finden.

Mördern, Sexualstraftätern, Informanten und Wärtern erzähle ich im Gespräch, wie sagenhaft es ist, dass Gott diese Welt wirklich liebt.

Viele befragen mich nach der „Vision", die ich augenscheinlich gehabt habe. Geduldig erkläre ich immer wieder, nichts Ungewöhnliches gesehen oder gehört zu haben. Nur das eine weiß ich ganz sicher: Gott, der Schöpfer der ganzen Wirklichkeit, hat mich in meiner Zelle besucht.

Einige wenige Mitgefangene schenken meinem Bericht Glauben, andere deuten ihn als eine psychische Erkrankung. Sie begegnen mir mit mitleidigem Schweigen.

Die meisten fühlen sich jedoch von mir enttäuscht: Zuerst spiele ich das Unschuldslamm in Person, dann behaupte ich, doch ein Mörder zu sein, noch dazu einer, dem Gott begegnet ist. Sie halten es für widerwärtig, Lügen zu fabrizieren, um mithilfe der Religion eine weiße Weste zu bekommen.

Diese Häftlinge meiden und bespucken mich, sie treten und verprügeln mich wegen meiner angeblichen Heuchelei. Es vergeht kaum ein Tag, an dem ich dies nicht erlebe.

Bei Alain hingegen finde ich Verständnis. Und es gibt eine ganze Gruppe, die mir zuhört: die untersten der Unteren, jene Gefangenen, die Verbrechen an Kindern begangen haben.

Regelmäßig erzähle ich ihnen, dass es tatsächlich einen Gott gibt, der sie über alles liebt und bereit ist, ihnen zu vergeben.

Für die anderen Mitgefangenen scheint das der Gipfel des Übels zu sein: Der heuchlerische Nazi-Mörder flößt seine pervertierten Fantasien diesem Abschaum ein. Einer der Zornigen bricht mir eines Tages sogar im Streit den Arm.

Während mein Arm in Gips gelegt wird, spricht mich ein Wärter an: „Willst du nicht sagen, wer dir den Arm gebrochen hat, Duchois?"

„Nein, Sir, Liebe ist stärker als jeder Hass."

Verständnislos schüttelt der Aufseher den Kopf.

*

„Im Namen Jesus, hört auf!" Fest, sicher und überzeugt sage ich dies zu drei Gefangenen, die gerade wieder einmal Johnny verdreschen. Dieser hat sich zu einem hinterhältigen Informanten entwickelt und soll nun augenscheinlich dafür bestraft werden. David, Stew und Peter treten, schlagen und stoßen ihn. Seine Hose haben sie ihm heruntergezogen, offenbar, um ihn gleich noch zu vergewaltigen.

Früher habe ich gedacht, solche Sachen passieren nicht in der C-Halle. Immer häufiger kommt es aber auch hier zu Gewaltausbrüchen.

„He, du verdammtes Nazi-Schwein, verpiss dich, sonst ficken wir dich gleich auch noch", zischt Stew an mich gewandt.

Meine rechte Hand erhoben, die Finger auseinandergespreizt, sage ich, während er bedrohlich auf mich zukommt: „Satan, hau ab!"

Es ist, wie wenn ein Film zum Stehen kommt. Alle verharren regungslos. Ich kann spüren, wie das Böse aus dem Angreifer weicht. Dann befehle ich den dreien, die fremde Zelle zu verlassen. Und dem verängstigten und zitternden Johnny helfe ich in die Hose.

„Wie hast du das gemacht?", fragt er ängstlich. Offensichtlich hat es ihn total überrascht, dass meine Worte eine solche Wirkung entfaltet haben.

„Johnny, hör mir bitte gut zu. Im Namen Gottes sage ich dir: Kehr um und vertrau dich Gott an. Er mag dich über alles. Genauso liebt er David, Stew und Peter auch. Du hast keinen

Grund, den Wärtern andauernd belangloses Zeug zu petzen. Hör auf mit diesem Unsinn, und fang an, dich selbst zu achten, ja, zu lieben." Intensiv und beruhigend sehe ich direkt in seine Augen.

Und Johnny nickt.

III

Ein Ort der Heilung

Ich bin ein Gefangener gewesen
und ihr habt mich besucht.

Jesus

Kapitel 9

Nicht länger ein Monstrum

Der kleine Kalender in meiner Zelle verrät: Es ist der 18. Mai 1976. Seit dreieinhalb Jahren ist das Gefängnis mein Zuhause.

„Bitte, Papa, hilf mir!" Am Fenster stehend schaue ich zum Himmel, wie so oft. Diese kugelförmige Erde ist nur eine Murmel im unendlichen Weltall, dennoch bete ich absichtlich in Richtung Himmel. Von dort aus hat Gott sich offenbart.

„Wo sind alle deine Leute? Bitte, Papa, gib mir doch einen, mit dem ich über den Glauben sprechen und brüderliche Gemeinschaft haben kann. Alain ist auch nicht mehr da."

Während ich inständig darum bitte, wächst nach und nach in mir die Zuversicht, dass Gott mich nicht hängen lassen wird. Beim Beten falle ich auf die Knie und schaue weiter zum Himmel auf.

Und plötzlich kommt die heilige Gegenwart aus den Wolken und durch das Fenster zu mir. „Read my word." Unerwartet nisten sich diese drei Worte, in Englisch gesprochen, in meiner Seele ein.

Meine Augen sehen nichts. Meine Ohren hören nichts. Dennoch ist die Wahrnehmung klar und deutlich und diese drei Worte erschüttern den Grund meines Seins. Dabei dauert die göttliche Intervention nur eine Sekunde.

Einige Momente zögere ich, dann drehe ich mich zum Schreibtisch um. Dort liegt eine Bibel, aufgeschlagen, wie ich sie zurückließ, als ich zu beten begann.

Hilflos hebe ich meine Arme als Zeichen meines Unverständnisses: „Aber, Herr, ich habe dein Wort doch schon gelesen!" Ich weiß ganz genau, dass ich das Neue Testament schon etliche Male ganz durchgelesen habe.

Doch plötzlich fällt es mir wie Schuppen von den Augen: Die Bibel hat ja auch ein Altes Testament! Es beginnt mit der Schöpfung, erzählt von der Flucht der versklavten Juden aus Ägypten, enthält die Psalmen, die David gedichtet hat, und noch tausend andere Dinge. Bisher habe ich in diesem Teil nur sporadisch geblättert.

„Es tut mir leid. Ja, ja, es stimmt: Ich habe dein Wort nie ganz gelesen", gebe ich zu.

Behutsam nehme ich die Bibel in meine Hände, streichle zärtlich die bedruckten Seiten und hauche ehrfurchtsvoll einen Kuss auf einige Buchstaben.

„Papa, ich verspreche dir, dass ich von nun an jeden Tag dein Wort lesen werde. Solange ich lebe, soll kein einziger Tag vergehen, an dem ich nicht die Bibel vor mir habe."

Eilig schlage ich sie ganz vorne auf und konzentriere mich auf die erste Seite des Buches Genesis. Dann lese ich und lese.

*

Bisher habe ich an den Gott geglaubt, den ich erfahren habe. Er hat mich in diese Welt gerufen und sich mir offenbart. Jetzt hat er sogar mit mir gesprochen.

Manchmal nenne ich ihn „Gott", dann wieder „Herr" oder „Papa" und manchmal auch einfach „Du".

Als ich die Bibel zum zweiten Mal lese, erkenne ich unerwartet, wer Jesus wirklich ist: Dieser Jesus ist der Christus, von dem schon im Alten Testament die Rede ist. So haben sie damals denjenigen genannt, der zwischen Gott und den Menschen alles wieder ins Lot bringt.

Tränen sind oft meine Reaktion des Staunens und der Dankbarkeit, wenn ich einen besonders wichtigen Text lese. Manchmal bin ich einfach nur begeistert und spende Beifall.

Adam und Eva, die ersten Menschen, bringen sich selbst um das Paradies und merken, dass sie nackt sind. Da legt Gott das Fell eines geschlachteten Tieres um sie.

Geschlachtet wird auch Jesus, denn anders kann man das kaum nennen, wenn die Römer jemanden bei lebendigem Leib ans Kreuz nagen. Das heißt, Gott selbst liefert die Lösung, um die Menschheit zu versöhnen.

Manchmal sind es nur Andeutungen, dann wieder glasklare Ankündigungen, die ich in der Bibel entdecke. Und zum ersten Mal verstehe ich: Jesus ist der Messias, der Versöhner, der Brückenbauer.

Innerhalb einer Woche lese ich die ganze Bibel mit ihren 1189 Kapiteln noch einmal. Eines wird mir deutlich: Alle Schwierigkeiten, die ich vielleicht noch durchzustehen habe, hat Jesus bereits erfahren. Und er ging nicht in den Schwierigkeiten unter, sondern siegte.

Ich nehme mir vor, mich nicht mehr über Vergangenes und die Gegenwart zu beschweren. Mein Blick soll nach vorne gehen. Gott hat auch hier auf dieser Erde gelebt, in seinem Sohn Jesus Christus, der für uns gelitten hat. Und er ist immer noch präsent. Dies tröstet.

Irgendwann wird mir bewusst, dass Gott mir bei den beiden Erlebnissen, durch die er mir ganz persönlich begegnet ist, eigentlich keine einzige meiner Fragen konkret beantwortet hat:

Vor dem allerersten, einschneidenden Ereignis wollte ich gerne wissen, warum es mich überhaupt gibt. Aus welchem

Grund empfinde ich die Welt als einen so fürchterlichen Platz? Warum sind Gott und die Welt so schlimm?

Statt theoretischer Antworten schenkte er mir eine stille Liebe, die mich mit beiden Beinen auf die Erde stellte.

*

Die einjährige Grundausbildung zum Maler und Dekorateur ist beendet. An zwei Abenden der Woche erarbeite ich mir den A-Level in Englisch und einen O-Level in Biologie. Und ich arbeite nun als Maler und bilde mich praktisch weiter. Auch die Gebärdensprache lerne ich, da mein Mitgefangener Roy sich nur auf diese Weise mitteilen kann.

*

„Sir, ich möchte gern getauft werden."

„Duchois, ich habe dir schon einmal gesagt, dass du bereits getauft bist. Ich werde es nicht zulassen, dass du ein zweites Mal getauft wirst."

„Sir, tatsächlich behaupten meine Eltern, dass ich als Säugling getauft worden bin. Aber erstens ist das für mich keine Taufe, sondern nur ein Begießen mit Wasser. Zweitens haben mich meine Eltern schon so oft angelogen, dass ich nicht auf ihr Wort vertrauen möchte. Und drittens war ich zu diesem Zeitpunkt – falls mein Taufschein die Wahrheit sagt – noch kein Christ. Jesus sagt klipp und klar: ‚...die glauben und getauft werden'. Der Glaube sollte also vor der Taufe kommen."

„Ach, Duchois, lass mich in Ruhe! Du gehst mir auf den Wecker. Ich habe auch gehört, dass du andere Gefangene belästigst. Wächter haben mir mitgeteilt, dass du eine Teufelsaustreibung an einem Häftling versucht hast. Lass den Unsinn sein, ich verbiete es dir!"

„Sir, das ist nur die halbe Wahrheit. Ich habe keinen Teufel ausgetrieben. Ich habe lediglich James beruhigt, und er glaubt jetzt auch daran, dass Gott ihn liebt."

„Nun hör einmal gut zu, Duchois. Du hast keine Ahnung vom christlichen Glauben. Du magst vielleicht die Bibel lesen und einige Bibelkurse absolviert haben, aber du bist völlig uninformiert darüber, was wahre Religion bedeutet. Also, warum hältst du nicht den Mund und lässt mich in kirchlichen Angelegenheiten reden? Ich habe studiert und bin als Pastor ordiniert. Nicht du."

„Aber, Sir, Sie sind hier doch nur selten zu sehen. Fünf Stunden in der Woche kommen Sie aus Ihrer Gemeinde zu uns. Sagen Sie bloß nicht, dass das mit über fünfhundert Gefangenen genügt. Mensch, seien Sie doch froh, dass ich den Leuten hier von Gottes Liebe erzähle. Auch wenn Sie mich nicht besonders mögen, können wir doch zusammenarbeiten – Sie als Profi und ich als Laie."

Er ist der Seelsorger an diesem Gefängnis und nun offensichtlich an den Grenzen seiner Toleranz angekommen. „Da du überhaupt keine Einsicht zeigst, gebe ich dir eine letzte Warnung: Wenn ich auch nur noch einmal höre, dass du andere Gefangene mit deinem Gefasel belästigst, sorge ich persönlich dafür, dass du in die forensische Abteilung in Carstairs kommst. Wie du weißt, ist das ein Gefängnis, das du dann nie wieder verlassen wirst. Dorthin willst du doch sicherlich nicht, oder?

„Mr McDonald, darauf kommt es nicht an. Falls Gott möchte, dass ich nach Carstairs gehe, gehe ich dorthin und werde dort mit der gleichen Freude und Energie über seine Gnade berichten. Zweierlei möchte ich aber festhalten: Erstens haben weder Sie noch der Gefängnisdirektor darüber eine Entscheidungsbefugnis, sondern allein zwei unabhängige Psychiater. Und zweitens: Gehen Sie in sich und kehren Sie um! Ihr Verhalten ist eines Pastors nicht würdig. Wenn Sie so weitermachen, wird Gott Sie zur Rechenschaft ziehen. Bitte, tun Sie Buße!"

Verächtlich schüttelt er den Kopf und geht schweigend weg.

*

Meine Eltern kommen wieder zu Besuch. Bernadette hat für mich ein kleines goldenes Kreuz gekauft. Dafür danke ich ihr und informiere sie, dass ich es innerhalb einer Woche von den Hallenwärtern bekommen werde.

Henri ermahnt mich, es mit der Religiosität nicht zu übertreiben. Fast entschuldigend erkläre ich ihm, dass ich nicht anders kann.

Aber auch er hat sich verändert. In gemäßigtem Ton erzählt er von seinem guten Verhältnis zu Bischof Weiss. An ihn kann ich mich von früher noch erinnern.

„Immer wieder habe ich ihm erzählt, wie es dir so geht. Er erkundigt sich öfters nach dir. Nun hat er mich gebeten zu fragen, ob er dich einmal besuchen darf. Er hat Lust, dich kennenzulernen.

„Ja, meinetwegen kann er mich gerne besuchen."

Wenige Tage später trifft beim Direktor des Gefängnisses ein Brief aus Deutschland ein. Darin äußert der Bischof der Kirche von Nordrhein-Westfalen den Wunsch, Bernhard Duchois sehen zu dürfen. Dem Antrag wird stattgegeben.

Das Ganze ist aber ziemlich irritierend für den Gefängnisdirektor. „Ja, Duchois, das ist das erste Mal in meiner Amtszeit, dass ein Bischof ein schottisches Gefängnis betritt. Ich schlage vor, dass ihr euch in meinem Büro unterhalten könnt, selbstverständlich ohne dass ein Wärter dabei ist. Auch werde ich ein bisschen Gebäck und Kaffee oder Tee bereitstellen."

Irgendwie fühle ich mich wie im falschen Film. Niemals hätte ich gedacht, einmal eine solche Sonderbehandlung zu erfahren.

Der Bischof ist genauso sympathisch wie in meiner Erinnerung. Gleich zu Beginn unserer Begegnung lädt er mich ein, ihm zu erzählen, wie ich zum christlichen Glauben gefunden habe. Aufmerksam hört er zu.

Kaffee und Gebäck bleiben unberührt. Stattdessen schenkt der Bischof mir Nahrung für meine Seele. Im Namen Gottes spricht er mir Vergebung für meine Schuld zu. Die ewige Liebe soll durch mich sichtbar werden.

Dann verspricht er mir, für mich zu beten. Bis zum Ende seiner Amtszeit als Bischof will er mich unterstützen und seinen Nachfolger darum bitten, das Gleiche zu tun.

*

Alle Gefangenen, die eine lebenslange Strafe verbüßen, können laut britischem Recht unter bestimmten Voraussetzungen nach durchschnittlich zehn bis elf Jahren Haft auf Bewährung entlassen werden. Beim geringsten Vergehen, das ist klar, geht es zurück in den Knast. Und dann wirklich lebenslang. Vorbereitend dürfen verurteilte Mörder nach vier Haftjahren einmal in drei Monaten in der Begleitung eines freiwilligen Wärters einen Freigang genießen. Dieser dauert vier Stunden. Auch mir wird dies nun gewährt.

In derselben Woche wird mir ein Formular überreicht. Ich kann damit erstmals meine vorzeitige Entlassung beantragen. Ein Routinevorgang, das ist mir bewusst. Nach Ablauf von fünf Jahren wird jeder Lebenslängliche jährlich neu begutachtet.

Ich schreibe mehrere Gründe auf, die aus meiner Sicht für eine vorzeitige Entlassung sprechen. Das Innenministerium wird den Antrag begutachten und bewerten. Dann folgt eine Unterredung mit einem Mitglied der „Kommission für die vorzeitige Entlassung von Gefangenen mit lebenslanger Haft".

Fünf Monate später wird mir mitgeteilt, dass meinem Antrag nicht entsprochen wurde. Etwas anderes habe ich nicht erwartet. Gott danke ich, dass er mir die Kraft gibt, weiter in diesem Gefängnis zu überleben und ein Hinweis auf ihn zu sein.

*

Es ist Donnerstag, der 12. Oktober 1978. Wie in jedem Jahr brennt dieses Datum meine scheußliche Tat neu in mein Bewusstsein ein. So, als wäre der letzte Atemzug Martas gerade eben erst verhaucht.

Gefangene und Wärter tun das Ihre, damit ich diesen Tag nie vergesse: „Na, hast du wieder einmal jemanden von der Klippe gestoßen?"

„Wann wirst du denn nun dein Versicherungsgeld bekommen?"

„Wie geht es Marta?"

„Ach, ist es nicht schade, dass du es nicht geschafft hast? Du könntest jetzt reich und glücklich sein!"

Diese Worte verletzten mich tief. Sie erwecken den Anschein, mein Verbrechen sei nur ein schlechter Scherz und nicht brutale Realität.

*

In einer Gemeinschaft von Baptisten werde ich bei einem Freigang am Samstag, den 4. November 1978 getauft.

Am Sonntag darauf wirft mir der Gefängnispastor wütende Blicke zu. Er war vehement dagegen. Und es ist ihm ein Dorn im Auge, dass ich nun immer eine kleine Ausgabe des Neuen Testaments bei mir trage.

*

Nach der Ausbildung zum Maler und Dekorateur bestehe ich sogar das Examen, das es mir ermöglicht, künftig als Berufsschullehrer arbeiten zu können.

Zur Überraschung aller stelle ich danach jedoch einen Antrag, in der Gärtnerei arbeiten zu dürfen. Für dreckige Hände bin ich mir nicht zu schade. Meine Bitte wird befürwortet und der Gärtnermeister überträgt mir schon nach einem halben Jahr die Verantwortung für ein ganzes Gewächshaus voller Topfpflanzen. Mit einem Lichtbildausweis kann ich mich auf dem Gefängnisgelände frei bewegen. Frühherbstliche Frische signalisiert den Beginn der kalten Jahreszeit. Im Gewächshaus herrscht dagegen eine künstlich erzeugte Wärme. Zusammen mit Tom trage ich die Verantwortung für dreihundert Pflanzen.

Tom, ein Zwei-Meter-Mann, Soldat von Beruf, verbüßt acht Jahre Haft wegen terroristischer Aktivitäten. Über meine Beförderung ist er überhaupt nicht erfreut. Er hat gehofft, selbst die Verantwortung für das Gewächshaus übernehmen zu können.

Den ganzen Tag über versuche ich schon, ihn dafür zu gewinnen, dass er richtig mit anpackt und die ganzen Fuchsia-Hybriden in den angrenzenden Wintergarten befördert.

„Komm, Tom, die Pflanzen müssen alle rüber, bevor der erste Frost sie erreicht. Hilf doch bitte mit!"

„Ich habe dir schon einmal gesagt, du deutsches Schwein, dass ich ein Soldat bin und kein Gärtner. Ich werde einen Scheiß tun, um dieses verlogene System noch zu unterstützen."

Während er mit mir spricht, brutzelt er sich einige Tomaten auf einer selbst gebastelten Heizplatte.

„Ich finde es unredlich, dass du nicht bereit bist, auch nur einen Finger krumm zu machen."

„Was verstehst du schon, du kleiner Nazi? Hast du etwa auch überlegt, ob es richtig war oder nicht, als du Marta von der Klippe gestoßen hast?"

„Ja, Tom, ich habe mir tatsächlich davor viele Gedanken darüber macht. Und heute weiß ich, dass ich eine teuflische Entscheidung getroffen habe. Aber das hat doch nichts damit zu tun, dass du ruhig ein bisschen mehr mit anpacken kannst."

Tom setzt die Bratpfanne mit seinem Essen auf den steinernen Fußboden und bewegt sich langsam auf mich zu. Eine Armlänge vor mir bleibt er stehen und schaut mich ruhig an.

„Hey", spricht er weiter, „du glaubst doch an Gott, oder?"

„Tom, ich liebe Gott über alles in der Welt."

„Gut, dann wird es dir nichts ausmachen, wenn du jetzt zu ihm gehst." Er sagt es, streckt seine langen Arme aus, umfasst mit beiden schaufelgroßen Händen würgend meinen Hals und hebt mich hoch.

Mir ist bewusst, dass er mich töten will, doch die anklagenden Worte zum Mord an Marta hallen in mir nach. So entscheide ich mich, nicht zu strampeln. Tom ist ohnehin wesentlich stärker als ich. Und ich habe den Tod ja verdient. Ist es nicht gerecht, wenn mir genau das geschieht, was ich Marta angetan habe: durch Gewalt zu sterben?

Atmen kann ich nicht mehr. Sterne tanzen vor meinen Augen. Bald tritt, so hoffe ich, der erlösende Tod ein.

„Tom, ich vergebe dir", röchle ich mit letzter Energie. Die Worte sind kaum hörbar.

Toms Augen weiten sich in ungläubiger Erstarrung. Langsam löst er seine Hände von meinem Hals und läuft, so schnell er kann, aus dem Gewächshaus.

*

Wenn ich versuche, die Menschen mit Gottes Augen zu sehen, kann ich in jedem auch etwas Gutes entdecken. Wir alle machen Fehler und verletzen andere. Mein Vertrauen sagt mir, dass Gott allen vergibt und neue Kraft zum Weitermachen schenkt.

Jeder hat seine eigene und darum besondere Geschichte. Sie verdient es, gehört zu werden. Alle haben Hilfe nötig. Sie sehnen sich danach, so behandelt zu werden, wie Jesus mit den Menschen umgeht.

Langsam begreife ich, dass die Freiheit im Herzen und im Kopf am wertvollsten ist. Mein vergangenes Leben zieht oft in meinen Gedanken an mir vorüber. Dann vergleiche ich es mit meiner gegenwärtigen Situation und freue mich an den Veränderungen, die ich bemerke.

Wie oft habe ich mich hasserfüllt selbst beschimpft! Die Albträume haben meine Nächte verseucht wie Gift, das ins Grundwasser gelangt. Jetzt kann ich dem Tag und auch der Nacht mit einer gelassenen Vorfreude entgegensehen.

In meinen Träumen erlebe ich nun eine große Weite, in der Humor, Aufgeschlossenheit und Freude einander begegnen. Die Verschiedenartigkeit meiner Träume fasziniert mich – manchmal träume ich sogar davon, anderen Menschen die gute Nachricht zu predigen.

Wenn ich aufwache, flüstere ich als Gebet einfach: „Danke!"

Kapitel 10

Sonne hinter dunklen Wolken

Acht Jahre sind seit meiner Verurteilung zu lebenslanger Haft vergangen. Acht Jahre schon sehe ich Menschen kommen und gehen, die Verbrechen begangen haben.

Mindestens zweimal im Jahr bringt eine Boulevardzeitung einen Bericht über mich. Ich vermute dahinter einen Wärter, der sich eine goldene Nase daran verdient, wahre, halb wahre und erfundene Geschichten an die Presse weiterzugeben:

„Der Klippen-Mörder bläst seine Trompete." „Vater von Marta möchte noch immer den Mörder erschießen." „Nazi-Killer trägt Schottenrock." „Kleiner Mörder wird zum großen Christ." Oder: „Wann kommt der Klippen-Mörder wieder frei?"

Nach einem Schlaganfall muss Gefängnispastor McDonald vorzeitig in den Ruhestand gehen. Einige Wochen lang fällt der Sonntagsgottesdienst aus. Dann wird er wieder regelmäßig gefeiert. Bald sind sogar vier Geistliche hier engagiert. Die großen Konfessionen – anglikanisch, katholisch und evangelisch – sind durch sie vertreten.

An einem Abend bin ich ganz zufrieden: Vorhin habe ich die Hausaufgaben für den A-Level in Psychologie, Philosophie und Geschichte fertiggestellt. Und nun habe ich noch zwei Stunden in der Bibel gelesen. Langsam stehe ich auf und gehe zum Flur.

Vom dritten Stock aus betrachte ich gerne meine Mitgefangenen: Sie haben Spaß beim Snooker oder Tischtennis oder ärgern sich, wenn sie verlieren. Sie schlendern herum, reden in kleinen

Gruppen, erzählen sich gute und schlechte Dinge. Manche drehen beim winzigsten Anlass durch und prügeln sich. Andere sind ruhiger geworden.

Auf einmal öffnet sich die Tür zur C-Halle und ein zivil gekleideter Mann betritt den Raum. Ich kann den Fremden, der eine Jeans und ein Hemd trägt, jedoch nicht einordnen. Er geht zum Hallenwächter und wechselt einige Worte mit ihm.

Dann ruft der Beamte: „Duchois! Komm runter, du hast Besuch!"

Jetzt bin ich neugierig. Offenbar will der unbekannte Mann mich sprechen.

„Hallo, sind Sie Bernhard Duchois?"

„Ja, Sir, der bin ich."

„Ich heiße Roy Hanson und bin der neue Pastor hier im Gefängnis, der Nachfolger von Mr McDonald."

„Oh, schön, Sie kennenzulernen." Unbeabsichtigt und ohne vorher zu fragen lasse ich die Anrede „Sir" einfach weg. Denn der Fremde scheint irgendwie gar kein Fremder zu sein, da er eine unglaubliche Herzlichkeit ausstrahlt. In seiner Nähe fühle ich mich gemocht, ja, geborgen – ganz anders als bei anderen Mitarbeitern des Systems.

Freundlich schaut er mich an. „Mr Duchois, ich habe gehört, dass Sie Christ sind. Ich würde mich freuen, noch mehr von Ihnen zu erfahren."

Strahlend stimme ich zu. Im Büro des Hallenwärters sind wir allein. Eingeladen, meine ganze Lebensgeschichte zu erzählen, lasse ich kaum etwas aus: Ich schildere mein früheres Verhalten, meine Tat, die Begegnung mit dem lebendigen Gott und die darauffolgenden Konflikte mit anderen Gefangenen.

Seit dem Gespräch mit Bischoff Weiss habe ich keinen Menschen wie diesen mehr getroffen. Er kann gut zuhören und bleibt auch bei schwierigen Themen ganz nahe. Ein durch und durch gütiger Mensch ist er, der Ruhe und Verständnis ausstrahlt. Auf einmal spüre ich: Er ist der Mensch, den ich so lange erhofft und erbeten habe, ein Vertreter der Kirche und ein Bruder in der Gemeinschaft von Christen.

Langsam und überlegt streckt er mir seine Hand entgegen: „Sie sind ein Heiliger."

„Sie auch."

„Gut. Ich heiße Roy. Okay, Bruder?"

„Gerne. Ich bin Bernhard."

Als ob für mich eine neue Ära beginnt, erfahre ich freundlichen Respekt: Zuerst werde ich mit „Mr Duchois" angesprochen und nun bietet man mir das Du an.

„Ich möchte dich um einen Gefallen bitten, Bernhard. Dieses Gefängnis hier ist in einem fürchterlichen Zustand. Ich kann es fühlen und deine Geschichte erhärtet meine Vermutungen. Nun bist du schon acht Jahre hier. Du hast also unendlich mehr Erfahrung als ich mit meinen acht Tagen. Ich möchte, dass du mir hilfst, in diesen Saustall Gottes guten Geist zu bringen. Was denkst du: Machst du mit?"

Vor Glück kann ich mich kaum beherrschen. Ein Vertreter der Kirche reicht mir die Hand der Freundschaft! Und dann möchte er auch noch, dass ich ihn darin unterstütze, die Liebe Gottes hier spürbarer werden zu lassen.

„Roy, es wäre mir eine große Ehre. Ich fühle mich ein wenig sprachlos wegen deiner Güte und des Verständnisses, das du mir schenkst. Also, ja, ich helfe dir sehr gerne."

„Okay, Bernhard, wir haben mindestens noch drei Mitstreiter: John Currie von der evangelischen Kirche, Haemish McLeish von der anglikanischen Kirche und dann noch Pat Brady von den Katholiken. Alle haben mein volles Vertrauen. Du wirst

sie bald kennenlernen. Darf ich vorschlagen, dass wir gleich anfangen und gemeinsam Gott bitten, dass er seinen heiligen Geist
über uns ausschüttet?"

So halten wir es.

*

Langsam aber sicher bricht die Sonne hinter den dunklen Wolken hervor und erwärmt das Leben im Gefängnis. Es ist wie ein
Wunder: Die Verfolgung wegen meines Glaubens hört auf. Voll-
zugsbeamte setzen mich nicht länger unter Druck. Mitgefangene
beginnen, freundlich mit mir zu reden. Kaum ein Tag vergeht,
an dem nicht irgendein Häftling zu mir in die Zelle kommt. Ver-
schiedenste Sorgen und Ängste lasten auf ihnen. Jetzt erleich-
tern sie bei mir ihr Herz. Manchmal sind es intimste Sehnsüchte,
die sie mir anvertrauen. Sie wissen, dass der „kleine Bernhard"
nichts weitersagt. Ihnen zuzuhören, macht mir Freude.

Ab und zu halten Wärter oder andere Beamte einen kleinen
Plausch mit mir. Es berührt mich, dass auch einige von ihnen
Vertrauen schöpfen. Menschlich ist dies ungewöhnlich und
trägt die Handschrift des Göttlichen.

Die Aufrichtigen erzählen mir, dem Kriminellen, auch sehr
private Sorgen und Probleme. Sie sind sich sicher, dass der
„Deutsche" seine priesterliche Schweigepflicht ernst nehmen
wird. Die Verantwortung ist mir bewusst, aber es ist auch eine
Ehre, wenn Gefangene und Aufseher mich gleichermaßen um
ein seelsorgerliches Gespräch bitten.

Gelegentlich kann ich auch ganz praktische Hilfe leisten,
wenn jemand beispielsweise Rat bei den Hausaufgaben in einer
Fortbildungsmaßnahme braucht oder einfach nur einen Teebeutel haben möchte.

Zeitlich fühle ich mich trotzdem nicht unter Druck. Schritt für Schritt lese ich weiterhin die Bibel, lerne die Gebärdensprache, komme auf der Gitarre voran und lerne für eine „offene Bibel-Schule", die Roy mir vermittelt hat. Auch den fortgeschrittenen Fortbildungsmaßnahmen in Politik, Psychologie und Philosophie widme ich mich konsequent.

Gegen Bezahlung ergattere ich manchmal ein wenig Tabak, ein Stück Seife oder eine Ecke gestohlenen Käse aus der Küche. Der Geschmack von Käse geht mir über alles. Jeder einigermaßen erfahrene Gefangene scheint hier solchen Handel zu betreiben. Damit rechtfertige ich dieses Verhalten zunächst vor mir selbst, entschuldige mich irgendwann aber doch bei Gott.

Zur Wiedergutmachung verschenke ich mein Wochengehalt von 72 Pence an Mitgefangene, die nur das Minimum von 17 ½ bekommen.

Roy ist ein feinfühliger Seelsorger und ein verlässlicher Weggefährte, der sich nicht davor scheut, mich durch das Schattenland meiner Gewissensnöte zu begleiten. Langsam lerne ich, von Gott mit Körper und Seele geschaffen zu sein. In den Augen des Schöpfers bin ich ein wunderbarer Mensch, fähig, andere, Gott und mich selbst zu lieben. So gibt es eigentlich keinen Grund, Menschliches und Allzumenschliches zu verneinen.

Seit einiger Zeit lade ich zu einer Bibelstunde in meine Zelle ein. Oft versuchen wir dabei, aktuelle Probleme aus der Sicht des Glaubens zu betrachten. Eine frühlingshafte Atmosphäre freundlicher Gesinnung erwacht. Das genieße ich sehr. Vorbei sind die Zeiten, in denen ich gemieden, bespuckt und getreten wurde. Der ersten stürmischen Begeisterung für den neu gefundenen Glauben folgt eine unendliche, leise Dankbarkeit. Und ich werde sanfter und ausgeglichener. Meine Verliebtheit in Gott verändert sich, hin zu einer tragfähigen, starken Liebe.

„Bernhard, ich muss einen Bericht über dich schreiben wegen einer eventuellen Freilassung. Wie ich sehe, ist es schon der vierte Antrag."

„Ja, das vierte Mal, Sir", bestätige ich meinem Chef, dem Gärtnermeister. „Ich bin gespannt, ob es diesmal klappen wird oder nicht."

„Da mach dir mal nicht zu viele Hoffnungen."

„Haben Sie einen Grund, das so zu sehen, Sir?"

„Ja, natürlich. Erstens bist du für die Gefängnisleitung immer noch ein äußerst gefährlicher Mann, und zweitens will die Regierung dafür Rache, dass du als Ausländer den schönsten Ort Schottlands mit deiner Bluttat besudelt hast."

Einige Wochen später teilt der Hallenverantwortliche dem Gefangenen 3456 von 1972 mit, seiner Bitte um Freilassung konnte nicht entsprochen werden.

*

Wie im Flug ist die Unterrichtsstunde im Fach Altgriechisch vergangen. Nun fragt mich der Tutor, ob ich ein Studium der Theologie beginnen möchte.

„Ich bin mir nicht sicher. Es tut mir richtig weh, wenn manche hochgebildeten Leute die Bibel nicht mehr als Gottes Wort ehren. Manche ihrer Thesen mögen vielleicht richtig sein, das kann ich nicht beurteilen. Eines weiß ich aber: Die Bibel ist für mich so etwas wie ein Liebesbrief. Und diesen Liebesbrief möchte ich in keiner Weise verschnippeln."

„Bernhard, auch ich bin davon überzeugt, dass die Heilige Schrift Gottes Wort ist. Trotzdem oder besser gerade deswegen habe ich Theologie studiert."

„Wirklich?"

Kaum ausgesprochen, merke ich, wie dumm meine Frage ist. Dann stehe ich auf und schaue aus dem vergitterten Fenster in die Dunkelheit. Intensiv denke ich nach. „Nun, weißt du, wenn *du* studiert hast und immer noch ein wunderbarer Bruder im Glauben für mich bist, dann könnte ich es doch eigentlich auch versuchen, oder?"

Wir müssen beide grinsen.

Nach dem sonntäglichen Gottesdienst fragt mich auch Roy, ob ich Theologie studieren will.

Diesmal sage ich begeistert zu.

Einen Monat später, inzwischen ist es Oktober 1982, erhalte ich vom Gefängnisdirektor die Mitteilung, dass ich künftig werktags ohne Begleitung das Gefängnis verlassen darf, um an der Universität von Glasgow Theologie zu studieren.

Plötzlich bekomme ich Angst. Seit zehn Jahren hat mein Zimmer auf der Innenseite keine Türklinke. Seit fünf Jahren darf ich gelegentlich in Begleitung von Mr McLean für vier Stunden Freiheit schnuppern.

Jetzt darf und muss ich mich alleine auf den Weg machen, von morgens 7:30 Uhr bis zum frühen Abend, fast zwölf Stunden. Mein Herz rast.

Die Gefängniskleidung habe ich im Empfangsraum säuberlich an einen Haken gehängt. In meiner rechten Hand halte ich einen Schreibblock. Ein Kugelschreiber steckt in der Jackeninnentasche.

Zum ersten Mal seit zehn Jahren darf ich eine Armbanduhr tragen, damit ich den Zeitplan der Lehrveranstaltungen einhalten kann. Und zum ersten Mal seit langer Zeit habe ich verhältnismäßig viel Bargeld in meiner Tasche: ein Pfund und fünfzig Cent, genug für die Hin- und Rückfahrt mit dem Linienbus und für ein Mittagessen in der Mensa.

Ohne Begleitung darf ich mich zum Haupttor begeben. Etwas unsicher stehe ich vor dem großen Eisengitter und klingle. Ein Wärter erscheint.

„3456 von 1972, Duchois, lebenslänglich, Sir. Ich habe die Erlaubnis zum Tagesausgang zur Universität, Sir."

„Mensch, Duchois, das ist ja dein großer Tag! Das erste Mal alleine draußen. Und du willst wirklich studieren?"

„Ja, Sir, Theologie."

„Mensch, Mensch, dann mal zu. Ich bin gespannt, ob du es schaffst. Ich arbeite hier schon seit über dreißig Jahren, und du bist der Erste, der an der Universität studieren möchte. Nun, ich wünsche dir, dass du es hinkriegst."

Der freundliche Wärter lässt mich durch das große Eisentor und begleitet mich zu dem nächsten schweren Tor, das aus Holz besteht. Die darin eingelassene Tür schließt er für mich auf. „Viel Erfolg und viel Spaß, Duchois."

„Danke, Sir." Ich fabriziere ein Lächeln, als ich unsicher meinen Fuß über die hohe Schwelle setze.

Dann schließt sich die Tür hinter mir und ich bin allein. Das Gefängnis bleibt zurück, vor mir erstreckt sich eine Straße. Sie führt zur Hauptstraße. Dort ist die Haltestelle von Bus 33. Einige Passanten warten bereits.

„Die müssen wissen, dass ich vom Knast komme", denke ich ängstlich. „Jeden Augenblick wird es losgehen mit Hohn, Spott oder gar Drohungen..."

Doch niemand scheint den anderen zu beachten. Mein Bedürfnis, „Hallo" zu sagen, unterdrücke ich besser, denn dies ist offenbar eine Verschwörung der Stille. Darin möchte ich nicht noch mehr auffallen.

Als der Bus kommt, steigen alle ein. An einer Deckenschlaufe halte ich mich fest.

Aus Angst, die Station zu verpassen, wende ich mich an einen älteren Mann. Er hilft mir sofort.

Schließlich steige ich mit zitternden Knien aus und stelle fest, dass man mir den Weg zur Fakultät gut beschrieben hat. Eine große Bronzestatue von John Knox begrüßt mich im Innenhof der alten Gemäuer. Beim Empfang muss ich nach dem Dekan fragen.

Der erste Tag geht wie im Flug vorbei: eine Vorlesung in Griechisch, dann Mittagessen, Vorlesungen in Systematischer Theologie und Ethik. In der Bibliothek versehe ich mich mit der für die nächsten Tage wichtigen Literatur.

Um kurz vor fünf nehme ich den Linienbus zurück.

In der Vollzugsanstalt angekommen, rutscht mir das Herz in die Hose: Alan White hat Dienst im Empfangsraum. Dort muss ich mich umziehen. Er ist der einzige Wärter, kein anderer ist weit und breit zu sehen.

Dann überwinde ich meine Angst und entscheide mich dafür, ihn zum Freund zu gewinnen. „Schönen guten Abend, Mr White, Sir. Ich grüße Sie."

Wirkungslos verhallen meine Worte in dem geräumigen Empfangsbereich mit den vielen kleinen Umkleidezellen.

„Ausziehen, aber dalli!"

Also entkleide ich mich, behalte die Unterhose aber an. Mittlerweile weiß ich, dass nur ein medizinisch ausgebildeter Wärter einen Gefangenen nackt begutachten darf.

„Ich habe gesagt: Ausziehen!", befiehlt der Wärter brutal.

Nach kurzem Zögern entscheide ich mich, auf mein Recht zu verzichten, damit die Situation nicht eskaliert, und entkleide mich völlig. Dann drehe ich mich um in Richtung meiner Anstaltskleidung. Sie ist in einer Umkleidezelle mit meinem Namen gekennzeichnet.

„Bleib!", lautet der kurze Befehl. Stück für Stück durchsucht Alan White langsam und gründlich meine gesamte an der Universität getragene Kleidung. Bald fange ich an zu frösteln und fühle mich gedemütigt, nackt neben dem uniformierten Wärter stehen zu müssen. Alles inklusive der Bücher zu durchforsten, dauert eine halbe Stunde.

„Arme hoch!"

Ich hebe meine Arme.

„Beine spreizen!"

Also spreize ich sie.

„Umdrehen und bücken!"

Dieses Mal zögere ich, denn ich habe ein Recht, diese Aufforderung zu verweigern. Dann drehe ich mich doch um und bücke mich.

„Okay, hinein mit dir!"

Endlich werde ich mich jetzt in der Umkleidezelle anziehen dürfen.

Stattdessen drängt mich der Aufseher jedoch in die nebenan liegende Zelle und schließt die Tür hinter mir.

Da stehe ich nun splitternackt in meinem einen Quadratmeter messenden Gefängnis. Was wird als Nächstes kommen? Die Zeit verrinnt und kein Laut ist aus dem Empfangsbereich zu hören.

Es ist 20:30 Uhr, als Alan White die Tür öffnet und mich in die Nachbarzelle führt. „Anziehen."

Kurz vor Einschluss erreiche ich meine Zelle in der C-Halle.

Hallenwärter Todd hat Dienst. „He, Duchois, warum bist du so spät? Ich habe dich schon um sechs Uhr erwartet."

„Es tut mir leid, Sir. Ich war Punkt fünf im Gefängnis. Doch Alan White war am Empfang. Da hat es ein bisschen länger gedauert."

Verständnisvoll schüttelt er den Kopf. „Okay, das ist schade, aber trotzdem musst du jetzt gleich in deine Zelle. Es ist neun Uhr. Aber weißt du, ich werde der Nachtschicht Bescheid sagen, dass sie dein Licht nicht gleich ausmachen. Dann hast du noch Gelegenheit, in deinen Büchern zu stöbern. Reicht zehn Uhr?"

„Ja, danke, Sir."

*

Die Zeit an der Uni liebe ich. Viele Kontakte lassen sich erstaunlich leicht knüpfen. Endlich kann ich mich unterhalten oder auch engagiert mit anderen diskutieren, ohne dass gleich obszöne Ideen geboren werden oder Kraftausdrücke dazwischenhageln. Oft werde ich zu einem Kaffee oder einem kleinen Spaziergang eingeladen.

Hilary wird eine wertvolle Partnerin für mich. Seit ihrer Geburt lebt sie in Glasgow und kennt die Stadt wie ihre Hosentasche. Den Master of Science hat sie schon absolviert, indem sie die Gestirne und das Weltall studierte. Nun möchte sie Pastorin werden.

Wir verstehen uns richtig gut. Über alles können wir reden. Sie ist eine bildhübsche Frau. Dennoch sind wir uns ohne Worte einig, dass Intimeres in unserer Freundschaft keinen Platz hat.

*

Henri und Bernadette besuchen mich regelmäßig: Zweimal im Jahr reisen sie die eintausendfünfhundert Kilometer lange Strecke. Manchmal dürfen sie mich in einem normalen Besucherraum sprechen. Sonst quält sich unser Gespräch durch die dicke

Wand aus Sicherheitsglas. Dabei gilt es, die ebenfalls schreienden Gespräche der anderen zu überhören.

Henri hat sich verändert: Geld und sozialer Status scheinen nicht mehr sein Ein und Alles zu sein. Er erkennt innere Werte. Seine Arbeit bei der Versicherungsgesellschaft hat er schon lange beendet. Jetzt kümmert er sich als Hausvater um Menschen mit geistigen und körperlichen Behinderungen. Stolz und Freude erfüllen ihn, wenn er Geschichten von „seinen Kindern" erzählt.

Bernadette ist noch immer überzeugt von meiner Unschuld: „Ach, Kind, du bist ja so großzügig. Du nimmst die Schuld auf dich, obwohl diese Frau dich umbringen wollte. Du hast ein großes Herz, das Gott dir geschenkt hat."

Dutzende Male habe ich schon im Flüsterton oder laut brüllend versucht, sie von meiner Schuld zu überzeugen, doch inzwischen habe ich es längst aufgegeben, ihr irgendetwas zu erklären oder mich entschuldigen zu wollen.

„So sind Mütter nun einmal, Bernhard", erklärt mir der Vater. „Sie können sich einfach nicht vorstellen, dass ihre eigenen Kinder auch Mist bauen. Vielleicht ist es so, weil sie sich sonst den Vorwurf machen müssten, keine gute Mutter gewesen zu sein."

Meine Versuche, die Eltern zu verstehen, sind anstrengend und mühsam. Besonders schwer fällt es mir bei der Mutter. Einerseits habe ich ein großes Bedürfnis, sie zu beschützen, und andererseits spüre ich ihr gegenüber starke Aggressionen. Ins Ohr möchte ich ihr flüstern: „Bitte hab mich lieb", und sie einen Moment später anschreien: „Ich hasse dich!"

Anders als Vater scheint sie nie richtig gelernt zu haben, Gegensätze, Entfremdungen und Widersprüche auszuhalten. Für sie gibt es nur schwarz oder weiß; Menschen oder Situationen sind nur völlig böse oder vollkommen gut. Sie kennt nur

Lösungen im Stil von „Alles oder nichts!". Nuancen wahrzunehmen und vielleicht sogar zu akzeptieren, scheint unmöglich
für sie zu sein.

Das geht mir selbst allerdings auch oft so. An diesem Manko
arbeite ich intensiv.

Mutter erzählt immer wieder, ihr Denken fühle sich wie ver-
eist an – nur Leere und Kälte seien zu spüren. In solchen Momenten fühle sie sich ihren Gedanken ohnmächtig ausgeliefert.
Ihr eigener Körper werde ihr fremd, bestimmte Gliedmaße er-
schienen ihr größer oder kleiner. Langsam begreife ich, dass sie
eine richtige Persönlichkeitsstörung hat.

Mir fällt auf, dass sie kaum Beziehungen zu Menschen außerhalb der Familie hat. Oft schimpft sie über ihre eigene Mutter,
von der sie glaubt: „Sie hasst mich." In dieser Sackgasse bleibt
sie stecken und kann keine Aufmerksamkeit und Energie in die
Lösung ihrer Beziehungsprobleme investieren.

Jede Krise wird für sie zu einer Frage von Leben und Tod. So
erklären sich auch ihre zahllosen Suizidversuche, „um endlich
Ruhe zu haben".

Wenn ich an Mutter denke, brennt manchmal eine Frage in
meiner Seele. Jesus hat sie einmal gestellt: „Frau, was habe ich
mit dir zu tun?" Sie auszusprechen, wage ich niemals.

Doch die Sehnsucht nach dem Moment ist stark, an dem ich
nicht länger anhören muss, was Mutter von mir möchte.

*

Es ist ein Traum. Mein Traum: Später einmal möchte ich als
Pastor arbeiten. Von Tag zu Tag wird dieser Wunsch stärker.

Am Anfang sehe ich mich als Straßenprediger. Von Stadt zu
Stadt, von Land zu Land ziehend, teile ich vielen Menschen mit,

dass Gott uns alle liebt. Wir haben Grund, glücklich zu sein. Diese Variante bringt vermutlich die geringsten Komplikationen mit sich: Niemand denkt, dass er einen Mörder vor sich hat, wenn er mich sieht. Gott wäre mein einziger Chef.

Oft male ich mir aus, wie ich unter freiem Himmel liege, die Sterne am Himmel beobachte und die Aktivitäten des vergangenen Tages noch einmal an meinem inneren Auge vorbeiziehen lasse. In diesem Frieden finde ich zur Ruhe und genieße den erholsamen Schlaf.

Tagsüber wandere ich von einem Dorf zum nächsten, erbitte vielleicht Unterkunft bei einer Kirche. Hin und wieder führe ich einfache Arbeiten aus, um meinen Lebensunterhalt zu verdienen.

Meine brutale Vergangenheit gehört nun einmal zu mir – abschütteln kann ich sie nicht. Wie sollte eine Amtskirche mir die Gelegenheit geben, als Seelsorger arbeiten zu dürfen?

Wenn die Entscheidungsträger barmherzig sind, läuft es höchstens auf eine Aufgabe als Betreuer oder Hausvater in einer kirchlichen Einrichtung hinaus. Auch für den Dienst an Behinderten brauche ich vermutlich eine Sondergenehmigung.

Vielleicht kann mir mein ehemaliger Bischof Unterstützung gewähren. Er hat mich ja besucht und mir versprochen, für mich zu beten und mir auch sonst zur Seite zu stehen.

*

Die Schlafhalle grenzt unmittelbar an die C-Halle. Sechzehn Gefangene mit einer bereits absolvierten Haftzeit von mindestens sieben Jahren erhalten hier besondere Privilegien.

Der eigene Fernsehraum ist dabei für mich nicht entscheidend. Wonach ich mich sehne, ist die eigene Verfügung über das Licht. Normalerweise dürfen wir abends bis neun Uhr oder mit besonderer Genehmigung bis zehn Uhr das Licht angeschaltet lassen. Das ist nicht genug Zeit für Studien, wie ich sie mir vorstelle. Am meisten reizt mich jedoch die Aussicht, das WC und die Dusche jederzeit benutzen zu können.

Ich stelle den Antrag, umziehen zu dürfen. Und nach einigen Wochen ist es endlich so weit: Mit einem weinenden Auge sage ich Adieu zu der Zelle, die für mich ein Ort der Begegnung mit Gott wurde. Und mit einem lachenden Auge beziehe ich mein neues Bett im großen Schlafsaal. Ein Stuhl, ein kleiner Tisch und ein Kleiderschrank stehen mir hier ebenfalls zur Verfügung.

Die Begrüßung ist herzlich und angenehm. Aber gleich am ersten Abend fällt mir unangenehm auf, wie viele Gefangene im Schlafsaal Haschisch rauchen. Etliche konsumieren wohl schon seit Jahren diesen Stoff.

Es wird mir noch wichtiger, die Zeit zu nutzen. Manchmal wache ich morgens schon um vier Uhr auf. Dann dusche ich, setze mich in den Fernsehraum und lese. Auch auf das WC nehme ich Lektüre mit. Selbst beim Abendbrot lese ich.

Bei jeder Gelegenheit und in jeder Situation vertiefe ich mich in die jeweilige Lektüre, die erforderlich ist.

*

Eines Tages besucht mein Vater mich zum letzten Mal. Er weiß, dass er mich nie wiedersehen wird, und bittet um ein Gespräch unter vier Augen. Die Mutter protestiert nicht, als wisse sie den Grund.

„Bernhard, ich muss dir etwas Wichtiges sagen. Ich möchte, dass du mir versprichst, auf deine Mutter aufzupassen, wenn ich nicht mehr hier bin. Nein, bitte sag jetzt nichts. Bitte nur zuhören!"

Seine sonst raue und kräftige Stimme wird traurig und sanft. „Ich bin schwer krank. Ich habe Krebs. Die Ärzte geben mir noch vier bis sechs Monate Lebenszeit. Gleich nach diesem Besuch muss ich zurück ins Krankenhaus. Das Ganze, was auf mich zukommt, wird nicht leicht sein. Es ist kein schönes Gefühl zu wissen, dass das Leben sich dem Ende nähert.

Für deine Mutter wird es aber noch schlimmer werden. Sie wird dann ganz allein sein. Deshalb wäre ich sehr erleichtert, wenn ich wüsste, dass du dann für sie da bist. Bitte kümmere dich um sie, wenn ich es irgendwann nicht mehr kann."

Er hält inne, um während des Schweigens neue Kraft zu sammeln. „Zwar bist du mein jüngster Sohn, aber ich traue mich nicht, deine Brüder zu fragen. Es fällt mir schwer, ihnen Vertrauen zu schenken.

Henri will sowieso nichts mit eurer Mutter zu tun haben. Und Hartlieb schlägt sich mit so vielen Problemen in seinem eigenen Leben herum, dass er diese Verantwortung nicht auch noch übernehmen kann.

So bleibst nur du. Gut, du hast etwas Schlimmes in deinem Leben getan, aber du hast dich zum Positiven verändert. Du hast zum Glauben gefunden. Ich kann dies nur schwer nachvollziehen, aber ich habe gelernt, es zu respektieren. Dieser Glaube befähigt dich, gerade und sauber zu denken und zu handeln. Du bist ein guter Mann geworden. Ich bin sehr stolz auf dich."

Er reicht mir die Hand und drückt sie fest. „Du brauchst auf meine Bitte jetzt noch nicht zu antworten. Mama und ich werden dich in den nächsten zwei Tagen noch einmal besuchen können. Vielleicht treffen wir dich sogar draußen an der Uni. Schlaf erst einmal eine Nacht über dieser Entscheidung.

Ich weiß, dass es nicht immer leicht mit deiner Mutter ist. Wir beide wissen das. Dennoch liebe ich sie. Lass dir Zeit, aber dann sag mir bitte unbedingt die Wahrheit. Ich verspreche dir, nicht böse zu sein, falls du es nicht tun möchtest, ja, ich könnte es sogar gut verstehen, wenn deine Antwort ein Nein wäre.

So, was meinst du? Glaubst du, mir in den nächsten zwei Tagen eine Antwort geben zu können?" Erwartungsvoll schaut er mir in die Augen.

Stumm lasse ich die soeben gehörten Worte in mir nachklingen. Das Leben erscheint mir plötzlich sehr kurz. Ist es nicht erst gestern gewesen, dass Vater mich am Strand auf seinem Rücken getragen hat? Und nun spricht er davon, dass wir uns auf dieser Erde nicht mehr wiedersehen werden.

Als ich ihn prüfend betrachte, merke ich: Ich liebe ihn. Und Mutter wird nach seinem Tod ganz allein sein. Es fällt mir nicht schwer, meinem Beschützerinstinkt zu folgen: Ein klares Ja werde ich sprechen.

Unsicher bin ich nur, ob ich jemals die Chance haben werde, dieses Versprechen einzulösen. Noch bin ich hier. Und es gibt keinerlei Anzeichen für eine zeitnahe Entlassung.

„Papa, ich kann dir jetzt gleich eine Antwort geben. Ich verspreche dir, dass ich mich, solange ich lebe, um Mama kümmern werde. Das kann vom Gefängnis aus sein oder als Entlassener, falls ich die Freiheit einmal wieder genießen darf."

Langsam und deutlich spreche ich diese Sätze meinem kranken Vater zu.

Er nickt, als habe er diese Antwort bereits erwartet. „Mein Sohn, ich danke dir. Nun kann ich in Frieden sterben."

Dann rutscht er unruhig auf seinem Stuhl hin und her. „Bernhard, da ist noch etwas, was ich dir sagen möchte. Es hat etwas mit mir zu tun." Eine Träne rollt über seine Wange. Es fällt ihm offensichtlich schwer, von dem zu reden, was in seinem Herzen brennt.

„Ich möchte, dass du mir verzeihst. Da sind viele Sachen, die ich in meinem Leben falsch gemacht habe. Besonders dich habe ich oft verletzt. Ich weiß nicht, warum ich mich so abscheulich verhalten habe. Ich weiß nur, dass es mir fürchterlich leidtut und dass ich dir im Grunde nie wehtun wollte.

Ich weiß, es hört sich verrückt an, aber ich wollte dir wirklich niemals wehtun. Ich wollte dein Bestes und habe dir trotzdem nur Schaden zugefügt, besonders im Hinblick auf Angelika. Ich weiß, dass ich damit letztendlich die Schuld daran habe, dass du hier im Gefängnis sitzt.

Ich wünschte, ich könnte alles wieder rückgängig machen. Aber das geht leider nicht. Das Einzige, was ich tun kann, ist, dich um Verzeihung zu bitten."

Fassungslos höre ich zu. Nie hätte ich gedacht, jemals solche Worte von ihm zu hören.

„Papa, ich danke dir für deine Worte. Du machst mich sehr glücklich. Und ja, ich habe dir schon längst vergeben."

Die Zeit steht still, als Vater und Sohn sich wortlos umarmen.

*

Schnell und gierig frisst sich der Krebs durch den immer schwächer werdenden Körper meines Vaters. Beim britischen Innenministerium beantrage ich einen besonderen, eskortierten Freigang, damit ich am Sterbebett meines Vaters in Deutschland sein kann.

Normalerweise wird eine solche Anfrage immer positiv beschieden. Mir jedoch wird dieser Besuch mit der Begründung verweigert, dass ich dafür Großbritannien verlassen müsste. Da das Hoheitsgebiet an der Grenze aufhöre, hätten die Vollzugsbeamten keine Handhabe mehr über den Gefangenen.

Stattdessen wird mir ein Anruf pro Woche erlaubt. Im Büro des Hallenverantwortlichen darf ich für jeweils fünf Minuten allein mit meinem Vater telefonieren. Dankend nehme ich dieses Entgegenkommen an.

Der Hallenverantwortliche bemerkt beiläufig, ich könne die Strecke zur Uni ja auch zu Fuß gehen, um so das Bus-Geld zu sparen. Sollte ich mich dann entscheiden, dieses gesparte Geld bei der Post zum Telefonieren zu gebrauchen, wäre dies wohl nicht gestattet.

Dennoch würde er mich deswegen nicht bestrafen, falls ihn irgendjemand darüber informieren würde.

Den Wink verstehe ich und gehe jetzt jeden Tag die fünf Kilometer hin und zurück zu Fuß. Und jeden Tag telefoniere ich mit meinem sterbenden Vater.

*

„Papa?"

„Bernhard!" Freudig schallt Henris Stimme aus dem Telefon, doch gleich darauf scheint er mit den Tränen zu kämpfen. „Stell dir vor, ich liebe jetzt denselben Gott, den du auch liebst! Du hast recht gehabt, ich weiß es jetzt selber. Gott liebt uns ja wirklich! Ich weiß es! Ich weiß es!"

Ich habe das Gefühl, dass ihm Tränen des Glücks und der Erleichterung über die Wangen laufen.

Nach einer Weile erwidere ich mit heiserer Stimme: „Papa, ich freue mich so! Ich bin so glücklich, dass du das jetzt auch weißt!"

„Ja, mein Sohn. Ich habe erkannt, dass ich nur ein dummer Kerl bin und Gott wirklich gut ist. Nun kann ich mit Hoffnung sterben. Ach, ich bin so glücklich, mein Sohn! Vielen Dank, dass du für mich gebetet hast! Ja, ich weiß jetzt, dass du all die Jahre für mich gebetet hast. Du hast es nicht gesagt, aber ich habe es immer gefühlt. Ich danke dir von Herzen dafür!"

*

Am 29. September 1983 rufe ich wieder bei den Eltern an. „Mama?", beginne ich, als der Hörer am anderen Ende wortlos abgehoben wird.

„Bernhard?" Mutters Stimme ist gedämpft.

„Ja, Mama, ich bin es. Wie geht es Papa?"

„Bernhard, Papa ist letzte Nacht verstorben." Sie weint bitterlich.

„Ach, Mama…", sage ich ohnmächtig am anderen Ende der Leitung. Wie gerne würde ich sie jetzt trösten! Aber wie? Auch ich selbst brauche jetzt Trost.

Als ich das Postgebäude verlassen habe, setze ich mich auf die breiten Eingangsstufen und lasse meinen Tränen freien Lauf. Ich trauere um den Tod meines Vaters und meine Unfähigkeit, Mutter jetzt zu unterstützen. Das Versprechen, für sie zu sorgen, ist mir präsent.

„Papa, bitte hilf mir!", bete ich zu Gott. „Bitte gib mir Kraft und Weisheit."

Dieses Mal gehe ich nicht direkt zur Universität, sondern schlendere durch die Straßen von Glasgow. Würde mich ein Wärter so weit abseits des regulären Weges sehen, könnte ich in große Schwierigkeiten kommen. Doch das ist mir egal.

Bilder rasen durch meinen Kopf. Soll ich nach Deutschland fliehen, um Mutter dort zu unterstützen? Mein Herz sehnt sich danach, gleich aufzubrechen. Aus Sorge, mein Verstand könne dem Gefühl unterliegen, entscheide ich mich zu einer sofortigen Rückkehr ins Gefängnis.

Aber vorher gehe ich schnell zur Uni, öffne mein Studentendepot und zähle mein gespartes Geld. Alle Scheine und Münzen nehme ich heraus und suche das nächste Blumengeschäft auf. Dort bestelle ich per Interflora einen großen Strauß Blumen für meine Mutter. Mit dem restlichen Geld setze ich mich am Spätvormittag in den Bus und steige beim Gefängnis aus.

Anfänglich will mir der diensthabende Wärter keinen Einlass gewähren. Er hält sich an seine Vorschriften. Dann lässt er mich auf Weisung seiner Vorgesetzten doch hinein. Den Rest des Tages wandere ich in der Halle hin und her und bin völlig verzweifelt und allein.

*

Es ist kurz vor zwei Uhr nachmittags. Die meisten von uns warten gespannt auf die Nachrichten im Fernsehen, während ich selbst versuche, mich auf meine Lektüre zu konzentrieren. Wortfetzen wehen hin und her. Einige schnappe ich auf: Um mich herum debattieren Mitgefangene, ob das Gerücht stimmt, dass ein Wärter mit seiner Familie in einen Verkehrsunfall verwickelt gewesen sei. Eine oder mehrere Personen sollen dabei gestorben sein.

Plötzlich stürmen einige in den Raum, Jubel und Gelächter brandet auf. Das Gerücht hat sich bestätigt: Tatsächlich sind die Ehefrau und zwei Kinder an den Folgen des Unfalls gestorben. Der Wärter und sein kleiner Sohn liegen auf der Intensivstation.

Unauffällig und still bete ich für die Überlebenden. Gott möge die Seelen der Hinterbliebenen trösten und die Körper der Verletzten heilen.

Es geht unter den Häftlingen in letzter Zeit immer roher zur Sache, doch die Schadenfreude über das Leiden des verletzten Wärters ist der Gipfel. Brady posaunt heraus, dass er sich riesig freue bei der Vorstellung, dass die sechsjährige Tochter des Wärters nun in der Hölle schmore.

Ein anderer fällt ein: „Aber dieses Wärterschwein darf nicht die Gänseblümchen von unten begucken. Der soll sein Leben lang darunter leiden, dass seine ganze Familie heute zugrunde gerichtet wurde."

Mir läuft es eisig den Rücken herunter. Dann greife ich in die Diskussion ein. „Leute, es reicht! Es ist schon schlimm genug, was passiert ist."

Einige lachen laut. Andere ignorieren mich.

Ich versuche weiterzulesen, doch die Konzentration fällt mir zunehmend schwer. Dieses derbe, erbarmungslose Gerede kann und will ich nicht länger tolerieren. Deshalb ergreife ich aufs Neue das Wort: „Leute, kommt, tut mir einen Gefallen! Es ist schlimm genug, dass der Familie dieses Leid widerfährt. Aber Verstorbene so durch den Dreck zu ziehen, geht eindeutig zu weit!"

„Ach, halt deine Schnauze. Lies du deine Scheißbibel weiter und lass uns in Ruhe. Außerdem steht auch in der Bibel, dass alle Arschlöcher in der Hölle landen werden."

Als jetzt auch noch die Heilige Schrift als Alibi für ihre schmutzigen Rachefantasien herhalten soll, platzt mir der Kragen. Abrupt stehe ich auf und gehe zu der Gruppe hinüber, die augenscheinlich von Brady angeführt wird.

„Falls du mich vorhin nicht verstanden hast, Brady, sage ich es dir jetzt noch einmal ganz deutlich: Hör auf, mit deinem Mund so einen blöden Mist zu fabrizieren! Alles, was du sagst, ekelt mich an. Und wenn ihr glaubt, dass diese Leute nun in der

Hölle schmoren, so kann ich euch versichern: Ihr werdet alle selbst dort landen, wenn ihr nicht umkehrt. Den Dreck, den ihr absondert, findet Gott nämlich unerträglich."

Bradys Miene verfinstert sich. Er drückt einige Umstehende mit seinen kräftigen Armen zur Seite, um einen Schritt auf mich zuzugehen. Dann zögert er und sucht offensichtlich nach den richtigen Worten. „He, Bernhard, so hat lange keiner mehr mit mir geredet. Der Letzte, der das getan hat, liegt zwei Meter unter der Erde. Ich warne dich: Pass auf, sonst steche ich dich ab, auch wenn ich so etwas schon lange nicht mehr gemacht habe. Glaub mir, ich tu's wirklich!"

Jetzt gehe ich einen weiteren Schritt auf ihn zu. Wann war ich zuletzt so wütend wie in diesem Moment? „Okay, Brady, dann tu es", befehle ich ihm kalt und drohend, während ich mich noch weiter vorwärtsbewege.

Brady schweigt. Offenbar ist er unsicher, was er denken und unternehmen soll.

„Komm, Brady, du möchtest mich stechen. Dann mach es. Rede nicht darüber, sondern tu es einfach. Los! Los!" Nun stehe ich fast auf Tuchfühlung mit ihm.

Brady gilt hier als Hardliner. Noch nie hat er einen Rückzieher gemacht. Immer ist er aus einer Auseinandersetzung als der Sieger hervorgegangen. Und jetzt steht er von Angesicht zu Angesicht einem wesentlich schwächeren Mann gegenüber, der ihn vor aller Augen herausfordert. Immer noch schweigt er, unfähig, zu einem Entschluss zu kommen.

„Brady, ich sage es noch einmal: Komm und stich mich oder halt dein dreckiges Maul. Ich lasse es nicht mehr zu, dass du oder auch ihr alle so über diese Familie redet. Habt ihr verstanden?"

Da geschieht etwas Unerwartetes: „Okay, Leute", meint Brady zu seinen Freunden gewandt, „vielleicht hat der kleine Christ

recht. Vielleicht haben wir wirklich genug über den Wärter ge-
lästert. Lasst uns etwas anderes machen."

*

An einem Sommertag des Jahres 1986 hole ich aus dem Schlafsaal meine Bücher und Schreibutensilien. Ein harter Tag steht
mir bevor: Fünf Vorlesungen, dazu muss ich dringend in der Bücherei nach Literatur suchen. Die Zwischentür von der C- zur
B-Halle ist geöffnet, also gehe ich gleich weiter. Schon von wei-
tem erkenne ich Alan White, den Wärter, der mich immer wieder
attackiert. Er hat zusammen mit anderen Kollegen Hallendienst.

Ich lasse mir nichts anmerken, sondern grüße freundlich:
„Guten Morgen, Sir! Würden Sie mich bitte durchlassen?" Der
Lichtbildausweis berechtigt mich, ohne Begleitung durch das
Gefängnisgelände zu gehen.

Alan White reagiert nicht, sondern spricht weiter mit einem
jungen, noch unerfahrenen Kollegen.

Also warte ich. An der Hallenuhr lese ich ab, dass ich das jetzt
schon sechs Minuten lang tue. Aber weder Alan White noch
sein Kollege gewähren mir Durchlass. „Verzeihen Sie, Sir, würden Sie diese Tür bitte für mich aufschließen? Ich möchte gerne
zum Empfangsbereich."

Alan White spricht nicht mit mir, bewegt sich jedoch in
meine Richtung. Vermutlich wird er gleich aufschließen. Stattdessen überrascht er mich damit, dass er mir den Arm hinter
den Rücken reißt und mein Handgelenk derart verdreht, dass
ich jede Sekunde mit einem Bruch rechne.

Schmerzen überwältigen mich. Um ihnen zu entgehen, falle
ich auf die Knie und anschließend flach auf den Boden. Doch
der Druck geht unvermindert weiter.

„Ben", höre ich White sagen, „du hast ja eben mitbekommen, wie dieser Gefangene mich bedroht hat. Ich bringe ihn zur Strafzelle. Bleib du hier!" Mit diesen Worten schleppt er mich fort.

In der Dunkelheit des Arrestraums betaste ich mein schmerzendes Handgelenk. Meine Bücher und die Schreibsachen sind irgendwo bei der Tür auf den Boden gefallen und liegen bestimmt noch dort.

Ich zwinge mich dazu, meine Gedanken zu ordnen: Es ist noch vor acht Uhr morgens. Also werde ich heute dem Gefängnisdirektor vorgeführt werden. Die Anklage kenne ich ja bereits. Sie stellt eine schwere Beschuldigung dar, die unweigerlich Konsequenzen nach sich ziehen wird.

Es ist schon öfter vorgekommen, dass einem Häftling ein Vergehen vorgeworfen wurde, das völlig aus der Luft gegriffen war. Und noch nie wurde in der anschließenden Untersuchung die Unschuld des Gefangenen festgestellt.

Bei mir steht nicht nur eine eventuelle baldige Freilassung auf dem Spiel, sondern auch die Fortsetzung meiner Studien. Schlimmstenfalls werde ich zur A-Halle degradiert und verliere automatisch jeden Freigang innerhalb und außerhalb des Gefängnisses.

Es würde fünf bis sieben Jahre dauern, bis ich wieder da wäre, wo ich jetzt bin. Mit ein wenig Glück schnuppere ich dann nach einer Gesamthaftzeit von zwanzig bis zweiundzwanzig Jahren ein wenig Freiheit und stehe ohne abgeschlossenen Bachelor da.

Ganz bewusst begebe ich mich in Gottes Obhut. Still sitze ich im Dunkeln auf den kalten Fliesen, zwinge mich zu einem ruhigen Atmen und bete um Kraft.

Ein Schlüsselbund nähert sich klirrend. Das Licht blendet, als von draußen der Schalter betätigt wird. Dann öffnet sich die Tür.

„Hallo, Bernhard", begrüßt mich freundlich der Wärter.

„Hallo, Mr McLean", antworte ich erleichtert.

„Was ist denn passiert?"

Offen und ehrlich berichte ich.

Der Wärter nickt verständnisvoll. „Mach dir keine Sorgen, Bernhard! Der oberste Richter hat heute alle Anklagen zu bearbeiten. Ich unterstütze ihn dabei. Dieser Alan White hat schon viel Unheil angerichtet. Es ist kein Wunder, dass seine Karriere nicht weitergeht. Und ich kann mir gut vorstellen, dass er heute in dir seinen Meister gefunden hat. Also Kopf hoch, Bernhard! Bis gleich! Ich muss jetzt gehen. Ich lasse das Licht an, okay?"

Aus meinen Gebeten und diesen Sätzen schöpfe ich Mut und Hoffnung. Nachher werde ich freundlich, aber auch klar die Wahrheit sagen, das nehme ich mir in diesem Moment vor.

„Nenne Nummer, Strafe und antworte mit ‚Sir'!", fordert mich Mr McLean einige Zeit später auf.

Ich reagiere prompt: „3456 von 1972, Duchois, lebenslänglich, Sir!"

Der Gefängnisdirektor schaut Wärter White an und bittet ihn darum, die Anklage vorzulesen.

„Sir, heute Morgen hatte ich Dienst in der B-Halle. Der Gefangene Duchois kam aus der C-Halle und näherte sich mir. Ohne ersichtlichen Grund sagte er aggressiv zu mir: ‚He, du Wärterschwein! Öffne mir die Tür! Aber dalli!' Darauf ermahnte ich den Häftling, vernünftig zu fragen, wenn er etwas möchte.

Wieder reagierte er unerwartet frech und zischte mich an: ‚Wissen Sie nicht, wer ich bin? Ich gehe zur Uni zum Studieren. Und Sie sind nur ein einfacher, verfickter Stinker!' Erneut wies ich den Gefangenen zurecht und verwarnte ihn. Als er mich dann bedrohte und angreifen wollte, nahm ich ihn fest und sperrte ihn in die Strafzelle."

„Duchois, Sie haben die Anklage gehört. Was haben Sie zu erwidern?"

„Sir, bitte verzeihen Sie, wenn ich ganz offen sage, dass die Anklage nicht auf Tatsachen beruht." Nun schildere ich die Details dieser schmerzhaften und ängstigenden Minuten und schließe: „Ja, Sir, das war alles. Doch bevor Sie ein Urteil fällen, Sir, erlauben Sie mir doch bitte noch ein paar Bemerkungen!"

„Gut, Duchois, fahr fort."

„Sir, egal, wie Sie sich entscheiden, ich weiß, dass Sie keine leichte Aufgabe haben: Einerseits kann es durchaus sein, dass Sie mir Glauben schenken. Andererseits haben Sie eine Fürsorgepflicht gegenüber Mr White. Auch mag es politisch unklug sein, ihn offiziell der Lüge zu beschuldigen, falls Sie glauben, dass mir Unrecht geschehen ist. Ich sage dies, Sir, um klarzustellen, dass ich Ihre Entscheidung, egal, wie sie ausfällt, nicht persönlich nehmen werde.

Aber ich erlaube mir, Mr White seine unberechtigten Vorwürfe zu verzeihen. Ja, Mr White, seit vielen Jahren tun Sie mir Unrecht, und diese Behandlung heute schlägt dem Fass den Boden aus. Ich versuche, Sie zu verstehen, doch es fällt mir schwer. Noch nie habe ich Ihnen etwas getan. Ich bete für Sie, Mr White.

Okay, Sir, das war alles, was ich sagen wollte."

Stille.

Der Gefängnisdirektor atmet tief durch. „Duchois, bitte gehen Sie kurz vor die Tür."

Drei Wärter begleiten mich nach draußen und die Tür wird hinter mir verschlossen. Ein leises Gemurmel ist hörbar, dann plötzlich die laute Stimme des Direktors. Er schreit. Offensichtlich ist er wütend.

Schließlich geht die Tür auf und ich stehe wieder vor dem Gefängnisdirektor. Rechts, links und hinter mir sind Wärter postiert.

„Duchois, ich befinde Sie für unschuldig. Sie sind frei, jetzt zum Empfangsraum zu gehen, damit Sie zur Uni können. Viel Spaß und noch einen schönen Tag."

Vor lauter Erleichterung kommen mir die Tränen, während ich leise sage: „Danke, Sir, danke!"

Ein paar Tage später erfahre ich von McLean, was sich abgespielt hat: Er hat dem Direktor die Personalakte von Alan White vorgelegt. Viele Beschwerden und Unregelmäßigkeiten sind darin protokolliert.

„Außerdem war es dem Gefängnisdirektor sonnenklar, dass die ganze Anklage nicht zu deinem Verhalten und deinem Charakter passt. Er hat sofort gemerkt, dass White Lügen erzählt. Als du draußen warst, hat er ihn förmlich zur Sau gemacht. Der Direktor hat ihn gewarnt, bei der nächsten Eintragung in seine Akte würde er sofort vom Dienst suspendiert werden. Später habe ich mir den Mann auch selbst noch einmal vorgenommen und ihm gesagt, dass er es, sollte er es noch einmal wagen, dich irgendwie zu belästigen, mit mir zu tun kriegt!"

Kapitel 11

Ein großer Luftsprung

Geschafft. Ich habe mein Theologiestudium mit dem Bachelor of Divinity (Honours) abgeschlossen – vergleichbar mit dem deutschen Master-Titel – und die dafür notwendigen Examen mit Auszeichnung bestanden. Bekleidet mit einer roten Robe spricht der Dekan feierlich zu uns. Ausführlich betont er, dass wir als Pastorinnen und Pastoren jetzt vieles von dem vergessen müssen, was wir hier gelernt haben: „Die Sprache, die Sie hier erworben und benutzt haben, wird eine Kirchengemeinde nicht verstehen. Ja, Sie müssen noch einmal von vorne anfangen zu lernen. Sie sollten Ihre eigenen Worte und Ideen entwickeln, um Gottes Gnade kundzutun."

Mein nächster Weg führt aber nicht in eine Gemeinde, sondern in den Schlafsaal des Gefängnisses. Insgeheim habe ich gehofft, mit dem Studienabschluss würde auch der Strafvollzug enden.

Immerhin wird meinem Antrag, nun zukünftig in der Bücherei des Gefängnisses arbeiten zu dürfen, entsprochen. Büchereiwärter Brian Curran freut sich über mich als neuen Mitarbeiter. Meine Aufgaben sind klar definiert:

„Morgens gehst du durch alle Hallen und sammelst sämtliche Anfragezettel ein. Alle gewünschten Bücher aus unserem Bestand kannst du dann sofort ausliefern. Die nicht vorhandenen Titel setzt du auf eine Liste. Jeden Freitag fahren wir beide zur Nationalbibliothek und schauen nach, ob wir die Bücher dort ausleihen können."

Nach dieser Einführung macht er erst einmal eine Pause, trinkt gemütlich seinen Kaffee und raucht eine Zigarette.

„Ja, Bernhard, und den Rest der Zeit kannst du hier an deinem Schreibtisch sitzen. Ab und zu kommt ja auch Kundschaft hierher. Taucht niemand auf, kannst du machen, was du möchtest: Du kannst lesen, studieren oder draußen auf dem Gelände spazieren gehen, wozu immer du Lust hast. Eine Bedingung gibt es allerdings: Wenn du nach draußen gehst, dann trag immer die Büchereitasche bei dir, damit du den Eindruck erweckst, dass du arbeitest.

Oh, eine ganz wichtige Arbeit hätte ich fast vergessen: Kaffee muss immer bereit sein, weil ich davon nie genug kriegen kann. Du kannst dich auch jederzeit davon bedienen. Und du musst es mir nur rechtzeitig sagen, wenn ich neuen Kaffee besorgen muss. Okay?"

„Ja, das ist klar", schmunzle ich. Seit vielen Jahren kenne ich Curran gut. Nun lerne ich ihn als Vorgesetzten kennen und die gegenseitige Sympathie verstärkt sich.

*

„Hallo, Roy!" Es tut gut, meinen Freund und Pastor zu sehen.

Fest drückt er meine Hand. „Na, Bernhard, wie geht es dir?"

„Nun, ich bin froh, einen so guten Job hier bekommen zu haben. Dabei kann ich viel lesen. Zurzeit beschäftige ich mich oft mit dem Begriff ‚Sünde', so wie er in der Bibel verwendet wird. Es interessiert mich, wie er mit dem Thema Kriminalität zusammenhängt – oder auch nicht."

„Das finde ich gut, dass du versuchst, das Beste aus der Situation zu machen. Denn ich hatte auch gedacht, du würdest mit dem Abschluss an der Uni gleichzeitig auch aus dem Gefängnis entlassen werden." Nachdenklich kreuzt Roy seine Arme hinter seinem Kopf. „Hast du Lust, in einem Gottesdienst hier zu predigen?"

Ich zögere kurz, bevor ich ihm antworte: „Lust hätte ich schon. Aber ich weiß nicht, ob das gut wäre. Ich bin ein verurteilter Krimineller. Die Mitgefangenen und das Personal fänden es bestimmt ungewöhnlich, wenn ein Strafgefangener predigen würde."

„Ach, Bernhard, das sehe ich anders. Ich würde es sogar gut und interessant finden, wenn du nicht nur als Lektor Texte aus der Bibel vorlesen, sondern auch konkret sagen würdest, was wirklich in deinem Herzen ist."

Das Versprechen, mir seinen Vorschlag durch den Kopf gehen zu lassen, gebe ich gern, denn etwas daran fasziniert mich. Und einige Wochen später stehe ich tatsächlich in der normalen Kleidung eines Gefangenen vor dem Altar und predige.

Es geht um den verlorenen Sohn. Der hat erst alles und dann nichts mehr. Schließlich kehrt er heim zu seinem Vater – der im Gleichnis für Gott steht. Die Kirche ist so voll, dass einige keinen Sitzplatz finden.

*

Am 5. Dezember 1986 werde ich zum Sicherheitschef beordert.

„Guten Tag", begrüßt er mich, „bist du Bernhard Duchois?"

Dieser Termin und die ungewohnte Förmlichkeit überraschen mich. „Ja, Sir, der bin ich."

„Und du bist am 7. Juni 1951 geboren?"

„Ja, Sir, das ist richtig."

Er setzt seine Lesebrille auf und verliest feierlich ein Dokument: „Entscheidung… Bernhard Duchois, geboren am 7. Juni

1951 ... Am 5. Februar 1973 wurden Sie des Mordes für schuldig befunden und zu lebenslanger Haft verurteilt. Ihre Haft endet vorzeitig.

Als Mitglied der Europäischen Union haben Sie für dieses Land keine Arbeitserlaubnis. Angesichts Ihrer Verurteilung hat der Innenminister entschieden, dass es förderlich für die Öffentlichkeit ist, dass Sie ausgewiesen werden. Der Innenminister hat deshalb entschieden, dass Sie, laut Immigrationsgesetz von 1971, Paragraf 3, Absatz 5, dieses Land verlassen müssen und, während dieses Gesetz in Kraft bleibt, nicht mehr hierher zurückkehren dürfen. Er hat weiterhin entschieden, dass Sie in das Königreich der Niederlande deportiert werden. Laut Paragraf 15, Absatz 1 dieses Immigrationsgesetzes von 1971 haben Sie das Recht, Einspruch einzulegen."

Er macht eine Pause und erklärt in eigenen Worten, wie ein solcher Einspruch auszusehen hat. „Verstehst du das, Duchois?"

„Ja, Sir", erwidere ich freudestrahlend.

„Möchtest du Einspruch gegen diesen Ausweisungsbeschluss einlegen?"

„Nein, Sir, unter keinen Umständen. Ich freue mich darüber." Innerlich muss ich mich richtig anstrengen, um still stehen zu bleiben. Am liebsten würde ich vor Freude einen großen Luftsprung machen.

„Du hast vierzehn Tage Zeit, Einspruch einzulegen."

„Nein, nein, Sir, ich weiß hundertprozentig, dass ich diese Ausweisung gerne akzeptiere. Ich bin überglücklich über diese Nachricht."

„Okay, Duchois, in dem Fall könntest du sofort die Urkunde gegenzeichnen. Aber sobald du unterschrieben hast, gibt es keine Möglichkeit mehr, doch noch Einspruch einzulegen."

„Ja, Sir, ich verstehe." Aufgeregt und vor Freude zitternd unterschreibe ich.

„Hast du irgendwelche Fragen?"

„Ja, Sir. Was passiert jetzt? Wann genau werde ich deportiert?"

„Das genaue Datum der Ausweisung steht noch nicht fest. Die zwei Wochen Einspruchsfrist werden sicherlich verstreichen müssen. Dann müsste es aber sofort losgehen. Das heißt, du wirst Weihnachten nicht mehr im Gefängnis sein. Am Tag deiner Entlassung bringt ein Vollzugsbeamter dich zum Flughafen. Er stellt sicher, dass du auch in dem Flugzeug sitzt, das dich in die Niederlande bringt. Sobald du den Flieger betreten hast, bist du ein freier Mann."

*

„Herzlichen Glückwunsch, Bernhard!", sagt mein treuer Freund McLean, als er mich aus dem Büro begleitet. „Ich freue mich für dich." Und der Büchereichef Brian Curran erlaubt mir sogar einen kurzen Anruf bei meiner Mutter, um ihr die gute Neuigkeit mitzuteilen.

*

Am Sonnabend vor Weihnachten sind die vierzehn Tage Einspruchsfrist vorbei. Trotzdem kann ich mir nicht vorstellen, heute oder morgen entlassen zu werden. Vielleicht dann am Montag…

Der Direktor macht seine Inspektion und kommt auch in unseren Schlafsaal. „Ah, hallo, Duchois! Das ist wohl die letzte Inspektion, die du durchmachen musst, obwohl wir nach meiner

Kenntnis noch keine Nachricht über den genauen Zeitpunkt haben, an dem du uns verlassen wirst. Am Montag, schätze ich, bekommen wir vom Innenministerium telefonisch oder schriftlich grünes Licht. Dann könntest du schon am Montagvormittag im Flugzeug sitzen."

Fast alles, was ich besitze, verschenke ich in diesen Tagen: mein Transistorradio, die Gitarre, Teebeutel, Kaffee und Süßigkeiten. Nur meine Trompete will ich mitnehmen und einen Karton mit Büchern und schriftlichen Unterlagen.

Am Montagmorgen verabschiede ich mich von allen Mitgefangenen. Sie brechen zur Arbeit auf. Mich weist der Hallenwärter an, im Schlafsaal zu bleiben. Zur Mittagszeit sehe ich alle wieder, auch zum Abendbrot.

Am Tag vor dem Heiligen Abend erklärt mir der Gefängnisdirektor, er habe soeben mit dem Innenministerium telefoniert. „Duchois, es tut mir leid, dir mitteilen zu müssen, dass deine Entlassung noch nicht zustande gekommen ist. Die sagen, dass es rechtliche Probleme gibt, weil du Ausländer bist. Augenscheinlich hat das schottische Innenministerium noch nie einen Ausländer gehabt, der eine lebenslängliche Haft verbüßt. Du bist ein Präzedenzfall. Sie sind sich sicher, noch in diesem Jahr alle rechtlichen Bedenken klären zu können. Doch sieht es so aus, als ob du Weihnachten noch bei uns verbringen musst."

Das Fest vergeht und auch das alte Jahr. Noch immer bin ich der Gefangene 3456 von 1972.

Im Januar 1987 beantrage ich einen Gesprächstermin beim Direktor. Er ist verständnisvoll und erklärt mir, die Vorlage der Deportationsurkunde und seine Ankündigung einer raschen Entlassung seien wohl verfrüht gewesen, weil bisher noch kein rechtlicher Rahmen dafür bestünde.

Drei Wochen später berichtet der Gefängnisdirektor, der Innenminister persönlich habe erklärt, das Problem werde noch in diesem Monat gelöst sein.

Wieder beginne ich, mich intensiv zu freuen, und schreibe meiner Mutter diese gute Neuigkeit.

Mitte Februar werde ich wieder vorstellig. „Sir, bitte sagen Sie mir: Was geht hier vor? Immer wieder heißt es, dass ich entlassen werde, und dennoch geschieht nichts."

Der Direktor hält sein Versprechen, mir am nächsten Tag Bescheid zu geben. Als er mich wieder herzitiert, wirkt er jedoch unsicher. „Duchois, ich habe ein langes Gespräch mit dem Innenminister gehabt. Aber die Situation ist anders als gedacht: Es ist noch kein festes Datum für deine Entlassung erkennbar."

„Und was bedeutet das, Sir?", erkundige ich mich.

„Nun, das heißt, deine Entlassung kann jederzeit sein: morgen oder nächste Woche oder nächsten Monat. Ich weiß es einfach nicht."

„Ja, dann ist ja alles in Ordnung, Sir. Hauptsache, das Ende ist nicht mehr zu weit weg. Wissen Sie, für meine Mutter und auch für mich sind diese Verschiebungen ziemlich stressig. Doch will ich mich nicht beschweren, Sir. Hauptsache ist, dass ich bald entlassen werde."

*

Die Tage und Wochen vergehen und ich werde immer deprimierter. In meiner Gefangenschaft habe ich eigentlich gelernt, die Ursache meiner Probleme nicht außen, sondern innen, also in mir selbst zu suchen. Doch jetzt verfalle ich zunehmend in das alte Denkmuster meiner Jugend: Schuld sind immer die

anderen: das Innenministerium oder die Beamten des Justiz-
vollzugs.

Eine solche Traurigkeit habe ich noch nie erfahren: Wie versteinert fühle ich mich und völlig hoffnungslos. Mein Denken dreht sich im Kreis. Alles scheint sinnlos und überflüssig
zu sein. Ich fühle mich wie jemand, der mit fest angezogener
Handbremse Vollgas fahren möchte.

Es fällt mir schwer, in der Bibliothek auch nur das Nötigste
zu tun, obwohl ich mich selbst innerlich als faul und verant-
wortungslos beschimpfe. Mit gesenktem Kopf laufe ich ziellos
über das Gefängnisgelände. Oft lasse ich die Büchereitasche am
Haken im Büro hängen.

Frühere Gedanken scheinen sich zu bewahrheiten: „Ich bin
der schlechteste Mensch der Welt. Etwas anderes verdiene ich
nicht, als hier für immer zu verfaulen. Es ist nur gerecht, dass
sie mich hier einfach verrotten lassen."

Zwischendurch wende ich mich immer wieder flüsternd an
Gott: „Ach, Papa, hilf mir doch!" Im Schlafsaal verbringe ich die
meiste Zeit im Bett oder vor dem Fernseher. Stundenlang sitze
ich schweigend da und starre vor mich hin.

Roy kommt oft vorbei. Er nimmt sich Zeit, um regelmäßig
mit mir über das Gelände zu gehen. Unmerklich steckt er mich
dabei mit seiner positiven Lebenshaltung an und führt mich so
Stück für Stück zurück ins Leben. Durch ihn finde ich wieder
den Mut, Hilfe nicht von anderen, sondern von Gott und auch
mir selbst zu erhoffen.

Sein Kerngedanke ist folgender: „Schreib doch ein Buch über
dich und dein Leben. Schreib alles auf, was du erlebt hast und
wie du damit umgegangen bist. Lerne dich dadurch selbst kennen. Schau deinem wahren Ich ins Gesicht. Sage und schreibe,
was dich wirklich bewegt: all deinen Kummer und deine ganze

Freude. Wage dich ein Stück weiter in deine eigene Seele hinein!"

*

Am 3. April 1987 werde ich zum Direktor beordert.

„Guten Morgen, Sir."

„Hallo, Duchois. Ich habe gute Nachrichten für dich: Heute habe ich einen Brief vom Innenminister erhalten."

Atemlos und erwartungsvoll höre ich zu.

„Ich lese vor: Sehr geehrter Mr Brownlee, nachdem ich Rücksprache mit der Rechtsauskunft gehalten habe, entscheide ich, dass der Gefangene Bernhard Duchois, geboren am 7. Juni 1951, im Februar 1988 ein Entlassungsdatum erhält – mit der Bedingung, dass er dann sofort in die Niederlande deportiert wird, und unter der Voraussetzung, dass sein Verhalten in der Zwischenzeit zufriedenstellend bleibt."

Wortlos nehme ich die Informationen auf. Das Entlassungsdatum erleichtert mich – doch es sind noch zehn ganze Monate bis dahin. Das enttäuscht mich.

Trotzdem schöpfe ich Mut und beginne damit, über mich und mein Leben zu schreiben.

*

„Kleiner Bernhard, ich muss schon zugeben: Du hast es geschafft. Du bist deinem Gott wirklich treu geblieben", erklärt Brady mit einem unsicheren Lächeln. Er wird auch bald entlassen werden. Seit unserem Zusammenstoß ist er viel ruhiger geworden und wir haben uns sogar ein wenig angefreundet.

„Doch eines ist mir nicht klar. Wie kannst du so sicher sein, dass es überhaupt einen Gott gibt?"

„Ach, Brady, ich weiß es einfach. Warum, kann ich dir auch nicht sagen. Schon als kleines Kind wusste ich es. Nur war mir anfänglich schleierhaft, ob er gut oder böse ist. Und dann, nachdem er mir persönlich begegnet ist, habe ich ihn kennen- und lieben gelernt.

Aber auch mit dem Verstand kann man ihn erkennen, denn die Natur bezeugt, dass es einen Gott geben muss. Schau dir doch einmal ein Weizenfeld genau an: Millionen Halme stehen da und dennoch hat jeder Schaft die gleiche Anzahl an Körnern. Kann das wirklich Zufall sein?

Oder sieh dir die verschiedenen Blumen an. Wie kommt deren Befruchtung zustande? Durch Wind, Insekten und Vögel. Diese fantastischen Wege der Natur sind atemberaubend: Nektar wird produziert, um Vögel und Insekten anzulocken. Die leuchtende Farbe verführt sie ebenfalls dazu, sich der Blüte zu nähern.

Wo es keine Farbe gibt, sorgt starker Duft dafür. Pflanzen, die durch Wind befruchtet werden, brauchen das nicht, denn der Pollen ist pudrig und wird vom Wind fortgetragen, um dann am klebrigen Stempel einer anderen Blüte haften zu bleiben."

Immer weiter schwärme ich von den Wundern der Schöpfung.

Brady findet es spannend.

„Oder nimm den Menschen, ein Meisterstück! Das intelligenteste Tier kann nicht nachvollziehen, warum zwei und drei fünf ergeben, doch der Mensch kann die Regionen außerhalb unseres Sonnensystems mit Entfernungen von einer unglaublichen Zahl von Lichtjahren erkunden. Betrachte unseren Blutkreislauf: Das unermüdliche Herz schlägt sechzig bis achtzig Mal pro Minute, sodass durch die Arterien und Venen unser Lebenssaft zu den Millionen von Zellen gelangt."

Wieder lege ich eine Pause ein und Brady nickt zustimmend.

„Ach, weißt du was, ich glaube, du hast recht. Gott wird es schon irgendwie geben. Doch was ich interessant finde, ist, dass du sagst, er sei gut und nett zu uns. Diese Idee finde ich gar nicht so übel."

Da kann ich nur still lächeln. Ja, ich finde es auch immer noch umwerfend, dass Gott die Menschen tatsächlich liebt.

*

Am Freitag, den 5. Februar 1988 fliege ich von Glasgow nach Amsterdam. Das sanfte Surren der Triebwerke begleitet mich, als ich von meinem Sitz aus durch das kleine Fenster schaue. Weiße Wolken sind unter mir. Sie erscheinen wie schneebedeckte Bergspitzen.

Vor fast sechzehn Jahren flog ich diese Strecke in umgekehrter Richtung. Marta saß neben mir. In die Freude an meiner Freiheit mischt sich etwas Melancholie. Ja, ich habe etwas Schlimmes getan und trotzdem nun eine zweite Chance bekommen.

Das Ziel dieser Reise ist die Heimat meiner Mutter. Um sie will ich mich fortan kümmern, und das gründlich. So habe ich es meinem sterbenden Vater versprochen. Zugleich will ich meiner neu gefundenen Liebe zu Gott Raum geben und ihm dienen. Ich will anderen von seiner Liebe erzählen.

Was kommt auf mich zu? Eines weiß ich: Allein werde ich nicht sein. Der, den ich seit jenem unglaublichen Erlebnis in meiner Zelle ganz wie von selbst „Papa" nenne, begleitet mich.

„Ach, Papa...", bete ich flüsternd, als ich an meine große Schuld denke. Auf den Tag genau vor fünfzehn Jahren wurde sie mir offiziell zugesprochen. Und diese scheußliche Tat kann ich nicht ungeschehen machen. Aber schon davor war ich ein zutiefst schuldiger Mann.

In den vergangenen Jahren habe ich mir viele Gedanken über Schuldfähigkeit und Zurechnungsfähigkeit gemacht und in den Geschichten meiner Mithäftlinge nach Antworten gesucht. Natürlich haben die meisten gewusst, welche Grenze sie überschreiten. Wahrscheinlich hätten sie auch anhalten und umkehren können, statt den mörderischen Weg bis ans Ziel zu gehen. Das grausame Paradox bestand darin, dass sie wohl alle wussten, was sie tun, dieses Tun aber für unumgänglich hielten.

Die Stewardess bietet mir ein Getränk an. Genüsslich schlürfe ich den heißen Kaffee. In solchen Momenten genieße ich es ganz besonders, dass ich nicht für immer gebrandmarkt bin. Gott hat meine verachtenswerte Vergangenheit durchgestrichen und hält eine gnädige Zukunft für mich bereit.

Dass ich dessen vollkommen unwürdig bin, weiß ich. Vermutlich werde ich noch lange mit dem Schatten ringen, der immer wieder auf mein Dasein fällt.

*

Irgendwie fühle ich mich fehl am Platz. Eine Bibel, ein theologisches Nachschlagewerk, meine Autobiografie und viele Unterlagen meines Studiums trage ich in meiner rechten Hand. Alles ist gut verpackt in dickem, braunem Papier und mit einem festen Band versehen.

Die große Ankunftshalle des Flughafens Schiphol International scheint im gleichen Terminal wie die Abflughalle zu sein. Ich bin einer von knapp vierzig Millionen Passagieren, die jährlich diese Hallen durchqueren. Wie bestellt und nicht abgeholt gehe ich unschlüssig in eine Richtung, in der ich den Ausgang vermute.

Ein Sicherheitsbeamter stellt sich mir in den Weg. „Sir, darf ich einmal Ihr Gepäck sehen?", bittet der breitschultrige Mann auf Niederländisch. In seiner Uniform strahlt er eine große Portion strenger Autorität aus.

Innerlich bin ich schon dabei, wie gewohnt stramm zu stehen und meine Formel zu sprechen: „3456 von 1972, Bernhard Duchois, lebenslänglich, Sir." Dann zwinge ich mich in die Realität zurück. „Ja, selbstverständlich, Sir. Doch versichere ich Ihnen, dass nur religiöse Literatur darin enthalten ist."

„Dann zeigen Sie mir doch bitte den Inhalt", fährt er unverdrossen fort. „Und Ihren Pass, den will ich auch sehen."

„Ich habe keinen Pass, Sir. Doch das, was ich habe, kann ich Ihnen gerne zeigen." Aus der Seitentasche meines Jacketts ziehe ich das Schreiben des Außenministeriums hervor und reiche es dem Sicherheitsbeamten.

Dieser liest gründlich die bürokratisch formulierten Worte mit dem Inhalt: „Der Gefangene Bernhard Duchois hat in einem schottischen Gefängnis eine lebenslange Haft verbüßt und wird nun laut Gesetz in die Niederlande deportiert." Mein Foto ziert das Dokument.

Nach langer Zeit signalisiert der Beamte, dass er den Inhalt verstanden hat. Nun begutachtet er mich neugierig. „Darf ich fragen, wo Sie jetzt hingehen?"

„Ich werde mich auf den Weg nach Deutschland machen. Dort lebt meine Mutter, Bernadette. Sie wartet auf mich."

„Dann wünsche ich Ihnen alles Gute für Ihre Zukunft."

„Danke, Sir."

*

Der Zug gleitet durch die Nacht. Die Geräusche der Waggons wiegen mich in eine gespannte Ruhe. Was wird die Zukunft für mich bereithalten? Als kleiner Junge fuhr ich mit der Eisenbahn von Holland nach Deutschland. Genau wie jetzt. Nur dass inzwischen dreißig Jahre vergangen sind.

Langsam kommt der Zug am Bahnhof von Petershagen zum Stehen. Vom Bahnsteig aus gehe ich direkt zum Taxistand und spreche den dort wartenden Fahrer an: „Einmal nach Ilserheide bitte." Ich rede so leise wie möglich. Wenn ich zu laut bin, könnte das vielleicht von ihm als Anmaßung empfunden werden.

Der beige Mercedes surrt durch Petershagen. Wie oft war ich hier mit dem Fahrrad, dann mit dem Moped und schließlich mit dem Auto unterwegs.

Plötzlich erschrecke ich und muss in meine Tasche greifen, um mich wieder zu beruhigen. Ungefähr fünfundzwanzig Deutsche Mark müsste ich noch haben. Das habe ich in der Justizvollzugsanstalt in all den Jahren erspart.

Könnte es sein, dass mich der Taxifahrer erkennt? Diese Vorstellung plagt mich, den Mörder aus Ilserheide.

*

Das Wetter hat aufgeklart, als ich vor Mutters Haus stehe. Lange zögere ich mit dem Klingeln. Wie ruhig alles wirkt.

Vater ist tot. Die Brüder haben das Weite gesucht. Und ich bin wieder da. Meine Entlassung habe ich nicht angekündigt.

Ich bin sehr gespannt, wie ich empfangen werde, denn Mutter traue ich alles zu: Sie könnte sich entrüstet abwenden und mir die Tür vor der Nase zuschlagen. Sie könnte sich so aufregen, dass sie tot umfällt. Möglich wäre auch ein teilnahmsloser

Blick, mit dem sie sich dann umdreht und in den Fernsehsessel zurückkehrt.

Zweimal muss ich klingeln. Dann höre ich Schritte. Die Tür wird geöffnet. Für den Bruchteil einer Sekunde steht Mutter aufrecht im Türrahmen. Dann schrickt sie zusammen, als hätte ein Stromstoß ihren Körper getroffen. Sie hält ihre Hände vor den Mund und schaut ihren jüngsten Sohn sprachlos an.

„Hallo, Mama, hier bin ich", begrüße ich sie lächelnd.

„Komm rein, Junge, komm rein." Zitternd greift sie nach meiner Hand und zieht mich ins Haus. „Komm rein, Junge. Das brauchen die Nachbarn nicht zu sehen. Komm, komm."

Anscheinend hat sie Angst davor, dass die Nachbarn sie zukünftig schief anschauen werden. Oder aber sie schämt sich stellvertretend für ihren Sohn.

Sichtlich nervös hält sie mich immer noch fest an der Hand und führt mich eilig ins Wohnzimmer. Mehrmals versucht sie, mit zitternden Händen ein Streichholz anzuzünden. Schließlich glückt der Versuch, und sie zündet eine dicke Tischkerze an.

Dann nimmt sie mich wieder an die Hand und kniet nieder vor dem Wohnzimmertisch. Mir ist nicht nach knien zumute, doch ich entscheide mich dennoch, ihrem Beispiel zu folgen.

„Lieber Gott", stammelt Bernadette, „ich verspreche, ich will für immer dankbar sein. Bitte, bestrafe mich mit allem, mit dem du mich bestrafen willst, wenn ich einmal nicht dankbar bin. Danke, lieber Gott."

„Mama!", dabei lege ich beruhigend und schützend meine Hand um ihre Schulter. „Mama, es ist alles in Ordnung. Es ist alles vorbei, ich bin jetzt bei dir. Mach dir bitte keine Sorgen: Auch wenn du mal undankbar sein solltest, Gott wird dich deswegen nicht bestrafen. Er ist großzügiger als du denkst. Er liebt dich genauso wie er mich liebt."

IV

Frei

Du zeigst mir den Weg zum Leben.

Psalm 16,11

Zweimal war ich in Haft: Mauern engten jede Bewegung ein. Der Ausblick ins Freie und Weite war verstellt und vergittert. Ich trommelte gegen die verschlossene Tür, aber nichts änderte sich dadurch.

Das zweite Gefängnis, in dem ich eingesperrt war, bestand aus Stein und Stahl, aus Verliesen und Verboten, aus Schlössern und Seufzern. Dort musste ich mich Regeln unterwerfen, die ich mir niemals selbst ausgesucht hätte. Das Gefängnis nahm mir Zeit und Raum und lähmte meine Lust am Leben.

Die erste Gefangenschaft spielte sich in meinem Kopf ab. Ganze Phasen meiner Lebensgeschichte hatte ich dort weggeschlossen: den kleinen Jungen, der vor Angst nicht weiterweiß. Den Sohn, der hilflos der Willkür und Gewalt seiner Eltern ausgeliefert ist. Den jungen Mann, der seine große Liebe nicht leben darf.

Diese schlimmen Erinnerungen in mir weinten und wimmerten, ihre Stimmen brachten mich völlig durcheinander. Ich wollte endlich Ruhe schaffen und sie ein für alle Mal zum Schweigen bringen. Dafür opferte ich einen anderen Menschen. Marta. Dass sie mich an meine Mutter erinnert hat, war ihr Unglück. Ich habe die Falsche getötet ... Nein, das Töten an sich ist falsch. Aber das merkt man erst hinterher.

Aus dem Gefängnis hat man mich irgendwann entlassen, doch die Häftlinge in meinem Inneren hatten früher nie Ausgang. Seit Langem versuche ich nun, sie aus ihren Zellen zu befreien und an Orte des Lebens zu begleiten. Mit dem Alphabet der Zärtlichkeit gelingt es mir Stück für Stück.

Zweimal wurde ich befreit.

Gott hat sich eingemischt. Sein Schlüssel passt. Die Last hat er fortgenommen, die Wunden der Seele zu heilen versucht. Jeder Mensch kann sich ihm zumuten. Aber Vorsicht: Gott hat es in sich!

Was machst du, wenn du mich triffst? Willst du mich wegschließen oder können wir uns unterhalten? Findest du meine Geschichte spannend oder legst du deine daneben?

Nimmst du meine Hand? Sie ist noch immer die eines Mörders. Das wird sie für immer bleiben.

Seitdem hat sie jedoch dazugelernt: ein Buch zu halten. Einen Verprügelten zu schützen. Einem Kind den Ball zurückzuwerfen.

Gibst du mir ein Chance und darin vielleicht auch dir selbst?

Nachwort

Diese Geschichte ist erschreckend – und wahr. Sie wurde unter der Regie von Thomas Berger mit Lars Eidinger und Devid Striesow in den Hauptrollen verfilmt. Vieles musste im Film „Der Prediger" aus dramaturgischen Gründen anders dargestellt oder beleuchtet werden. 3,3 Millionen Zuschauer sahen die Erstausstrahlung in der ARD.

Am nächsten Tag titelte die BILD-Zeitung über dem verpixelten Bild eines Mannes im schwarzen Pfarrer-Talar: „Ich bin ein Mörder und jetzt Pastor. Die Geschichte dieses Mannes war Vorlage für den gestrigen TV-Film".

http://www.bild.de/bild-plus/news/inland/mord/nach-ard-film-bild-fand-den-pastor-der-nach-einem-mord-zu-gott-fand-34552910,var=a,view=conversionToLogin.bild.html

Auch mehrere Mitarbeiter unseres Verlages hatten den Film gesehen. Und wie hier um Schuld und Vergebung gerungen wurde, das hat tiefe Eindrücke hinterlassen.

Wenn es den PREDIGER tatsächlich gab, wollten wir seine ganze Geschichte erzählen. So machten wir uns auf die Suche. Und eines Tages meldete er sich tatsächlich bei uns. Jahrzehntelang hatte er seine Aufzeichnungen, über deren Entstehung er im letzten Kapitel berichtet, sorgsam verwahrt. Wir haben daraus eine durchgehende Erzählung gemacht.

Namen und Orte wurden dabei bewusst verfremdet, um ihn und seine Familie zu schützen. Denn der PREDIGER, wie sie ihn im Knast nannten, ist in Deutschland wirklich evangelischer Pfarrer geworden. Er hat noch einmal geheiratet und zwei Kinder. Niemand in seinem Freundes- und Bekanntenkreis kennt seine wahre Geschichte. Denn wer gemordet hat, dem begegnet man anders.

Es war dem PREDIGER wichtig, dass seine Geschichte nun veröffentlicht wird – damit sie sich nicht wiederholt. Und damit alle erfahren, wie groß Gottes Barmherzigkeit und Liebe ist.

Verlagsgruppe Random House FSC® N001967
Das für dieses Buch verwendete FSC®-zertifizierte Papier
Munken Premium Cream liefert Arctic Paper Munkedals AB, Schweden.

© 2015 by adeo Verlag
in der Gerth Medien GmbH, Asslar
Verlagsgruppe Random House GmbH, München

1. Auflage September 2015
Bestell-Nr. 835073
ISBN 978-3-86334-073-5

[1] Das Zitat auf Seite 212 stammt aus dem Buch
„Das Kreuz und die Messerhelden" von David Wilkerson.
© Asaph-Verlag, Lüdenscheid. Wir danken für die Abdruckgenehmigung.

Redaktionelle Mitarbeit und Textgestaltung: Dr. Oliver Kohler, Stefan Wiesner
Buch- und Umschlaggestaltung: Stefan Wiesner
Satz: Uhl + Massopust, Aalen
Druck: GGP Media GmbH, Pößneck
Printed in Germany